W0172121

Hartmut Köhler

Grundkurs Literaturwissenschaft Französisch

Ernst Klett Verlag
Stuttgart · Düsseldorf · Leipzig

Die Deutsche Bibliothek – CIP-Titelaufnahme

Köhler, Hartmut:
Grundkurs Literaturwissenschaft Französisch / Hartmut Köhler. -
1. Aufl. - Stuttgart; Düsseldorf; Leipzig: Klett, 1998
(Uni-Wissen Französisch)
ISBN 3-12-939575-X

1. Auflage A 1 5 4 3 2 1 ı 2001 2000 1999 98

© Ernst Klett Verlag GmbH, Stuttgart 1998. Alle Rechte vorbehalten.
Internetadresse ı http://www.klett.de
Bildnachweis ı L'Opéra Garnier, Paris © Annie Assouline, GAMMA, Paris

Gedruckt auf Papier,
das aus chlorfrei
gebleichtem Zellstoff
hergestellt wurde.

Redaktion ı Manfred Ott
Umschlaggestaltung und Layout ı Christine Schneyer
Druck ı Mitteldeutsche Druckanstalt, Heidenau. Printed in Germany.
ISBN 3-12-939575-X

Inhalt

»Wir brauchen Leser, die lesen wollen und nicht müssen,
Leser, die das Gelesene ergreift ohne sie zu überwältigen,
Leser, deren Einbildungskraft sie über sie selbst hinausträgt,
ihnen aber das Leben nicht ersetzt«.

HARTMUT V. HENTIG 1990

»Celui-là sera un mauvais maître de littérature
qui ne travaillera point surtout à développer chez les élèves
le goût de la littérature, l'inclination à y chercher toute leur vie
un énergique stimulant de la pensée en même temps qu'un délicat
délassement de l'application technique; c'est là qu'il nous faut viser,
et non à les fournir de réponses pour un jour d'examen«.

GUSTAVE LANSON 1894

»Eine Hochschule, die nur abfragbares Wissen vermittelt,
nicht aber das Denken trainiert, ist eine Schrumpfform der Universität«.

ARND MORKEL 1997

Danksagung

Der Dank des Verfassers gilt Dr. Hans-Ulrich Seifert, UB Trier, für wertvolle Hinweise; Kirsten Beckmann, Borris Mayer und meiner Tochter Soony Neudeck für ermutigende Begleitkommentare.

Dank für sorgfältige Erfassungs- und kompetente Redaktionsarbeiten gebührt Frau Ute Dietrich und Frau Rosemarie Schinkel sowie Frau Julia Goltz (alle Humboldt-Universität zu Berlin, Institut für Romanistik).

Hartmut Köhler
im Oktober 1998

1

Lesen

MARCEL PROUST hatte eine Haushälterin, eine *gouvernante*, Céleste Albaret mit Namen, eine Frau mit dem Herz auf dem rechten Fleck, die dem kränkelnden Schriftsteller nach und nach unentbehrlich geworden war. Ein halbes Jahrhundert nach dem Tod ihres Pfleglings hat sie uns in einem reizenden Buch Erinnerungen an ihn mitgeteilt: *„Monsieur Proust"*. Darin erzählt sie von den langen Stunden, in denen sie auf den sehr unregelmäßig schlafenden oder schreibenden Schriftsteller warten musste. Um sich abzulenken, habe sie Spitzen genäht. Eines Tages habe PROUST sie gefragt, was sie in der Wartezeit denn so tue. Sie habe es ihm gesagt, er aber habe fast bestürzt ausgerufen: „Aber Céleste, Sie sollten doch lieber lesen!" Er empfahl ihr sogleich *„Die drei Musketiere"*, die sie mit Begeisterung verschlang. Abends hätten sie dann auch mehrmals darüber gesprochen. Sie habe, „naiv und einfältig", Bemerkungen gemacht wie: „Monsieur, ich frage mich, wie diese Milady es immer wieder fertig bringt, die Leute um sie her zu täuschen." Proust habe entzückt geantwortet: „Das ist sehr richtig und sehr wahr, Céleste". –

Buch und Film

So geht es mit der Literatur: Es muss Bücher geben (daran ist kein Mangel); es muss jemand da sein, der sie uns empfiehlt (schon seltener), und es sollte eine Gelegenheit geben, darüber zu sprechen (noch seltener, ein Glücksfall). Und es gab da auch noch einen Film: *„Céleste"*, von PERCY ADLON, mit EVA MATTES und JÜRGEN ARNDT in den Hauptrollen. Auch das gehört in einem gewissen Sinn nunmehr zur Literatur. Und es gab auch – mindestens vier – Filme über *„Die drei Musketiere"*, davon drei aus den USA. Man kann heute nicht mehr über Literatur reden, ohne den Film einzubeziehen; man kann aber auch nicht über den Film reden, ohne die Literatur zu würdigen. Vier Regisseure waren schließlich begeisterte Leser. Und Verfilmungen bauen nicht, oder selten, auf Verfilmungen auf, sondern greifen zurück auf das Original. Die Folge allerdings: Wer heute ALEXANDRE DUMAS liest, für den scheint alles, was die Romanerzählung ausmacht, die beschleunigende Raffung der Leinwand vorwegzunehmen. Es ist nicht sehr ergiebig, immer erneut über das Verschwinden der Buchkultur zu klagen und den Bildmedien die Schuld daran zu geben. Die innere Dynamik der Buchkultur und ihrer Techniken hat oft genug nach dieser beschleunigenden Raffung durch die Bildsequenz geradezu verlangt.[1] Doch wie steht es mit Proust und seinem gewaltigen Romanwerk über die Suche nach der verlorenen Zeit, liegt es nicht auch in einer Verfilmung vor? Es sollte zwar einmal verfilmt werden, wenn es nach dem Traum eines großen Regisseurs gegangen wäre: Luchino Visconti. Aber selbst dieser ist vor der ungeheuren Aufgabe schließlich zurückgewichen.

Dreiecks-verhältnis

Céleste Albaret sagt uns sehr viel über Proust, und die Proust-Adepten aller Länder haben es mit Leidenschaft gelesen. Über Proust den Autor, oder Proust den Menschen, oder über „Proust", das Romanwerk?

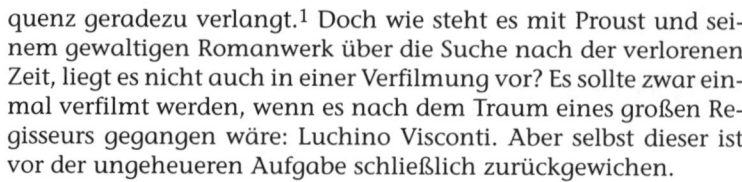

$$\text{AUTOR} \overline{} \text{KRITIKER}$$
$$\text{WERK}$$

Im Jahre 1862 hat der französischer Literaturkritiker mit Namen Sainte-Beuve sich Gedanken gemacht über das Dreiecksverhältnis Autor – Werk – Kritiker. Wenn es sich um Autoren der Antike handele, über die wir nur spärliche Nachrichten haben, dann, so meint er, müsse der Kritiker sich mit bewunderndem Kommentieren des Geschriebenen begnügen, die Person, die sich Sophokles oder Vergil nannte, könne man allenfalls erahnen, in Form einer idealisierten Büste vorstellen. Ganz anders mit den Modernen. Hier verlange die Methode, den Menschen einzubeziehen, um so gebieterischer, je markanter die Persönlichkeit sei. *„Tel arbre. tel fruit."* Mit dem für viele seiner Zeitgenossen typischen Vertrauen in den Fortschritt der Methoden sah er sogar eine *„science du moraliste"* voraus, eine bei aller Komplexität der Charaktere doch präzise wissenschaftliche Erfassung der dem Kunstwerk zugrunde liegenden seelischen Gegebenheiten. Nicht ohne warnend hinzuzufügen, dass es auch dann noch einer hohen Kunst bedürfe, vergleichbar der des Chirurgen, um mit dem so gewonnenen Besteck der *„science de l'esprit"* umzugehen.

Autor-Identität

Sainte-Beuve schrieb über Chateaubriand (mit dessen Stil derjenige Prousts später manche Gemeinsamkeiten haben sollte) und kam zum Beispiel auf den Gedanken, aus den Töchtern eines Dichters, aus ihrer Begeisterung, ihrer Herzenswärme, ein wenig auf diesen selbst schließen zu können. Wer je Gelegenheit hatte, die Tochter eines großen Dichters kennen zu lernen, den er selbst nicht mehr kennen konnte, der wird beipflichten, dass solche Kenntnis unmittelbar aufschlussreich sein kann. Um wie viel mehr nicht erst Altersgenossen, Mitglieder einer Literaturgruppe, die eine gemeinsame Aufbruchstimmung kannten, von der kein Kathedergelehrter je etwas vermitteln könne. Und um wie viel mehr noch das Studium eines jungen Talentes im Augenblick seines ersten Erstrahlens, wovon schon ein Vorgänger Sainte-Beuves, der Kritiker VAUVENARGUES, in der Sprache des 18. Jahrhunderts gesagt hatte: *„Les feux de l'aurore ne sont pas si doux que les premiers regards de la gloire".* Noch ergiebiger: Die Aussagen eines jungen Rivalen, der mit dem in Rede stehenden Autor seine Kräfte zu messen hatte. Und, erstaunlich: auch der Moment seines Niedergangs, des Verfalls seiner Kräfte, an dem das Lächeln nur mehr eine peinliche Falte im Gesicht sei. Ein Autor sei nun einmal kein reiner Geist, und solange man nicht eine ganze Anzahl von Fragen an ihn gerichtet habe, auch wenn sie zunächst gar nichts mit seinem Werk zu tun zu haben schienen, könne man nicht sicher sein, ihn zu kennen: Wie dachte er in Sachen Religion? – Was sagte ihm die Natur? – Wie verhielt er sich den Frauen gegenüber? – War er reich oder arm? – Wie verlief sein Tag? – Was war sein Laster oder seine Schwäche? *„Aucune des réponses à ces questions n'est indifférente pour juger l'auteur d'un livre et le livre lui-même, si ce livre n'est pas un traité de géométrie pure, si c'est surtout un ouvrage littéraire, c'est-à-dire où il entre de tout."* Das literarische Werk sei also eines, in dem alles Aufnahme finde. Er fügte übrigens noch den Gedanken hinzu, dass sich ein Autor auch über seine Nachahmer und seine Wirkung bestimmen lasse, also das in unserem Jahrhundert – oft mit gewaltigen Trompeten – verkündete Prinzip der *Wirkungsgeschichte,* das er, einfach und einprägsam, so ausdrückt: *„Dis-moi qui t'admire et qui t'aime, et je te dirai qui tu es."*[2]

Polemik

Vom Menschen zum Werk also. *L'homme et l'œuvre.* Gegen diese Sätze nun hat ein halbes Jahrhundert später gerade MARCEL PROUST sehr heftig polemisiert. *„Contre Sainte-Beuve"* betitelte er sogar ein ganzes Buch, genauer eine Artikelsammlung, die ihn mehrere Jahre lang, etwa von 1905 bis 1912, beschäftigte und die er schließlich doch nicht veröffentlichte (sie erschien erst 1954). Darin wirft er SAINTE-BEUVE vor, er habe eigentlich nie verstanden, was es mit der Inspiration und der literarischen Arbeit für eine besondere Bewandtnis habe, wodurch sie sich von beliebigen anderen Äußerungen unterscheide. Es gebe da eine Grenzlinie, schreibt PROUST, eine *démarcation,* jenseits derer der Schriftsteller sich in der Einsamkeit *face à face* mit sich selbst wieder findet. Dort bringt er die Worte, die ihm mit den anderen Menschen gemeinsam sind, „zum Schweigen", auch diejenigen, mit denen er ge-

---

1 Der Romanist Karl Vossler sprach schon sehr früh von „Tonfilmroman". – Vergleiche das Kapitel *„Film und literarische Tradition"* in Grosse/Lüger (⁴1996:318 f.) und den Sammelband *„Literaturverfilmungen"* (1989). Im übrigen können die im 19. Jh. sehr häufigen Bühnenbearbeitungen von Romanen (Daudet, Sand, Goncourt, Zola) als ein Ausdruck dieses Bedürfnisses nach Raffung betrachtet werden.– Französische Literaturverfilmungen in der Originalsprache sind heute als Video erfreulicherweise auch in Deutschland leicht erhältlich, wenn auch nicht billig, z. B. bei „Lingua Video", Königswinter (e-mail:info@lingua-video.de)

2 Sainte-Beuve, *Nouveaus Lundis,* 22. Juli 1862.

wöhnlich, selbst wenn er allein ist, die Dinge des Lebens beurteilt, darüber ist er nämlich noch immer nicht wirklich er selbst. Dann aber sucht er zu vernehmen und wiederzugeben, was der *wahre Klang* seines Herzens ist, und nicht mehr Konversation: *„Nous tâchons d'entendre, et de rendre, le son vrai de notre cœur, et non la conversation."*[3]

Das Buch sei das Erzeugnis eines anderen, tieferen Ichs, zu dem man nur vordringt, wenn man von den anderen Menschen und auch von dem Ich, das mit den anderen Menschen Umgang hat, abzusehen vermag. Dieses Ich wartete, während man sich in Gesellschaft aufhielt, bis man wieder zu Hause war, man fühlt sehr deutlich, dass dieses Ich das einzig wirkliche ist, für das allein die Künstler letztendlich leben, wie für einen geheimen Gott, dem sie sich innerlich zunehmend stärker und ausschließlicher angeloben. SAINTE-BEUVE habe sich der Einsicht verschlossen, dass die Seele des Dichters eine Welt für sich sei, abgeschlossen, ohne Verbindung zur Außenwelt. Ein Abgrund trenne den Schriftsteller vom Weltmenschen, vom *homme du monde*, das Ich des Schriftstellers, sein Schriftsteller-Ich komme nur in seinen Büchern zum Vorschein.

Monade

Also keine Rede vom literarischen Werk, in dem alles Aufnahme fände, sondern fensterlose Monade. Wer hat Recht? SAINTE-BEUVE erweist seinem künftigen „Gegner" einen doppelten Dienst. Es wimmelt in seinen Kritiken von literarischen Fehlurteilen , und er war in bedenklichem Ausmaß schwankend und widersprüchlich, ja opportunistisch in dem, was er die „moralische Anatomie" nennt (der Ausdruck ist übrigens älter). Das krasseste seiner Fehlurteile bezieht sich auf STENDHAL, dem er jede Größe abspricht (zu seiner Entlastung darf angeführt werden, dass er damit unter den Zeitgenossen keineswegs allein dastand, die Brüder GONCOURT etwa dachten lange Zeit genauso). Sein opportunistisches Schwanken äußert sich etwa in Bezug auf CHATEAUBRIAND und Madame RÉCAMIER, die er zu ihren Lebzeiten sehr lobend, vom Tag ihres Todes an aber sehr missgünstig beurteilte. Und dies nun immer unter Berufung auf dieselbe „Methode" (ein Begriff, der spätestens seit dieser Zeit in der Literaturbetrachtung ebenso verlockend wie problematisch ist).

Schrift-steller-Ich

Damit also machte es der Kritiker seinem Kritiker leicht. Allzu leicht wohl. Denn wir müssen heute natürlich unsererseits zurückfragen: Was ist dieses PROUST'sche Schriftsteller-Ich anderes als ein idealer, ja religiös getönter Ort? Welche Substanz hätte es? Welches wären die Worte, mit denen es sich ausdrückt, wenn nicht die gleichen, wenigstens im Prinzip, wie die, die die Gesellschaft und das gesellschaftliche Ich benützen? Etwas banaler noch: Hat nicht jeder beliebige Mensch dieses private Ich, auf das er sich zurückzieht, wenn er aus der Gesellschaft kommt und die Tür hinter sich zumacht? Wie kann man dieses Privatissimum zum Ausgangsort des literarischen Schaffens erklären, noch dazu eines so übervoll welthaltigen, wie es die *„Recherche"* MARCEL PROUSTS ist? Hier waltet offenkundig ein Paradox, über das seither viel nachgedacht worden ist und über das weiterhin nachzudenken jeder gehalten ist, der sich mit Literatur beschäftigt. Alle voreiligen Antworten sind vom Übel, und vielleicht gibt es hier gar nicht *die* richtige Antwort. Generationen, Schulen, Forschungsrichtungen haben sich in immer neuen Ansätzen dieser Frage angenommen. GEORGES BELMONT, der die mündlich geäußerten Erinnerungen CÉLESTES gesammelt und redigiert hat, bekennt, er sei durch ebendiese Zeugnisse in einer an Halluzination grenzenden Weise mit PROUST vertraut gemacht worden, kein anderes Buch der Kritik habe ihm je diese *Wahrheit* vermittelt. Widerlegt er damit nicht PROUST? CÉLESTE sagt ja so gut wie nichts über die *„Recherche"* als Werk. Sie erzählt nur von den Entstehungsumständen, jenen acht Jahren zwischen 1914 und 1922, in denen sie, als einziger Mensch, in seiner Intimität lebend Zeugin von PROUSTS übermenschlicher Anstrengung wurde, mit der er sich in den Tod und in die Unsterblichkeit schrieb. Ihr verdanken wir also, objektiv, genau das, wonach SAINTE-BEUVE für den modernen Schriftsteller begehrte, während PROUST, folgt man dem *„Contre Sainte-Beuve"*, gelesen werden wollte wie ein antiker Schriftsteller: nur jenseits eines unüberschreitbaren Flusses erkennbar. Welches ist also die Wahrheit des Schriftstellers? Es scheint deren zwei zu geben, und so unbefriedigend das sein mag, wir müssen uns damit in irgendeiner Form abfinden. Eine Wahrheit nach SAINTE-BEUVE, die wir mit seiner Formel bezeichnen können: *où il entre de tout,* und eine andere, die PROUST'sche, die gekennzeichnet ist durch ein Fehlen gemeinsamer Maßstäbe, eine Inkommensurabilität zwischen Werk und Leben. Das geschriebene Werk wäre auf keine noch so geschickte Art aus dem gelebten Leben ableitbar. Was auch seine schlichte Evidenz hat: Selbst der intensivste Leser von CÉLESTES Erinnerungen an den bettlägerigen, moribunden Schwerstarbeiter wird keinen einzigen Satz der zur Nachtzeit im Innern – in jedem Sinn des Wortes – entstandenen Erzählprosa erahnen können.

Gemäß SAINTE-BEUVE:	KRITIKER → AUTOR → WERK
	„où il entre de tout"

Gemäß PROUST:	WERK
	inkommensurabel
	AUTOR ——————— KRITIKER

---

3 Bibliothèque de la Pléiade, 1971, p.224.

Ein Beispiel aus den vielen Sätzen der „*Recherche*" zunächst in deutscher Übersetzung:

Jeder einzelne der Augenblicke, aus denen die Vergangenheit bestand, verwendete, um etwas Einzigartiges von unverwechselbarer Harmonie zu erschaffen, die Farben von damals, die wir nicht mehr kennen, die mich aber immer noch plötzlich entzücken, wenn durch irgendeinen Zufall der Name Guermantes nach so vielen Jahren eine Sekunde lang den von dem heutigen so ganz verschiedenen Klang wieder annimmt, den er für mich am Hochzeitstag von Mademoiselle Percepied besaß, und ich jenen weichen, allzu lebhaft und neu glänzenden Mauveton wieder vor mir sehe, der die sich bauschende Krawatte der jungen Herzogin mit seinem Samt überzog, und zugleich, wie ein wiederaufblühendes, unpflückbares Sinngrün, ihre mit einem blauen Lächeln durchsonnten Augen.[4]

Und im Original:

Chacun des moments qui composèrent le passé employait, pour une création originale, dans une harmonie unique, les couleurs d'alors que nous ne connaissons plus et qui me ravissent encore tout à coup si, grâce à quelque hasard, le nom de Guermantes ayant repris pour un instant après tant d'années le son, si différent de celui d'aujourd'hui, qu'il avait pour moi le jour du mariage de Mlle Percepied, il me rend ce mauve si doux, trop brillant, trop neuf, dont se veloutait la cravate gonflée de la jeune duchesse, et, comme une pervenche incueillissable et refleurie, ses yeux ensoleillés d'un sourire bleu.[5]

Und setzen wir um des Kontrastes willen – denn nur aus dem Vergleich kommt Einsicht – gegen dieses Fest der erinnerten Farben und Laute und diese gleichsam in sich selbst schwebende Sprache eine Passage, auch willkürlich gewählt, mit Alexandre Dumas' Milady:

Enfin, comme l'heure de son entretien avec le comte approchait, Milady fit en effet tout éteindre chez elle, et ordonna à Ketty de rentrer dans sa chambre, et d'introduire de Wardes aussitôt qu'il se présenterait.

L'attente de Ketty ne fut pas longue. A peine d'Artagnan eut-il vu par le trou de la serrure de son armoire que tout l'appartement était dans l'obscurité, qu'il s'élança de sa cachette au moment même où Ketty refermait la porte de communication.

„Qu'est-ce que ce bruit? demanda Milady.

– C'est moi, dit d'Artagnan à demi-voix; moi, le comte de Wardes."[6]

Auch das ist gewiss Literatur, und gar nicht die schlechteste (sonst hätte sie PROUST wohl nicht empfohlen), gewiss aber von sehr anderer Art, und dies gewiss nicht nur wegen des Musketiers im Schrank und der Schlüssellöcher. Nach ALEXANDRE DUMAS, so erzählt CÉLESTE, habe PROUST ihr BALZAC empfohlen. Ihm selbst hat-

te in ganz jungen Jahren seine – innig geliebte – Mutter, so erfahren wir, „um seinen Geschmack zu heben", nur zwei Autoren zu lesen gegeben: GEORGE SAND und CHARLES DICKENS.

Zu seiner Attacke auf SAINTE-BEUVE sei noch ergänzt, dass PROUST die Artikel eigentlich aus einer Krisenstimmung heraus zur Klärung seiner eigenen künstlerischen Anschauungen geschrieben hatte, bevor er den Plan zur *„Recherche"* fasste. Die beste Seite aus diesen Essays ist denn vielleicht auch die, wo er sich darin gefällt, SAINTE-BEUVE vorübergehend zur Romanperson zu machen und sich auszumalen, wie seine Mutter ihm, höchst behutsam und taktvoll, eine Zeitung aufs Zimmer bringt, in der, lange erwartet, ein Artikel von ihm erschienen war.

CÉLESTE ALBARET übrigens tritt uns ihrerseits an einer späteren Stelle des Riesenwerks als Hotelbotin in Balbec entgegen, zur Romanperson geworden. SAINTE-BEUVE aber verdanken wir die schönste Definition des Lesens: *„La lecture, ce vice impuni".7*

---

4 *Auf der Suche nach der verlorenen Zeit, 3, Guermantes,* übersetzt von Eva Rechel-Mertens, revidiert von L. Keller und S. Laemmel, Frankfurt/M. 1996, S. 11

5 Marcel Proust, *A la recherche du temps perdu, Le Côté de Guermantes,* Bibl. de la Pléiade, vol 2., 1988, p. 312. Vgl. unten, S. 165. – Prousts Zimmer kann man heute besichtigen: 102 Boulevard Haussmann, donnerstags von 14–16 Uhr.

6 Alexandre Dumas. *Les trois mousquetaires,* Kap. 25: *La nuit tous les chats sont gris.*

7 Sainte-Beuve, *Mes livres. Joseph Delorme. Poésies complètes,* t. I, p. 111.– Dass die negative Bewertung Sainte-Beuves nicht das letzte Wort ist, zeigt die jüngst erschienene Studie eines Außenseiters, des bedeutenden Soziologen Wolf Lepenies (1997). – Zur methodologischen Einordnung der Debatte um *l'homme et l'œuvre* sowie zur Leserforschung vgl. Kap. 6, S. 92 und S. 118

KAPITEL Begriff „Literatur": Definitionen

Abgrenzung

In jedem Bereich, ob Juristerei, Botanik oder Literatur, ist Abgrenzung, Eingrenzung erforderlich. Das ist der ursprüngliche Sinn von „Definieren": eine begrenzende Linie um etwas ziehen, womit immer auch eine gewisse „Besitznahme" angedeutet ist. Und eben deswegen geht damit stets auch ein Ausgrenzen, Wegnehmen, Trennen und damit etwas wie eine Verletzung einher. Allerdings sollte das Trennen im Sinne von Unterscheiden verstanden werden.

Es gibt eine Schönheit, eine Eleganz, eine Freude des Definierens. Und es gibt ein Elend, eine Krux, einen Zwang bei diesem Tun. Und es gibt natürlich das neutrale, emotionslose Alltagsgeschäft der Begriffsbestimmung, das der Verfasser von Wörterbüchern oder Enzyklopädien betreibt.

1 synchron

Wörterbuch-Definition

Littérature nom féminin.
1. Œuvres réalisées par les moyens du langage, orales ou écrites, considérées tant au point de vue formel et esthétique qu'idéologique et culturel.
2. Ensemble des œuvres littéraires d'un pays, d'une époque. *La littérature française du XIXe siècle. La littérature moderne.*
3. Etude des œuvres littéraires. *Cours de littérature.*
4. Ensemble des textes qui traitent d'un sujet. *Il existe une importante littérature sur le laser.*
5. Art d'écrire. – Carrière d'écrivain. *Se lancer dans la littérature.*
6. *familier, péjoratif* Paroles brillantes mais sans rapport avec la réalité, ou inefficaces. *Tout cela n'est que littérature.*

So lautet die sechsfache Definition des Begriffs „Literatur" in einem modernen Wörterbuch: „*Le Dictionnaire de notre temps 1991*", Verlag Hachette 1990, jedes Jahr um Neubildungen ergänzt. Gehen wir die vorgeschlagenen Definitionen durch:

Zur 1. Definition

Dass es sich bei Literaturwerken um **Werke** handelt, die „mit den Mitteln der Sprache hergestellt" werden, scheint selbstverständlich, wird aber interessant, wenn man sich vergegenwärtigt, dass sich Werke ja auch noch mit anderen Mitteln herstellen lassen:

mit Tönen, mit Farben, mit Holz, Stein, Papier, Bronze usf. Womit noch? Mit Feuer (Feuerwerke), mit Wasser. Die Überlegung lohnt: Womit lassen sich keine Werke herstellen? Selbst lebende Dinge kommen in Betracht: Bäume zu Parks, Tiere zu Dressurgruppen, Menschen zu Gemeinschaften mit spezifischem Anliegen. Ein Chor, eine Rudermannschaft, eine Armee sind jeweils auch ein Werk, realisiert mittels Menschen. Dabei wird allerdings die Rede vom **Mittel** bald schwierig. Ist das Mittel des Malers die Farbe oder der Pinsel? Das des Musikers der Ton oder sein Instrument? Ist die Sprache wirklich das Mittel des Schreibens? Wäre das nicht eher der Stift oder die Schreibmaschine?

Wo es ein Mittel gibt, muss es ein Ziel geben: Welches wäre das Ziel, das die Sprache zum Mittel hätte? Das Werk. Aber das Werk besteht aus Sprache. Wie kann etwas sich selber zum Ziel haben? Jemand wie PROUST hätte geantwortet: Das Mittel ist der Schriftsteller, der im Werk aufgeht, sich dafür aufreibt wie ein Bleistift in der Zeichnung.

Und weiter: „Œuvres [...] orales ou écrites". Wenngleich *Literatur* von *littera* – „Buchstabe" kommt und damit die Schriftlichkeit in den Blick rückt, lässt sich durchaus auch, wie es das Wörterbuch unterstellt, von einem **mündlichen** Werk sprechen. Die Schrift als eine Kulturtechnik ist nach unserem Wissen im 2. Jahrtausend v. Chr. von den Phöniziern erfunden worden. Die Menschheit aber ist viel älter. Die Annahme wäre sehr unwahrscheinlich, es hätte in all der langen Zeit vorher formal und inhaltlich nichts von dem gegeben, was wir „Literatur" zu nennen gewohnt sind. Im Gegenteil liegt die Annahme nahe, dass gerade eine reiche und als bewahrenswert erachtete Produktion von Mitteilbarem nach einer materiellen Fixierung, einer „Verschriftlichung" verlangt hat, so wie später, besonders in unserer Zeit, aber durchaus auch schon vorher, eine reiche Produktion von Schriftlichem nach „Verbildlichung", nach Verdeutlichung, Belebung durch das Bild verlangt hat.

Die Mündlichkeit durchdringt noch immer nahezu alle Erscheinungsweisen geschriebener Literatur. Märchen, Sagen, Mythen, Sprüche, Erzählungen, Rätsel, Lieder, *Chansons*, Gespräche, Dialoge usf. „Zaubersprüche muss man können", sagt sogar ein österreichischer Dichter unserer Tage, HANS CARL ALTMANN, „die ganze Lyrik geht darin auf". Und YASAR KEMAL, der 1997 in Frankfurt mit dem Friedenspreis geehrte kurdisch-türkische Erzähler, nennt sich einen „Mann der Dichtkunst, und nicht der Literatur", womit er seine Geprägtheit durch die kurdische Tradition meint, die wegen der türkischen Intoleranz noch immer stark auf Mündlichkeit angewiesen ist.

Es herrscht in der geschriebenen Literatur, bei den sie bestimmenden Vermittlungsprozessen, ein ständiges, starkes Verlangen nach dem Mündlichen, geradezu eine Sehnsucht, vielleicht ebenso stark wie einst das Verlangen nach dem Schriftlichen war. Was ist, so besehen, das Fernsehen letztlich anderes als die – freilich mit viel täuschenden „Mitteln" arbeitende – Verbindung von Mündlichkeit und Bildlichkeit? Also: Die Existenz mündlicher Werke ist nicht nur eine Vermutung, wir haben vielmehr reiche Zeugnisse einer *oralen* Überlieferung.

Schließlich der dritte Teil: „Werke [...], in formaler und ästhetischer wie auch in ideologischer und kultureller Hinsicht". Wenn man will, ist dies der Alltagskompromiss aus den gegensätzlichen Positionen von PROUST („formal", „ästhetisch") und SAINTE-BEUVE („kulturell", „ideologisch" = „den Ideengehalt betreffend"). Dass hier Spannungen und Auseinandersetzungen zu definitorischen Zwecken aufs Äußerste verkürzt sind und schier verharmlost scheinen, sagt nichts gegen die Verfasser des Eintrags, im Gegenteil, sie haben gute Arbeit geleistet, man muss diese Definitionen nur dringend mit Stoff und Leben erfüllen, sonst bleiben sie glatt und unverbindlich.

Zur 2. Definition

„Literatur" als **Sammelbezeichnung** literarischer Werke. Bei den rhetorischen Figuren *(s. S. 162)* wird das sprachlogische Verhältnis zwischen zwei Bedeutungen mit dem Terminus *Synekdoche* bezeichnet (wie „Glas" als Trinkglas zu „Glas" als verkürzter Name für die Glaswarenabteilung eines Kaufhauses). Was die vorgestellten Beispiele betrifft, so halten wir zum einen fest, dass von der Gesamtheit des im 19. Jahrhundert Geschriebenen nicht alles zur *Literatur des 19. Jahrhunderts* gehören kann, und zum andern, dass der Beginn dessen, was man *moderne Literatur* nennen kann, je nach Sichtweise im 17. Jh. (CERVANTES), im 19. Jh. (BAUDELAIRE) oder im 20. Jh. (MUSIL) liegt.

Zur 3. Definition

Scheint entbehrlich.
Enthält nichts Neues.

Zur 4. Definition

„**Gesamtheit der Texte**, die ein Thema behandeln". Diese Bedeutung zu kennen, ist wichtig. Für diese Literatur sagen wir im Deutschen auch „Schrifttum", was wir für die Literatur nach Definitionspunkt 1. nicht oder kaum mehr sagen (bekanntlich gab es im Nationalsozialismus eine „Reichsschrifttumskammer", in der die Schriftsteller organisiert wurden; eine „Reichsliteraturkammer" hätte die Fremdwortphobie jener Zeit wohl von sich gewiesen). Das geht die Bibliotheken und die Informationsbeschaffung an und erscheint in Form von „Bibliographien" oder „Literaturverzeichnissen" *(s. S. 42)*. Es ist deutlich, dass damit eine **engere** und eine **weitere** Bedeutung des Wortes „Literatur" angezeigt ist, die übrigens im Sprachgebrauch evident wird. Die Unterscheidung zwischen einerseits „die Literatur über Frankreich" oder „über den Zweiten Weltkrieg" und andererseits „Frankreichs Literatur" oder

„Die Literatur des Zweiten Weltkriegs", die manchmal auch als „**intensiver**" und „**extensiver**" Literaturbegriff bezeichnet werden, wird allerdings sehr bald zu einem ganz zentralen Problem der Literaturbetrachtung, eben weil ihre Grenzen keineswegs eindeutig festliegen. Von weitem betrachtet umgreift die Bedeutung 4. die obige Bedeutung 1., aus der Nähe besehen bilden sie oft die schroffsten Gegensätze.

Zur 5. Definition

Literatur als „Kunst des Schreibens" oder auch als „Schriftstellerkarriere". Das ist dem Französischen eigentümlich. Jedenfalls kann man auf Deutsch kaum sagen: „Er ging in die Literatur", wie man sagt: „Er ging in die Politik". Allenfalls: „Er warf sich auf die Literatur", „er wandte sich der Literatur zu", denkt dann aber weniger an Kunst des Schreibens oder an Laufbahn. Vielleicht ein Hinweis darauf, dass die Tätigkeit des **Literaten** *(littérateur)* in Frankreich eine etwas fester umrissene Vorstellung ist als hierzulande. Gewiss kann man auch bei uns sagen: Von der Literatur alleine können nur sehr wenige leben.

Zur 6. Definition

Das ist etwas ganz typisch Französisches. Es wäre noch besser gewesen, den berühmten Vers von VERLAINE zu zitieren: *„Et tout le reste est littérature"*, wie das der *Petit Robert* tut. Diese spöttisch-abschätzige Nuance gerade im Munde eines großen Lyrikers führt tief ins französische **Literaturwesen** (diesen Ausdruck gibt es nur auf Deutsch!). Literatur nahm und nimmt in Frankreich eine so zentrale Stellung ein, dass sie sich gefallen lassen musste – und konnte –, von manchen ihrer Adepten zu manchen Zeiten auch kräftig gezaust zu werden. Auf Deutsch würde es wohl kaum jemandem einfallen, zu sagen: „Das ist alles nur Literatur", wenn er sagen will, „Das ist zwar sehr schön, aber nicht wahr" oder „Das ist alles mehr oder minder Blabla (frz. meist *blablabla…*)".[1] Hinter VERLAINES Dictum zeichnet sich indessen noch ein ganz anderer, noch engerer und viel subtilerer Bereich innerhalb der Literatur ab, der sich vom „engeren Literaturbegriff" definitorisch nur mit großer Behutsamkeit abheben lässt, auch wenn er sich seinerseits gern sehr schroff von ihm abstößt: die **Poesie**. Hierzu ein Zeugnis von VERLAINE selbst:

Que ton vers soit la bonne aventure
Eparse au vent crispé du matin
Qui va fleurant la menthe et le thym …
Et tout le reste est littérature.[2]

---

1 Als die Rede auf ein Gipfeltreffen kam, bei dem nur geredet wurde, sagte unlängst ein Politiker: „Einen weiteren Literaturgipfel lasse ich nicht zu". Doch das war der – zweisprachige – Ministerpräsident von Luxemburg.
2 Paul Verlaine, *Art poétique,* aus dem Band Jadis et Naguère, 1874, Schlussstrophe.

Es soll hier nicht um Einzelheiten der Verserklärung gehen (an diesen Versen sind übrigens auch die besten Übersetzer gescheitert). Die Schulanthologie von LAGARDE und MICHARD, durchaus feinsinnig ausgewählt und kommentiert, fordert anlässlich des letzten Verses und des Wortes *littérature* zum Nachdenken auf: *„Comment ce mot peut-il prendre un sens péjoratif?"*

❷ diachron

Wörterbuch-Definition

Der rein gegenwartsbezogene, also synchrone Wörterbucheintrag soll hier noch durch einen zweiten, diachronen, ergänzt werden. Er stammt aus dem wohl anregendsten Wörterbuch, das die – ohnehin schon auf sehr hohem Niveau befindliche – französische Lexikographie hervorgebracht hat, dem *„Dictionnaire historique de la langue française",* 1992 unter der Leitung von ALAIN REY entstanden.[3]

> **Littérature** *n. f. est emprunté (vers 1121) au latin* litteratura *«écriture», «ce qui concerne les lettres», et «production de livres par l'écriture», de* littera.

Ursprünge

Mit der Datierung auf die Zeit 1121 legt man fest, wann das Wort „littérature" in der französischen Sprache zum ersten Mal (Dokument) auftrat. Ein Erstbeleg besagt natürlich nicht, dass es nicht auch schon vorher in Gebrauch war, doch vermutlich nicht sehr lange. Von dem halben Dutzend Bedeutungen, die das *„Dictionnaire de notre temps"* auffächert, war allerdings im 12. Jahrhundert noch keine einzige gemeint. Vielmehr besagte *„littérature",* wie ALAIN REYS Wörterbuch bezeugt:

Le XIIe siècle a employé le mot au sens de *«caractère de ce qui est écrit».*

Antike

In der Tat hat *„littérature"* bescheidene Ursprünge. Im Lateinischen meint es lediglich „Benutzung der Buchstaben". In einem berühmten Brief des Philosophen SENECA, nämlich dem achtundachtzigsten, in dem er sich vernichtend über alle Schulgelehrsamkeit auslässt, die nichts zur *virtus,* zur Bewältigung der lebensbedrohenden Leidenschaften, also zur Tugend beiträgt, ist die Rede vom „Buchstabenunterricht, der den Kindern das Alphabet vermittelt" *(litteratura, per quam pueris elementa traduntur).* Dieses Wort *litteratura* ist dem griechischen Wort *grammatikè* nachgebildet (γραμματικη). *Litteratura graeca* meint bei TACITUS schlicht das griechische Alphabet. *Litteratura* bedeutet also Unterricht im Schreiben und Lesen, „Grammatik" in einem sehr handfesten Sinn. Wer sich damit befasst, ist ein *grammaticus.* Wie die

Lateiner „Literatur" bezeichneten, die sie doch mit PLAUTUS, VERGIL, HORAZ, OVID, PROPERZ, APULEIUS u. a. hervorgebracht hatten, und wie sie die analysierende Beschäftigung mit ihr, nämlich die Literaturwissenschaft, fassten, bezeugt SENECA: „Der Grammatiker befasst sich mit der Pflege der Sprache *(cura sermonis)* und, wenn er weiter ausgreifen will, mit Erzählungen *(historiae)*, überdies, falls er sich seine Grenzen ganz weit steckt, mit der Dichtung." „Dichtung" ist die Übersetzung von lat. *carmina.* Das Wort *carmen,* das seinen Ursprung in der Musik hat, das „Gesang", „Lied", „Klang", aber auch „Zauberformel" bedeutet (und aus dem viel später eine spanische Zigeunerin ihren Namen *Carmen,* aber auch ihren *charme* bezog), diente also zur Bezeichnung von *Poesie.* Die Lateiner sprachen allerdings nicht von *poesia,* sondern von *poiesis,* dem griechischen Wort, das sie, wie so vieles andere, übernommen hatten. Es bedeutet das Tun, das Machen, das Getane, das Geschaffene. Der *Poet* ist ein Macher, Erzeuger, Urheber, der ein *Poem,* ein Gemachtes, hinterlässt. *Poiesis* wäre auf lateinisch eigentlich *actio,* aber das hat nie poetische Weihen erfahren; nur in der Bedeutung „Gerichtsrede", speziell „Körpereinsatz", „Körpersprache" hat es etwas mit Sprache, speziell mit der Rede, zu tun.

Altfranzösisch

Im Altfranzösischen wurde *„littérature"* leider gleich bei seiner ersten Verwendung zur Verunglimpfung der Juden benutzt. *„Judeus literature / Tant entent d'escriture",* heißt es im Erstbeleg, dem *„Bestiaire",* einem allegorischen Tierbuch von PHILIPPE DE THAUN: Die Juden verstehen nur den buchstäblichen Sinn der Heiligen Schrift *(sensus litteralis),* nicht ihren Geist. Das freilich ist nur eine mehr oder minder gewaltsame Ausdeutung eines bekannten Satzes aus dem 2. Brief des PAULUS an die Korinther: „Der Buchstabe tötet, aber der Geist macht lebendig" (Kap. 3, Vers 6).

Klassik

In der Definition heißt es weiter:

> Le moyen français, continuant en cela l'ancien doublet populaire lettreüre (du XIIe au XIVe siècle) lui a donné le sens d'«éruditon, connaissance acquise, savoir (issu de livres)» (1495). C'est encore la seule acception du mot répertorié au XVIIe siècle, avec le sens métonymique d'«ensemble des gens de lettres» (1680).

Es gab also neben der um diese Zeit aus dem Lateinischen übernommenen Form *literature* (der Buchform, wie man sagt), auch noch eine volkstümliche, d. h. lautgesetzlich entwickelte Form **lettrure,* die sich nicht erhalten hat und die auch nie wieder be-

---

3 Seine wortbezogenen sprachkulturellen Ausführungen auf France Inter sind in Buchform erschienen: Alain Rey, *Le réveille-mots,* Paris 1996

lebt wurde. Auch sie meinte nicht „Literatur", sondern „Buchwissen", „Gelehrsamkeit". Dafür, dass gegen Ende des 17. Jahrhunderts, als die französische Literatur wahrhaftig bereits einen Gipfel erreicht hatte, das Wort *littérature* noch immer nicht in diesem Sinne verwendet wurde, steht das Zeugnis eines der großen Wörterbücher, wie sie in dieser Zeit entstanden, des *„Dictionnaire Universel"* von FURETIÈRE aus dem Jahre 1690: *„Littérature: Doctrine, connaissance profonde des lettres; ,gens de grande littérature' = d'une érudition surprenante"*. Leute von „großer Literatur" waren also umwerfend belesene, beschlagene Leute.

Wie sagte man also im 17. Jahrhundert für „Literatur"? Vielfach hört man die Ansicht, das damalige Wort sei *Les lettres* gewesen, womöglich gar *Les belles lettres,* was uns doch bis heute für unsere Buchhandlungen die „Belletristik" geliefert hat. Das war aber noch keineswegs eindeutig so. FURETIÈRE fährt vielmehr fort: *„On appelle les* Lettres humaines, *abusivement les* belles lettres, *la connaissance des Poëtes des Orateurs; au lieu que les vrayes* belles Lettres *sont la Physique, la Geometrie, les sciences solides"*. Lettres sind also zeitgenössisch die Naturwissenschaften, die „harten" Wissenschaften. In dieser Zeit tobte der Streit zwischen den „Alten" und den „Modernen" *(Querelle des Anciens et des Modernes)* und schlug bis auf die scheinbar objektiven Lexikoneinträge durch. Möglicherweise kam gerade im Schatten der Auseinandersetzung darum, wem *Les lettres* nun zustünden, die Chance für das Wort *littérature,* aber auch in der ersten Hälfte des 18. Jahrhunderts ist es noch nicht so weit.

Aufklärung

Hierzu VOLTAIRE, der in seinem *„Dictionnaire philosophique"* seiner Lust am Definieren frönt: *„Littérature: ce mot est un de ces termes vagues si fréquents dans toutes les langues. [...] La littérature désigne dans toute l'Europe une connaissance des ouvrages de goût, une teinture d'histoire, de poésie, d'éloquence, de critique"*.[4] Also in der Tat noch immer sehr verschwommen. Erst in der zweiten Hälfte des 18. Jahrhunderts treten die beiden vorrangigen Komponenten der heute gültigen Bedeutung hervor, merkwürdigerweise etwa gleichzeitig, erstaunlicherweise die eine davon aus Deutschland kommend.

Deutschland

Die Definition von ALAIN REY fährt fort:

> *Il faut attendre la seconde moitié du XVIIIe siècle [...], pour voir apparaître le sens moderne d'«ensemble d'ouvrages publiés sur quelque chose» (d'après l'allemand Literatur, 1758), et surtout celui d'«ensemble des œuvres, des textes relevant des belles-lettres» dont l'attestation précise demeure difficile à établir. – Plus spécialement, le mot s'applique aux œuvres écrites dans la mesure où elles portent la marque de préoccupations esthétiques reconnues pour telles (1764) et, par la suite, s'applique au travail même de l'écrivain (avant 1841).*

Das hübsche Paradox: Gerade die Bedeutung von *Literatur,* die wir im Deutschen mit *Schrifttum* wiedergeben, wurde von den Franzosen aus Deutschland bezogen. Aus diesem Anlass ein kurzer Seitenblick auf Deutschland. 1571 ist das Wort *Litteratur* bei uns belegt, im Humanismus als *kunst der gschrifft* ganz wie in der Antike. 1727 dann im Sinne des Universalismus: „Im weitläuftigern Verstande begreift dieses Wort die Wissenschaft und Erkäntnus [sic!] aller Sprachen und Studien in sich." Bei der lexikalischen Erfassung allerdings gerät das Wort dann in die Fremdwortneurose der Zeit des deutschen Nationalismus. Zwar gebrauchen HERDER, SCHILLER, GOETHE, HEINSIUS und andere das Wort ohne jede Scheu, doch wird es weder bei CAMPE (1809) noch bei GRIMM (1885) verzeichnet, es fehlt sogar in HEYSES Fremdwörterbuch von 1922 und noch 1943 bei TRÜBNER. Aufgenommen ist es hingegen im *„Wörterbuch der deutschen Sprache"* von DANIEL SANDERS (1863) und im *„Deutschen Fremdwörterbuch"* von SCHULZ/BASLER (dessen Eintrag, erstaunlicherweise im Jahre 1942 erschienen, die besten Belegstellen bietet). Anderthalb Jahrhunderte lang war *Literatur* für viele Deutsche also kein deutsches Wort. Da verwundert es dann nicht mehr, dass es 1989 als „brisantes Wort" bezeichnet wird, nämlich in der von G. STRAUSS herausgegebenen Sammlung *„Brisante Wörter von Agitation bis Zeitgeist".*

Resümee

Um die Wende vom 18. zum 19. Jahrhundert muss mehr oder minder unbemerkt der Wandel eingetreten sein, der bewirkte, dass Frankreich, und alle Welt, wenn es von *Literatur* sprach, damit nun – ungefähr – das meinte, was wir heute noch – ungefähr – damit meinen, die *préoccupation esthétique.* – Wie ging es weiter?

Media-tisierung

Il commence alors à désigner ce que l'on trouve dans les romans par opposition à la réalité. Ein schwerwiegender Satz, den sich die Lexikographen da erlauben, weil sehr missverständlich. Der Roman, allen voran der französische, tritt um diese Zeit seinen Siegeszug an. Dies entsteht, weil sich in ihm in vorher ungeahnter Weise Wirklichkeit wieder findet. Und dies wurde wichtig für die zeitgenössischen Leser, weil sich ebendiese Wirklichkeit so ungeahnt wandelt: 1789, Napoleon, Dampfmaschine, Großstadt ... Der moderne Roman ist ein Abenteuer, weil das Leben so vieler mehr denn je zum unfreiwilligen Abenteuer wird und daher nach Klärung und Deutung, nach Spiegelung und Identifizierungshilfe verlangt wie nie zuvor, nach Abbildung, die uns sagt, wer wir sind, weil wir es nicht mehr wissen, weil wir ja ständig etwas Neues sein sollen. Sollen und auch wollen. Zum Beispiel so, wie es uns der jüngst erschienene Roman vor Augen zaubert, ein toller Ras-

---

4 Ed. Beuchot, tome XXXI, 1829, p. 31

tignac, wie er bei Balzac Paris erobert. Mehr denn je erfüllt der Roman – und in diffuserer Form alle Literatur – einen Wunsch nach dem, was man heute Mediatisierung nennt. Und wieder haben wir jene schon erwähnte innere Dynamik, die dazu drängt, diese Abbildung immer wirkungsvoller zu gestalten, Bilder zu schaffen, bald schon Licht-Bilder, Photo-Graphien, die dann bewegt werden sollen, Kinemato-Graphien, *movies*.

Dynami-sierung

Dieses Geschäft des Zeigens und Deutens will Aufsehen erregen. Das steht in seiner Definition. Und damit gerät es ganz natürlich in den Strudel von öffentlicher Diskussion und allgemeinem Wettbewerb. Seit jeher konnte man in diesem Metier Erfolg und Ansehen erringen, die Gunst der Frauen und sogar Reichtum, doch jetzt wird dies zunehmend zu einem Phänomen des Marktes. Das Bessere wird des Guten Feind, die Bewegung geht vom Dilettanten zum Professionellen, es entsteht das Bedürfnis nach Qualitätsauslese und nach Kriterien dafür. Es setzt ein äußerst vielfältiges Ausprobieren von Formen und Formeln ein, ein großes Experimentierspiel, bei dem Erfolg und Misserfolg in kurzem Abstand aufeinander folgen können, ein Überbieten und Überraschen, bei dem jedes Mittel recht ist, jedes Gefühl, jeder Gedanke, ein Kulturkampf ums Dasein also, bei dem Darwin ein gewichtiges Wort mitzureden hat. Wohlgemerkt nicht der töricht verstandene Darwin, bei dem sich angeblich nur der Stärkere oder Grausamere durchsetzt, sondern *the fittest,* das heißt der Anpassungsfähigste, und das kann – so kompliziert ist unsere Welt, die literarische zumal – auch der scheueste Außenseiter sein, der zögerlichste Mensch, der kränklichste Matratzengruftbewohner (ein Ausdruck von Heinrich Heine), dessen einziger Umgang seine Haushälterin ist.

Wandel

„Innere Dynamik" lässt sich auch weniger dramatisch ausdrücken: Ungeduld und Langeweile. Den Kulturmenschen verlangt es nach Neuem, den Franzosen, als Menschen gesteigerter Kultur, besonders, Voltaire, als Inbegriff des Franzosen, am meisten. Die Ruhe von Ikonen war seine Sache nicht. Die Gemeinplätze, die Klischees, wie wir heute sagen, irritieren ihn. Alle schönen Bilder, die uns anfänglich einmal gefielen, so schreibt er in dem oben genannten Artikel des *„Dictionnaire philosophique",* nützen sich ab durch Gewohnheit. Die rosenfingerige Morgenröte, die edelsteinbesetzten Bahnen des Lichts, Zephyr, wie er Flora streichelt, und natürlich der kleine Amor, der zwischen den Waffen des Mars umhertollt – alles neckisch, aber man ist ihrer überdrüssig (das ist eine Attacke gegen den Geschmack des Barock, die nachhaltig wirken sollte). Und indem er so gerne brillant in zweigliedrigen Gegen-Sätzen formulierte (das Barock bevorzugte später die drei- und mehrgliedrige Reihung), findet sich bei ihm die Aussage: *„Les premiers qui les employaient passaient pour des in-*

venteurs; les derniers ne sont que des perroquets". Was GOTTFRIED
BENN später noch etwas liebloser ausdrückte: „Der erste, der *Herz*
auf *Schmerz* reimt, war ein Genie; der tausendste ein Idiot ..."

Nicht alle französischen Schriftsteller waren so nervös wie VOL-
TAIRE (ROUSSEAU, LAMARTINE, CLAUDEL sind Gegenbeispiele), doch
alle haben sie dazu beigetragen, dass in Geschmacksdingen, besonders in der Literatur, dies eherne Gesetz gilt: Dasselbe, wiederholt, ist nicht mehr dasselbe. Der Zwang, originell zu sein, ist
DARWINS Vermächtnis an die Kultur. Die Mode, der *Chic* wissen
das genau. Daher sind alle Menschen ästhetische Nachzügler,
fast immer. Allen Menschen, nicht nur den alternden, ist daher
von Zeit zu Zeit nach einem Lob der Langsamkeit zumute. Und
sie können es in der Literatur ebenso finden, wie sie vorher das
Lob der Schnelligkeit dort fanden.

Wir lasen zum Wort *littérature: „Il commence alors à désigner ce
que l'on trouve dans les romans par opposition à la réalité"*, und in der
Fortsetzung:

... parfois par péjoration (dans Et tout le reste est littérature, *1874,
VERLAINE), tout en se spécialisant didactiquement (1863) pour l'ensemble des connaissances concernant les œuvres littéraires et leurs auteurs.
Au XXᵉ siècle, il s'étend à tout usage esthétique du langage, même non
écrit (Littérature orale) avec un sens voisin de* littérarité.

Damit befinden wir uns im Bereich des Didaktischen, in der
Meinung, dass Literatur Gegenstand einer Wissenschaft sein
kann, mithin auch einer Lehre. Abschließend zu jedem dieser
Punkte noch ein Zitat.

Pejorativ

Zur *péjoration*, das heißt zur kritischen oder spöttischen Verwendung von *littérature*, die ja nichts als die Kehrseite der Verehrung
ist, die man ihr entgegenbrachte, einen Literaten par excellence,
ANDRÉ GIDE:
*J'ai écrit [..] ceci qui me paraît d'une évidente vérité: «C'est avec les
beaux sentiments qu'on fait de la mauvaise littérature.» J'aurais aussi
bien pu écrire que les meilleurs intentions font souvent les pires œuvres
d'art et que l'artiste risque de dégrader son art à le vouloir édifiant.*[5]

Didaktisch

Zur didaktischen Spezialisierung ein Zeugnis von ERNEST RENAN,
dem großen Philologen und Philosophen der Wissenschaften des
19. Jahrhunderts. Er spricht von
*L'ensemble des productions qu'on appelait autrefois les «ouvrages de
l'esprit» et qu'on désigne maintenant du nom de «littérature».*[6]

Ästhetisch

Zum *usage esthétique* (das Wort *ästhetisch* war im 18. Jahrhundert
in Deutschland aufgekommen, wie das Wort *Literatur* im oben genannten Sinne), noch einmal PROUST:

---

5 André Gide, *Journal,* 1940, p. 52.
6 Ernest Renan, *Œuvres,* tome 1, p. 182.

La valeur de la littérature n'est nullement dans la matière déroulée devant l'écrivain, mais dans la nature du travail que son esprit opère sur elle.[7]

Und ergänzend PAUL VALÉRY, der scharfsinnigste aller Definitoren: *La littérature [...] a pour substance et pour agent la parole, déliée de tout son poids d'utilité immédiate.*

Die Sprache sei für die Literatur Substanz und Agens, Stoff und wirkende Kraft, Materie und Energie. Das ist sehr viel richtiger, zutreffender als bloßes *Mittel*. Außerdem ist die Sprache in literarischer Verwendung von allem Zwang zu unmittelbarer Nützlichkeit entbunden, der sonst auf ihr lastet. Wohlgemerkt nicht von allem Nutzen überhaupt. Nur von sofortiger Verwertbarkeit. Der Nutzen der Literatur ist mittelbar, virtuell, zukünftig, unvorhersehbar, vielfältig, sie schafft Freiheiten. Kultur ist bekanntlich immer Aufschub, zum höheren Nutzen des Lebens.

Literaturnost'

Zum neu eingeführten Terminus *littérarité* schließlich, einer russisch-französischen Koproduktion (die zum Kalauern verführt: *Lite-rarität,* und daher etwas mühsam mit *Literaturhaftigkeit* wiedergegeben wird), die Erklärung dessen, der ihn geschaffen hat, des großen russischen Sprachwissenschaftlers ROMAN JAKOBSON, in der Übersetzung von TZVETAN TODOROV, der ihn 1965 in die französischsprachige Diskussion einführte:

La formule de Jakobson: L'objet de la science littéraire n'est pas la littérature mais la littérarité (literaturnost'), *c'est-à-dire ce qui fait d'une œuvre donnée une œuvre littéraire ...*[8]

Science littéraire, im Französischen bis dahin ungebräuchlich und auch heute noch nicht wirklich üblich, ist die Wiedergabe desjenigen russischen Ausdrucks, der dem deutschen (seit 1828 belegten) Begriff *Literaturwissenschaft* entspricht. Ein kritischer Geist mag an die JAKOBSONSCHE Definition die Frage richten, ob sie nicht tautologisch („selbstredend") sei: Der Gegenstand der Literatur sei nicht die Literatur sondern, „was sie dazu macht"? Ist das nicht eine Selbstverständlichkeit, ein *flatus vocis,* wie die Philosophen sagen? Die Frage stellen heißt, sich in einen Literaturwissenschaftler zu verwandeln.

Schlüsselqualifikationen

Und dies heißt übrigens, in konkreterer Sicht, durchaus auch einige der *Schlüsselqualifikationen* zu erwerben, die im Berufsfeld des Hochschulabsolventen heute von Bedeutung sind, nicht unbedingt ein „Zugriffswissen", aber doch Eignungen wie Abstraktionsfähigkeit, Denken in komplexen Zusammenhängen, geistige Beweglichkeit, interpretative und kommunikative Kompetenz oder, bescheidener gesagt, Freude am Nachdenken und Erkennen, deren Ergebnis auch anderen zugute kommen kann.

---

7 Marcel Proust, Jean Santeuil, Bibl. de la Pléiade, p. 481.
8 Todorov (1971:10).

3

KAPITEL Wege zur Literaturwissenschaft

1 Grundbegriffe

Ausgangs-situation

Literatur spielt sich, wie gesagt, in einem Dreieck ab. Das Dreieck von Autor, Werk und Kritiker verschiebt sich, wie CÉLESTE uns erzählte, im Alltag. Da ist das Buch, da ist derjenige, der es mir empfiehlt, und da bin *ich*. Erzeugnis – Zwischenträger – Aufnehmender. In (nicht ganz zutreffenden) Termini des Marktes: Produkt – Distribuent – Konsument. Der „Produzent" ist nicht einfach identisch mit einer empirischen Person. Was hat es mit dem „Distribuenten" auf sich? Braucht es denn überhaupt immer einen solchen Verteiler? Immer wohl nicht. Der Kulturmensch macht die Erfahrung, dass immer schon etwas vor ihm da war. Im Normalfall sogar sehr viel. Daher übrigens der Traum vom Neuanfang, der Mythos vom ursprünglichen Leben, vom ersten Menschen. Der ihn in Frankreich am intensivsten träumte, hieß ROUSSEAU.

Vor-Leser

Im Normalfall haben über ein Buch, das wir aufschlagen, andere schon etwas gesagt. Wäre es sonst überhaupt gedruckt worden? Da wir uns meist für Bücher interessieren, die schon bekannt sind, haben viele schon etwas darüber gesagt, sehr viele, wenn das Buch schon älter ist. Und das begegnet uns in Form langer Bücherregale in den Seminarbibliotheken.

Wissen-schaftlichkeit

Das wichtigste Merkmal für Qualität in wissenschaftlicher Hinsicht ist die **Nachprüfbarkeit**. Allerdings ist diese, entgegen der Annahme vieler Wissenschaftler, nicht das einzige Kriterium für Gültigkeit. Es muss immer noch, wie SENECA sagen würde, eine Portion *virtus* hinzutreten, d. h. Daseinsweisheit. Doch ist eindeutig, heute mehr denn je: Je überzeugender etwas sein will, desto mehr Wissenschaftlichkeit muss es enthalten, das heißt desto mehr nachprüfbare Aussagen.

Ein erstes Wissenschaftsprinzip, aus dem Erkenntnis fließt, ist der **Vergleich**. Ohne Vergleichen keine Erkenntnis. Wenngleich auch hier, wie bei jedem Wissenschaftsprinzip, etwas zur Einschränkung gesagt werden muss, mit den Worten des französischen Literaturwissenschaftlers RENÉ ETIEMBLE: *comparaison n'est* *pas raison.* Jeder Vergleich verlangt natürlich Kategorien und Werte, und gerade damit verlässt er, unter Umständen, wieder den Bereich wissenschaftlicher Nachprüfbarkeit.

Das zweite Wissenschaftsprinzip, das Erkenntnis fördert, ist die **Begrifflichkeit.** Ohne klar und eindeutig definierte Begriffe ist überzeugendes Reden nach unserer abendländischen Auffassung nicht möglich. Dieses Ideal steht im Raume. Begriffe können noch so klar sein (man denke an VALÉRY), sie erschöpfen, weil aus Sprache gewonnen, niemals endgültig den Bereich, auf den sie angewendet werden. Je fließender und schwieriger der Bereich, desto größer die notwendige Begriffsanstrengung: Seelenleben, Recht und Gerechtigkeit, Geschichte; um wie viel mehr erst das *Schrifttum,* welches dies alles doch mehr oder minder subjektiv verwertet und verwortet.

Kritik

Das Vergleichen spielt sich vorwiegend im zeitlich Gestaffelten ab, die Begriffsbildung hat vorwiegend systematischen, zeitunabhängigen Charakter. Beides durchdringt sich. Ein Schriftsteller, HANS MAGNUS ENZENSBERGER, formuliert diese Einstellung stellvertretend, übrigens als Antwort auf eine Schüleranfrage:

Das Beste an den Schriftstellern sind ihre Bücher. Natürlich ist es in unserer Zivilisation üblich, alles, was sich mit Beton zudecken lässt, mit Beton zuzudecken. Diesem Zweck dient im Fall der Literatur vor allem die Sekundärliteratur mit ihren Definitionen, ihren unermüdlichen Kitt- und Kleisterproduktionen.

Ein Schriftsteller ist – so sind wir es gewöhnt seit VOLTAIRE und ROUSSEAU – ein Mensch, der unsere Sorgen und Nöte artikuliert. Allerdings: Nicht jeder, der unsere Sorgen und Nöte artikuliert, ist dadurch schon ein Schriftsteller, ANDRÉ GIDE hat uns davor gewarnt mit seinem Spott über das *édifiant,* das Erbauliche. Umgekehrt ist das Wort eines Schriftstellers, der zu einem Problem unserer Welt Stellung nimmt, nicht schon deswegen jenseits aller Kritik und sakrosankt, weil es von einem Schriftsteller stammt. Man erwiese ihm mit dieser Annahme einen zweifelhaften Dienst. Die Erfahrung lehrt einfach, dass es sich lohnt, sein Wort zu bedenken. Ein Stilkritiker mag sich dabei aufhalten, dass die Bilder in ENZENSBERGERS Sätzen schwer vereinbar sind und könnte von *Katachrese*[1] sprechen: Beton deckt ab, Kitt und Kleister hingegen werden zwischen zwei Stücken aufgetragen, um sie zu verbinden. Man sollte dergleichen Einwände nicht von vornherein beiseite wischen, denn wo die Bilder schief sind, sind es die Gedanken meist auch. Offensichtlich sind die Bildwörter hier nicht sachbezogen, *denotativ,* verwendet, sondern gefühlsbezogen, *konnotativ.* Die Alliteration von <u>K</u>itt und <u>K</u>leister hilft hierbei. Doch soll diese Kritik nicht pedantisch ausfallen. Vielmehr sind ENZENSBERGERS Vorwürfe nachdenkenswert, denn jeder spürt wohl, dass an ihnen etwas berechtigt ist, aber eben nicht alles.

Kritiker	Wer über ein literarisches Werk ein Urteil abgibt, treibt – dem Wortsinn nach – *Kritik.* Tut er dies mit einer gewissen Intensität und Regelmäßigkeit, ist er ein *Kritiker.* Die Wörter *le critique* und *la critique,* die auf das griechische Wort *krinein* – „beurteilen" zurückgehen, von dem auch *Krise* und *Kriterium* abgeleitet sind, kamen in den Sechzigerjahren des 17. Jahrhunderts in Frankreich auf. *Le critique* hatte von Anfang an die Doppelbedeutung *Kunstrichter* und *Nörgler.* Der Erstbeleg für Kunstrichter findet sich 1669 bei BOILEAU, derjenige für Nörgler in MOLIÈRES *„Tartuffe"* (Vers 45: *„un cagot de critique"* – ein Heuchler, der darauf aus ist, alles schlecht zu machen), derjenige für *la critique* im Sinne von *künstlerischer Beurteilung* in der *„Critique de l'Ecole des femmes".* In jenen Jahren entsteht in Frankreich die berufsmäßige Literatur- und Theaterkritik. Bei dieser geht es vorrangig um die Beurteilung des neu Erschienenen oder Gespielten. Ein Geschäft, das wachen Blick, hohe Bildung, ein gewisses streitbares Temperament und rasche, nicht allzu skrupelhafte Urteilsfreude voraussetzt.

Anders bei Werken, die schon älter sind. Wer hierüber Urteile abgibt, über ihre Entstehung, Verbreitung und Bedeutung, nennt sich im allgemeinen **Literaturhistoriker.** Gilt sein Interesse vor allem sprachlichen Erscheinungen wie Textgestalt, Wortbedeutungen und Stilmerkmalen, so nennt er sich **Philologe.** Beschäftigt er sich vornehmlich mit theoretischen Fragen der Literatur, so ist er **Literaturwissenschaftler.** Die drei Tätigkeiten sind erheblich älter als der Begriff **Kritik** und haben ihre Wurzel im Wesen der Literatur selbst, insofern sie schriftlich aufgezeichnet ist. „Ein Buch ändert sich", so formulieren es die Soziologen BOURDIEU und CHARTIER, „durch die Tatsache, dass es sich nicht ändert, während die Welt sich ändert". Dies gilt selbstverständlich nicht nur für literarische, sondern für alle Schriften, in besonderer Weise für die als heilig erachteten (eine gewisse Tendenz dazu scheint dem Schriftlichen immer innegewohnt zu haben). Die schriftliche Aufzeichnung bewahrt sie vor dem Vergessen, doch da die Welt nicht stehen bleibt, werden sie *erklärungsbedürftig.* Es entsteht die Frage nach ihrem angemessenen Verständnis. Und es entsteht die Praxis des Erklärens, Auslegens, Kommentierens dieser Schriften, die ihrerseits eine Tradition begründet. Für die großen Buchreligionen Judentum, Christentum und Islam nennt man diese Praxis mit dem griechischen Wort **Exegese** und den, der sie betreibt, den **Exegeten** oder lateinisch den **Interpreten.** Für die systematische, erkenntnistheoretische Durchdringung dieses großen Bereiches des Verstehens von Texten hat sich seit dem vorigen Jahrhundert (es gab Vorläufer in der Zeit des Humanismus) der Terminus **Her-**

(The **Texterklärer** label appears in the margin next to this paragraph.)

---

1 Vgl. Kap. 9, S. 165

meneutik eingebürgert, nach dem griechischen Wort *hermeneus,*
was *Erklärer, Deuter* heißt, interessanterweise auch *Übersetzer, Dol-
metscher.*

> „Verstehen heißt, was ein anderer ausgesprochen hat, aus sich
> selbst entwickeln." (GOETHE)
> „Pour comprendre, on imite" (VALÉRY)
> „Comprendre, c'est se changer, aller au-delà de soi-même"
> (SARTRE)

Das Tun des Literaturwissenschaftlers beruht also auf dem Postu-
lat, dass ein Text *erklärungsbedürftig* ist, aber auch auf der Annahme, oder der Hoffnung, dass er *erklärbar* ist, jedenfalls bis zu
einem gewissen Grad.[2]

**Erklärungs-
bedarf**

Eine kritische Rückfrage hierzu wird lauten müssen: Von wann an
wird denn ein Text erklärungsbedürftig: nach einer Generation,
nach hundert Jahren, nach einer einschneidenden Zeitenwende?
Und kann nicht ein Roman, der kürzlich erschienen ist, oder auch
ein Stück, das gestern Abend Fernsehpremiere hatte, sehr schwer
verständlich, also erklärungsbedürftig sein? Im vorigen Jahrhundert hat STENDHAL aus bitterer Erfahrung erklärt, er schreibe für
Leser in fünfzig Jahren. Und bei vieler Literatur seither, insbesondere bei den Lyrikern, bei NERVAL, MALLARMÉ, RIMBAUD, APOLLI-
NAIRE oder MICHAUX, hat man den Eindruck (der trügerisch sein
kann), wir hätten erst zwei oder drei Generationen nach ihrem
Tod angefangen, sie zu verstehen. Oft genug sind beim Erscheinen neuerer Literatur Leser wie Kritiker ratlos dagestanden, daher
auch die heftigen Ablehnungen, und es hat sich erst nach und
nach ein Verständnis angebahnt. Mit einiger Vorsicht kann man
behaupten, dies sei in der Zeit vorher, also vor der *Literatur* in der
neuen (im vorigen Kapitel dargelegten) Bedeutung, nicht so gewesen. Jedenfalls kennen wir von CHRÉTIEN DE TROYES, von RON-
SARD oder RACINE keine Klagen darüber, sie hätten sich unver-
standen gefühlt (bei anderen, VILLON oder RABELAIS, wird man
allerdings zweifeln, ob sie zu Lebzeiten angemessen verstanden
wurden).

Dennoch: Es trifft wohl zu, dass Erklärungsbedürftigkeit für alle
Texte gilt. Für den Juristen ist die Auslegung eines Gesetzes
ohnehin eine Selbstverständlichkeit (man denke nur an die Gattung der Kommentare), und oft genug sind ja auch sprachliche
Äußerungen im Alltag alles andere als eindeutig.

**Verstehens-
arten**

Man kann drei Stufen von Verstehen unterscheiden. Es gibt ein
wortloses Verstehen von Literatur (wie auch von Natur), es gibt
ein **wortmächtiges,** „essayistisches" Verstehen von Literatur (das
selbst schöpferischen Charakter haben kann), und es gibt ein **wis-**

senschaftliches Verstehen von Literatur, das begriffsorientiert und nachprüfbar sein will. Diese Stufenordnung ist nicht mit einer Werteordnung gleichzusetzen.

Fakten und Hypothesen

Für die dritte, die wissenschaftliche Verstehensweise seien noch zwei weitere Gesichtspunkte angeführt: Zum einen geht es ihr um den materiellen Aufweis bestimmter *positiver,* also philologisch relevanter Fakten wie Entstehungsumstände, Textüberlieferung, die jedoch eher die Voraussetzung für den Verstehensprozess bilden, zum andern folgt sie dem Grundsatz, dass ein Text nur dann etwas aussagt, wenn man eine bestimmte Frage oder Hypothese an ihn heranträgt.

Resümee

Dass wissenschaftliche Definitionen die Literatur nun, wie ENZENSBERGER meint, mit Beton zudecken, ist so betrachtet unberechtigt und gerät leicht in die Nähe dessen, was man heute *fundamentalistisch* nennt, also ein dumpfes Ablehnen allen Denkens und aller Wissenschaft überhaupt. Doch so hat es ENZENSBERGER offenkundig nicht gemeint (und man sieht: seine Worte, noch gar nicht alt, sind schon erklärungsbedürftig – aber wird es die richtige Erklärung sein?). Die Besonderheit der Literaturwissenschaft (wie der anderen Kunstwissenschaften) besteht nun darin, dass sie auf das vorwissenschaftliche und auch auf das wortlose Verstehen nicht verzichten kann, ohne steril zu werden, dass sie also ohne Intuition und ohne eine möglichst gute Verwendung der natürlichen Sprache nicht auskommt. Vergisst sie dies, und das tut sie nur allzu häufig, so hat ENZENSBERGERS Vorwurf durchaus seine Berechtigung. Gewiss gibt es eine Verödung der Literatur durch Sekundärliteratur, die niemand ohne Not noch verstärken sollte.

Veränderndes Erkennen

Es ist indessen sehr schwer, wahrscheinlich unmöglich, verbindlich zu sagen, was an einer literaturwissenschaftlichen Abhandlung hohes Reflexionsniveau ist und was – mit ENZENSBERGER – Kitt- und Kleisterproduktion. Die meisten Leser oder Benutzer solcher Texte dürften aber eine intuitive Gewissheit davon haben. Einem wissenschaftlichen Text muss stets zugute gehalten werden, dass er unter einem besonderen Anspruch steht, dem kein anderer Text ausgesetzt ist, nämlich nie aus den Augen zu verlieren, dass jedes Erkennen sein zu Erkennendes letztlich erst erstellt und es im Erkennen auch schon verändert.

Aufgabe der Kritik

Noch etwas kommt hinzu, will man die Aufgabe der *littérature critique* oder der *critique littéraire* angemessen erfassen. Es ist eine Tatsache, ebenso schwer zu begründen wie zu leugnen, dass be-

---

2 Zum Platz der Hermeneutik innerhalb (oder über) der Methodik vgl. Kap. 6, S. 90 und 123.

deutsame Literatur, zu allen Zeiten nur von einer äußerst geringen Zahl von Menschen verfasst, stets auch nur von einer geringen Zahl erfasst und mit zustimmendem Verständnis gelesen worden ist. Kritische Literatur ist gewiss eine Sekundäremission, wie die Physiker sagen. Sie ist gewiss gegenüber dem Primärphänomen auch zweitrangig. Aber sie hatte und hat doch die schöne Aufgabe, den Kreis derer zu erweitern, für die Literatur Wert und Wichtigkeit hat.

2 Varietäten der Literaturkritik

Fünfmal (1) bis (5)
Le Husard sur le toit

Es sollte nicht verwundern, dass diese „Literatur über ..." sich in einer schier grenzenlosen Fülle von Varietäten darbietet. Man kann aber doch einige Typen herausheben (**Inhaltsangabe, literarische Kritik, Literaturgeschichte**). Als Beispiel soll ein Roman unseres Jahrhunderts dienen: *„Le Hussard sur le toit"* von dem Südfranzosen JEAN GIONO [auszusprechen: ʒiono], der 1951 erschienen ist und 1995 von JEAN-PAUL RAPPENEAU verfilmt wurde.

(1) Inhalts-wiedergabe

Die *„Chronologie de la littérature française"* von JEAN-PIERRE DE BEAUMARCHAIS und DANIEL COUTY, die die wichtigsten Werke der französischen Literatur kurz zusammenfasst, gibt erste Auskunft:
– *Angelo, un jeune carbonaro italien, traverse vers 1840 la Provence dévastée par une épidémie de choléra, que le narrateur décrit avec une précision clinique.*

Dieser Satz enthält einen Teil Information und einen Teil Interpretation. Der erste Satzteil, streng objektiv, wie er ist, könnte nahezu gleich auch in einem Geschichtsbuch stehen. Der zweite schließt das aus: Er will die vielen Seiten zusammenfassen, die GIONO der Seuchenbeschreibung widmet und die ja hier nicht *in extenso* wiedergegeben werden können, und er führt dabei fast unvermeidlich ein *Urteil* ein: „mit klinischer Präzision". Das ist legitim, solange das Urteil sachgerecht ist. Die „klinisch" reine Inhaltswiedergabe gibt es überhaupt nicht, vielmehr ist ein Nebeneinander von Sachaussage und persönlichem, aber sachbezogenem Urteil in einem solchen Werkresümee überhaupt erst von besonderem Lesereiz.

Traité d'«empoisonneur» par les habitants de Manosque prêts à le lyncher, Angelo ne doit son salut qu'à son épée, son courage et à son ingéniosité. Au milieu de ses tribulations, il reste cependant fidèle à son idéal chevaleresque, n'hésitant pas à soigner les cholériques ou à les ensevelir. L'amour intervient dans l'histoire lorsque, réfugié sur les toits de Manosque, Angelo se retrouve chez une vaillante jeune femme qu'il escortera jusqu'à Gap. En dépit des dangers partagés, et même des soins qu'il doit administrer à sa compagne atteinte à son tour, Angelo la respectera, s'en tenant avec elle à une camaraderie ambiguë.

Nichts weniger objektiv als dieses „*L'amour intervient*". Mit leicht blasiertem Ton von außen herangetragen: Selbstverständlich muss in einem Roman irgendwann die Liebe vorkommen. Der Artikelverfasser weiß das, der Leser weiß das, alle wissen das. Sehr französisch. In Liebesdingen gilt in Frankreich mehr als anderswo: Man weiß Bescheid, man setzt voraus, man kürzt ab. Naivität ist nicht die Stärke der Franzosen. Alles kommt auf das *Wann* an, und vor allem auf das *Wie*. Das *Wie* dieser ungeheuer spannenden Geschichte ist hier nur angedeutet, aber meisterhaft: „*Il la respectera*", „*une camaraderie ambiguë*". Eines scheint zunächst unverzeihlich: Der Name der jungen Frau ist nicht genannt! Das wäre ja, wie wenn man von CORNEILLES „*Cid*" spräche und neben Rodrigue nicht Chimène erwähnte. Chimène und sie gehören zu den eindrucksvollsten Frauengestalten der französischen Literatur. Zur Rechtfertigung der Lexikographen: GIONO selber spricht den ganzen Roman über nur von „*la jeune femme*" und enthüllt erst im letzten Kapitel ihren Namen! – Zum weiteren Gehalt des Werkes lesen wir:

Mais ce roman picaresque est aussi une satire de la médiocrité: autour du couple grouille une population déshumanisée par la terreur de la mort. Retournés à l'état de nature, bourgeois et paysans laissent avec leurs corps pourrir toutes les structures sociales tandis que corbeaux, charognards, chiens repus de chair humaine reconstituent la jungle autour d'eux.

Satire der Mittelmäßigkeit, entmenschte Menge, Auflösung der Sozialstrukturen, vom Dschungel überwuchert: kein Wort davon – wörtlich – in Gionos Roman, alles interpretierende Zutaten, doch alle vollkommen sachgerecht. Und alle auf ein Ziel hin geschrieben: uns neugierig zu machen. Was hat das zu bedeuten? Wieso Cholera im Jahre 1951? Mögliche Ahnungen werden wach, und sei es nur im Zusammenhang mit CAMUS' „*Pest*".[3]

(2) Literarische Kritik

Ohne einen guten Schuss literarische Kritik wäre dieser Lexikoneintrag lediglich eine trocken-pedantische Inhaltsangabe. Für echte Literaturkritik hier ein kurzes Beispiel:

Qui prendrait la peine de résumer le nouveau roman de Giono alignerait de belles horreurs. De la mer aux Alpes, c'est un escalier de cadavres. Pourtant, le livre baigne dans un bonheur véritablement solaire! A quelques exceptions près, le voyageur ne rencontre sur sa route que des figures affreuses, des âmes qui se décomposent et qui puent presque aussi horriblement que les victimes du choléra. On voudrait tirer de ce livre une philosophie, elle irait au-delà du pessimisme. Néan-

---

3 Ein kleiner Hinweis nebenbei: *cholérique* ist ein sog. „falscher Freund" (faux ami), einer der vielen zwischen unseren Sprachen. Ein *cholérique* ist ein *Cholerakranker*, ein *Choleriker* ist ein *coléreux*, älter auch ein *colérique*.

moins, on en sort exalté. Ce tableau d'une calamité effroyable, à l'occasion de laquelle l'immense majorité des hommes se conduisent bassement, encourage à vivre.

Dies ist wohl die freieste, aber auch risikoreichste Form des Umgangs mit Literatur, bei der es darauf ankommt, gleichsam ohne jedes chronologische oder begriffliche oder methodische Auffangnetz zum Wesentlichen zu kommen. Man kann es, wie hier das in der Tat unfassliche Paradox in GIONOS Roman, treffen, oder aber mit Plattheiten verfehlen.[4]

(3) Literaturgeschichte

Anders der Literaturgeschichtsschreiber, dessen Urteil, da es verbindlicher, nachhaltiger sein will, sich auf umsichtigeres Vergleichen stützt.

Très vaste et variée, riche en incessantes métamorphoses, l'œuvre de Jean Giono relève successivement du conte folklorique, de l'épopée et du lyrisme cosmique, d'une chronique légendaire (Le Hussard sur le toit). Mais, sous tous ces avatars, et bien que dissimulée par le foisonnement et la variété de l'invention, elle est aussi une tentative éthique, la recherche d'une direction de vie. Entre 1930 et 1940, Giono a parlé le langage direct de la prédication et de la prophétie. [...] Le bonheur est maintenant dans l'évasion, le rêve, le passé. Comme Angelo, son nouveau héros, Giono a toujours besoin de se sentir „au comble du bonheur". Seulement, ce bonheur est celui de l'imagination, de la création littéraire. Ecrivant, Giono ne vise nullement à nous prendre au piège d'une action ou de personnages: il ne cherche qu'à éprouver le bonheur d'écrire, et à nous le communiquer.[5]

Auch hier unterwirft man sich nicht einem methodischen Zwang, sondern sucht den schriftstellerischen Werdegang nachzuzeichnen, indem man ihn implizit unter die für die Jahrhundertmitte so brennende Frage stellt: Schrieb er für die andern oder schrieb er für sich? Methodisch unbekümmert auch die Gleichsetzung des Autors mit seiner Romanfigur: Doch ist sie wirklich absurd? Sein Engagement hatte GIONO zweimal zum politischen Gefangenen gemacht, erst bei den politisch Rechten, dann bei den Linken. Möchte man über eine solche Persönlichkeit, die danach ihre Lebensfreude ganz im Erzählen gesucht hat, nicht gerne Näheres wissen?

(4) Bilddokumentation

Diesem Bedürfnis kommt ein weiterer Typ von Sekundärliteratur entgegen, der in Frankreich besonders ausgeprägt ist: die dokumentierte Schriftstellerbiographie, speziell das *Album* der *Bibliothèque de la Pléiade.* Als hätten sie sich GOETHES berühmte Verse aus dem *„West-östlichen Divan"* zum Motto erwählt: „Wer den Dichter will verstehen, Muss in Dichters Lande gehen", versammeln diese *Alben,* von denen alljährlich eines *hors commerce* erscheint, alle verfügbare Bilddokumentation (in einem leider zu kleinen Format) zu dem Zweck, die Lebensumstände des Dichters zu veranschaulichen. Dort finden sich also für unseren Roman Photographien etwa der Werke, die GIONO über die Cholera konsultiert hat, ein alter Stich mit einem über Häuser hinwegsetzenden Reiter, eine Straße mit den Dächern und Galerien, über die Angelo sich retten konnte, Quarantänehäuser und Choleragassen, Handschriftproben und Übersetzungen des Romans in die verschiedensten Sprachen, ein Zeitungsausschnit mit der suggestiven Überschrift: *Jean Giono est-il le plus grand romancier de ce temps?* und mehrere sehr sprechende Aufnahmen des pfeiferauchenden Autors mit dem dichten Flammenhaar, zusammen also mehr denn je das, was SAINTE-BEUVE meinte mit seiner Formel *où il entre de tout.*

(5) Literaturwissenschaft

Nach GIONOS Tod 1970 nahm aber auch das Interesse an seinem Werk von Seiten der methodisch angelegten Literaturwissenschaften sehr stark zu. Voraussetzung für ein vertieftes Studium war selbstverständlich das Erscheinen einer Gesamtausgabe, die mit fünf Pléiade-Bänden 1980 abgeschlossen war. Sodann entstanden nicht weniger als drei Zeitschriften, die sich, in wechselnden Abständen, ausschließlich mit seinem Werk befassen. Danach war dann die Zeit reif für die Durchführung eines Kolloquiums internationaler Spezialisten, das 1981 an der dafür zuständigen Universität Aix-en-Provence abgehalten wurde. In dreiundzwanzig Beiträgen trugen an drei Tagen die besten Kenner des Werkes ihre Ansichten vor, die – so ist es allgemein üblich – dann in den *Akten* des Kolloquiums publiziert wurden (Aix-en-Provence 1982). Die Beiträge wurden unter drei Sammeltitel gruppiert, die – ein wenig vage, aber auch das ist üblich – die umgreifenden Fragestellungen andeuten, die sich in diesen Jahren in der französischen Literaturforschung ausgebildet hatten: *Le fonctionnement du texte; Thèmes et convergences; Imaginaire et esthétique.* Man wollte die jüngst entwickelten methodischen Instrumentarien zur Anwendung bringen und überschrieb daher diese Kolloquiumsakten auch ausdrücklich mit „*Giono aujourd'hui*". Als Beispiel seien hier einige Auszüge aus dem Beitrag von ALAN J. CLAYTON angeführt, betitelt „*Pluralité du Choléra*". Der Beitrag setzt sich zum Ziel, Grundbegriffe der Semiotik, der Zeichentheorie, wie sie in diesen Jahren weltweit diskutiert wurden, auf ein bestimmtes Kapitel des „*Hussard sur le toit*", das dreizehnte, anzuwenden, um das innere Funktionieren der Erzählung aus dem Schreibprozess selbst zu deuten.

---

4 Der Abschnitt stammt von Robert Poulet, ist 1953 in der Zeitschrift *La Table Ronde* erschienen und hier dem Bändchen über Giono in der sehr nützlichen Reihe *Les Critiques de notre temps et … XY* des Garnier-Verlages entnommen.

5 Gaëtan Picon, *La Littérature du XXᵉ siècle.* In: *Histoire des Littératures* Vol. III (1958:1347 f.)

Aucun texte gionien[6] n'illustre sans doute mieux que le chapitre XIII du Hussard la tension qui existe, dans tout discours littéraire complexe, entre mimésis et semiosis, ...

Die Fachwörter *Mimésis* und *Sémiosis* gehen auf das Griechische zurück und sind in der wissenschaftlichen Diskussion eingeführt (wie dies in allen Wissenschaften ein geläufiger Vorgang ist, man denke an die Medizin: ob *Dosis* oder *Diarrhoe* oder *Tomographie);* der Verfasser erläutert sie sogleich ein Stück weit selbst:

... entre la visée dénotative du discours et la fabrique de ces relations internes qui en font un texte.

Spannung

Ein wissenschaftlicher Text, der etwas auf sich hält (frz.: *digne de ce nom ...*), sucht mit Vorliebe nach einer *Spannung* oder einem *Spannungsfeld,* verwendet außerdem so oft wie möglich das Wort *Diskurs.* Das kann man durchaus als Mode belächeln (und sich bei *Spannung* fragen, ob die Metapher aus der Elektrizitätslehre oder vom Tauziehen kommt), doch ist damit der Wert der Untersuchung natürlich nicht wirklich in Frage gestellt. In jeder Wissenschaft, aber genauso in jedem anderen Tätigkeitsbereich, in dem Menschen ihre Kräfte an einem Gegenstand, aber auch aneinander messen, gibt es ein bestimmtes sprachliches und gestisches Imponiergehabe, zu dem man sich so oder so verhalten kann. Der Moralist mag es lächerlich finden, der Ästhet starr und maskenhaft, der Verhaltensforscher oder der Darwinist bemüht sich, einen Nutzen für die Anpassung des Individuums darin zu erkennen, der diesem nicht unbedingt bekannt zu sein braucht. Für unseren Zusammenhang ist dies, so interessant es sein mag, sekundär.

Text

Wichtig ist, dass das Wort „Text" hier hervorgehoben und ernst genommen wird, und zwar offenkundig unter Rückbesinnung auf seine Herkunft aus der Weberei als eine Verflechtung von zwei Elementen – „Fäden", Vektoren oder was immer – die senkrecht zu einander stehen und, am wichtigsten, aufeinander angewiesen sind. Ein Gewebe, das halten soll, braucht Kette und Einschlag, *chaîne et trame.* Dieses Bild ist in der neueren Textwissenschaft zentral, auch wenn die Definition des Begriffes verschieden ausfällt. Als geometrisches Muster wird es ergänzt durch die Vorstellung *waagrecht/senkrecht* bzw. *linear/transversal;* aus der Sprachwissenschaft bieten sich analog die Begriffe *syntagmatisch/ paradigmatisch* an, aus der Semiotik, wie hier, die Begriffe *Mimesis/ Semiosis.* Gemeinsam ist ihnen allen, wie gesagt, das Aufeinander-Angewiesensein der Senkrechten, und dahinter steht unausgesprochen stets das Koordinatensystem DESCARTES.

Mimesis: des rapports sont crées qui vont des mots aux choses, du signe à l'objet de référence qu'il vise à «représenter»; semiosis: le signe est pris dans un réseau complexe d'associations avec d'autres signes.

Sodann beruft sich der Verfasser auf Formulierungen, nicht etwa von Theoretikern, sondern von MALLARMÉ, ein nicht unbeachtlicher Triumph der Literatur, was wir hier aber übergehen müssen. Dann kommt er zum eigentlichen Thema:

Qui songerait sérieusement, en effet à lire dans ce discours [dem Roman] où triomphe visiblement une parole ivre de sa liberté associative, où le signifiant éclate et éparpille autour de lui les membra disjecta du signifié ... qui songerait à n'y lire qu'une représentation du choléra? Représentation que l'on ne s'étonnera pas pourtant d'y trouver, mais qui laisse la lecture sur sa faim. Car les temps semblent bien finis où l'on se bornait à constater que les mots ont des référents et où l'on croyait «expliquer» ces mots par la découverte des choses auxquelles ils renvoient. [...] C'est le référent, l'univers représenté qui porte garant de la lisibilité d'un texte; sans lui, la littérature n'aurait aucun contact avec la réalité. Mais ce n'est pas ce contact qui en fait la littérarité. [...] Tout texte (poème où récit) s'inscrit donc dans une dialectique [Spannung!] de la représentation et de la production (p. 226–227).

Selbstbezug In diesem Abschnitt wird etwas sehr Wichtiges angesprochen: der doppelte Bezug der literarischen Sprache: zur Welt draußen und zu sich selbst. Charakteristisch und vielleicht des Nachdenkens wert: Gerade dieser Selbstbezug wird von allen Beteiligten, Schriftstellern, Kritikern, Theoretikern aller Schattierungen, stets als Glück empfunden, *bonheur* sagte PROUST, *jouissance* sagte MALLARMÉ, *plaisir du texte* sagte ROLAND BARTHES. Da waltet offensichtlich das literarische Lustprinzip, oft genug hat der Weltbezug das Nachsehen. Und dieses Lustprinzip hat etwas mit Vielfalt, mit Freiheit, mit Spielraum zu tun.

Anwendung Um jedoch den Nutzen der theoretischen Anstrengung für die GIONO-Lektüre einzusehen, muss man unbedingt noch zum Roman zurückkehren. Als Beispiel für die Koexistenz des Beschreibenden *(Mimesis)* und des Erzeugenden *(Semiosis)* zitiert der Verfasser, wie es sich gehört, eine wichtige aber anspruchsvolle Passage in extenso. Sie sei hier zunächst in der Übersetzung von THOMAS DOBBERKAU wiedergegeben. Es geht um die Äußerungen des Doktors, der sich in Überlegungen über die Natur des Menschen und seine Willensfreiheit ergeht *(„Le libre arbitre est un manuel de chimie")*:

---

6 Man kann sagen, dass ein französischer Schriftsteller von dem Augenblick an wirklich anerkannt ist, wo sein Name ein Adjektiv bekommt. Nur ist dessen Bildung manchmal ein kleines Abenteuer. Von *apollinarien* über *giralducien* (zu Giraudoux), *hugolien, marotique* bis zu *zolien* findet sich eine Liste im Anhang des *Petit Robert*. Der Unterschied zwischen *kafkaïen* und *kafkaesque, sadien* und *sadique* dürfte deutlich sein. *Les moliéristes* oder *les valérystes* sind (manchmal etwas spöttisch) Bezeichnungen für Spezialisten der Molière- bzw. der Valérykritik (aber: *les rabelaisiens, les balzaciens*); *un rousseauiste* kann ein Anhänger Rousseaus oder ein Rousseauforscher sein.

*Nun gut! Er wollte sie nicht länger darüber im unklaren lassen, dass
die Cholera keine Krankheit ist, sondern eine Anwandlung des Stolzes.
Eine Anwandlung des Stolzes ganz im Sinne der großen Tiefe und der
endlosen Weiten, von denen er vorhin gesprochen hatte; im Sinne der
sonderbaren Möglichkeiten dieser Weiten und Tiefen: eine Hypertrophie der Schnörkelei (wenn ein solches Bild erlaubt sei); ein Leierkasten,
passend zu einer maßlosen Chemie; der gestickte Löwe, der auf der Blü-
te Ihres Busens ruht [der jungen Frau] und plötzlich Gestalt annimmt
sowie vorsintflutliche Ausmaße. Und alles läuft schließlich auf die un-
vermeidliche Chemie hinaus. Aber welch ein schönes Feuerwerk!* (Köln
1989, S. 516)

Einige der Verständnisschwierigkeiten sind kontextbedingt und
können hier außer Betracht bleiben. Nun das Original:

*Eh bien, il ne voulait pas le leur laisser ignorer plus longtemps: le
choléra n'est pas une maladie, c'est un sursaut d'orgueil. Un sursaut
d'orgueil à la mesure des grands fonds, des vastes étendues dont il
avait parlé tout à l'heure; à la mesure des possibilités étranges de ces
étendues et de ces abîmes: une hypertrophie de la fioriture (si l'on pouvait s'exprimer ainsi); un orgue de barbarie à la mesure d'une chimie
démesurée; le lion brodé qui s'appuie sur la fleur de votre sein et sou-
dain prend corps, et des proportions antédiluviennes. Mais quel beau
feu d'artifice!* (vol. IV, p. 614)

Um in diesem Feuerwerk der Bilder nicht zu verglühen, ist es
entscheidend zu sehen, wie ALAN J. CLAYTON ausführt, dass der
Romancier, von der sachbezogenen Beschreibung der Seuche weg
und zu einer assoziativen Produktionsweise hin strebend, eine
Verschiebung vom Physikalischen ins Moralische vornimmt:

*„À la catégorie physique niée (la maladie) se substitue une catégorie
morale (l'orgueil). [...] Dans le choléra, l'homme s'élargit au delà de ses
dimensions."*

Allegorie

Die Literatur spricht nicht nur von den Dingen, so wie sie sind, sie
spricht immer auch noch von etwas anderem, das in ihr selbst zu
liegen scheint oder das sie durch sich selbst in der Welt aufbaut.
Von alters her nennt man dieses Von-etwas-anderem-Sprechen
Allegorie, und man könnte die Vermutung hegen, dass sich die
neuere Theorie auch deswegen über diese Art des Sprechens so intensiv Gedanken macht, weil wir die Gewohnheit der Allegorie,
die in der Antike ausgebildet, im Christentum fortgeführt wurde,
im 17. Jahrhundert ihren Höhepunkt erreicht hatte, seit der Aufklärung verloren haben. Gerade weil Aufklärung sich gegen diese **Pluralität** der Bedeutungen richtete, uns indessen den Drang
danach, oder den Gefallen daran, nicht austreiben konnte. Aber
das ist ein *weites Feld, c'est toute une histoire ...*[7]

Ein beliebter Bereich der Kommunikation, in dem Sprache
nicht referentiell sondern autoproduktiv (oder autoreferentiell)

verwendet wird, ist der **Kalauer,** besonders im Französischen, *langue des calembours.* Das folgende Beispiel stammt von VICTOR HUGO, aus seinem herrlichen Sammelsurium *„Choses vues",* und ist datiert auf den 11. März 1847:

L'autre soir, au bal des comédiens, à l'Opéra-Comique, Mlle Brohan me dit: «Venez donc dans ma loge. J'y ai l'ambassadeur de Russie, M. Kisseleff (elle prononçait les ff comme un v. Puis elle ajouta:) J'aime beaucoup monsieur Kisseleff.» J'ai répondu: «J'aime mieux Madame qui se couche.»

Sich den Namen des Botschafters laut vorsprechen, mit der angegebenen Aussprache. Und dann über die Frage nachdenken: Wenn dies doch eindeutig autoreferentielles Sprachvergnügen ist, ist es dann nicht auch Literatur ...?[8]

3 Literatursuche

1 Vorüberlegungen

Fallbeispiel   Im Jahre 1924 reichte BENITO MUSSOLINI an der Universität Bologna eine Doktorarbeit über MACHIAVELLI ein. Im Vorwort dazu schreibt er, es habe ihm an Zeit gefehlt, vor allem aber an dem Willen, sich mit der Meinung derjenigen auseinanderzusetzen, die vor ihm schon über das Thema geschrieben hätten. Er lehne es ab, eine „kalte, mit Zitaten anderer gespickte, scholastische Dissertation" zu verfassen, gebe sich vielmehr dem „Drama" hin, eine „Brücke des Geistes über die Abgründe der Generationen und Ereignisse zu werfen".

Das ist wohl der Inbegriff der Unkultur, dieses diktatorisch-brachiale Beiseitedrängen derer, die schon da waren, und dessen, was schon gesagt wurde, die Attitüde des Ersten Menschen, das „Weg da, jetzt komm' ich" (auf Französisch, etwas ironischer: *Ôtez-vous de là que je m'y mette).* Andererseits steckt davon ein klein wenig in allen Menschen, was den Individuationsprozess unterstützt. Sehr elegant hat dies ein französischer Kritiker ausgedrückt, der den intensiven Umgang mit literarischen Texten mit jenen indischen Tempeltänzern verglich, bei denen doch jeder überzeugt sei, er allein habe soeben mit dem Gott getanzt.

Es kommt also wohl auf das rechte Maß an, und das lernt man, wie jede Lebenstechnik, durch abwechselndes Zusehen und Sel-

---

7 Weiteres zur Allegorie in Kap. 9, S. 166
8 Wer mehr davon möchte, halte sich etwa an Xavier Fauche, *Gaffes sur Gaffes,* Editions Balland 1989, das die Kalauer zusammenstellt: *Les gaffes du Vatican* (statt *les Caves du Vatican,* berühmter Roman von André Gide) etc.

ber-Tun. Wohl dem, der gute Vorbilder fand. Natürlich gibt es „kalte, mit Zitaten anderer gespickte, scholastische Dissertationen" zuhauf. Es heißt in keiner Weise, sich vor den Mussolinis zu verbeugen, wenn man das bestätigt. Nur hat jener ich- und machtbesessene Doktorand daraus die falschen Schlüsse gezogen. Seine Rede vom „Drama" und der „Brücke über die Abgründe der Generationen" ist eine faule Dramatisierung, die eine große Selbsttäuschung kaschieren soll: Als ob man jemals mit einem Autor vergangener Zeiten unmittelbar, unter völliger Ausschaltung der dazwischen tätig gewesenen Generationen, in Verbindung treten könnte. Der Umgang mit kritischer Literatur ist unbestreitbar ein vielfältiger Akt geistiger Sozialisierung.[9]

2 Hilfsmittel in Buchform

Vorbemerkung

Wie finden wir nun im Alltag unseres Studiums hilfreiche, erhellende, weiterführende Literatur über unsere *Literatur?* Am besten gehen wir dazu die fünf oben besprochenen Beispiele *(s. S. 30 f.)* durch, nur in etwas veränderter Reihenfolge.

Werklexika

Zu Beispiel 1: Die Kurzfassungen aus der *„Chronologie de la littérature française"* von BEAUMARCHAIS/COUTY finden wir am besten gleich in der eigenen Bibliothek. Das Bändchen ist nützlich und nicht teuer. Die vierbändige Fassung *„Dictionnaire des œuvres littéraires de langue française"* (DOL) ist hingegen kaum erschwinglich, sie findet sich in den Bibliotheken der Seminare/Institute für Romanistik und/oder in den Abteilungen für Romanistik der Lesesäle der Universitätsbibliotheken. Ein Vergleich dieser Kurzdarstellung mit anderen Werklexika ist instruktiv und unschwer durchführbar, denn an Nachschlagewerken mangelt es wahrlich nicht. Das bei uns verbreitetste ist das bei *Kindler* erschienene, das mit seinen 20 Bänden sämtliche Literaturen unseres Globus zu erfassen bemüht ist und daher zur französischen Literatur naturgemäß weniger Artikel bieten kann.

Weitere Werklexika oder Sachwörterbücher mit Werkanalysen
GRENTE (1951, aktualisierte Neuauflage seit 1992); BOURIN (1968); SIMONE (1972); ENGELHARDT (1979); BOUTY (1985); NAUMANN (1987); HABICHT/LANGE (1988); MITTERAND (1992); BAGOT (1993); ENGLER (1994); BONDY/FRENZEL/KAISER u. a. (1994); BEAUMARCHAIS u. a. (1994a); BEAUMARCHAIS u. a. (1994b); LEVI (1994); LEMAITRE (1994); LAFFONT (1994); DIDIER (1994); FRANCE (1995); WILPERT (1997).

Literaturgeschichten

Zu Beispiel 3: Geschichten der französischen Literatur gibt es sehr zahlreich. Literaturgeschichten haben den Vorteil, dass sie Überblicke bieten, und den Nachteil, dass sie *nur* Überblicke bie-

ten. Da unser Wissen über Autoren, Werke und Zeiten, aber auch die damit verbundenen Erörterungen sich unaufhörlich vermehren, übersteigt es längst die Kräfte eines Einzelnen, eine fundierte Darstellung der gesamten französischen Literaturgeschichte zu geben. Gemäß der Spezialisierung der Forscher nach Epochen, in Frankreich meist nach Jahrhunderten, haben daher Literaturgeschichten heute meist mehrere Verfasser, meist auch mehrere Bände und einen für die Gesamtveröffentlichung formell verantwortlichen Herausgeber *(directeur)*, nach dem man sie abkürzend benennt. Also etwa PIERRE ABRAHAM oder CLAUDE PICHOIS oder JEAN ROHOU. Da die *Bibliothèque de la Pléiade* des Verlages Gallimard (begonnen 1931) nun einmal eine Besonderheit ist, wird der Band, aus dem das Beispiel 3 entnommen ist: *„Littératures françaises, connexes et marginales"*, erschienen als Band III der *„Histoire des littératures"* in der *Encyclopédie Pléiade*, meist nicht nach dem Gesamtherausgeber RAYMOND QUENEAU genannt (in dem man den Autor des berühmten Argot-Romans *„Zazie dans le métro"* wieder findet), sondern einfach die Literaturgeschichte der Pléiade.

Aus didaktischen Gründen erscheinen in letzter Zeit wieder häufiger Literaturgeschichten, weil Verlage und Herausgeber damit die Hoffnung verbinden, einem Bedürfnis der Studierenden der jeweiligen Literatur entgegenzukommen. Zweifellos ist dies Anliegen legitim. Nachteilig wirkt sich bisweilen aus, dass manchem der Verfasser dabei die Schreiberfahrung als Literaturkritiker abgeht, wodurch die Ergebnisse es bisweilen an Textnähe wie an Lesbarkeit fehlen lassen. Ein Beispiel etwa zu unserem GIONO-Roman, entnommen einer Französischen Literaturgeschichte von 1994:

Nach 1945 konzentriert sich Giono auf zwei Darstellungsformen: auf die zum Teil im 19. Jh. spielenden „chroniques" und auf den Hussard-sur-le-toit-Zyklus (1948–72) in der Tradition des historischen Romans. In beiden Spielarten des Spätwerks tritt die Naturthematik zugunsten einer stärkeren Konzentration auf die Probleme des gesellschaftlichen Zusammenlebens zurück.

Das ist gewiss nicht falsch. Doch hat die Verkürzung und Abstrahierung einen solchen Grad erreicht, dass ein Leser, dem die GIONO-Lektüre noch bevorsteht, so gut wie keine Anschauung gewinnen kann, einer aber, der aus der Lektüre gerade hervorkommt, sich verwundert fragen wird, wovon wohl die Rede sein mag.

---

9 Der Unterschied zwischen dem italienischen Doktoranden und seiner größeren Ausgabe in Deutschland wird an dieser Elle gut messbar: Um jede Spur eines Einflusses auf sein Denken zu tilgen, hatte Adolf Hitler die Schriften des österreichischen Rassenfanatikers Lanz von Liebenfels, die er für *„Mein Kampf"* benutzt hatte, nach dem Anschluß Österreichs 1938 zu vernichten befohlen. Kein französischer Machthaber, am wenigsten Napoleon, hat je auch nur entfernt so viel Unkultur an den Tag gelegt.

Guten Gewissens lässt sich hier nur sehr schwer etwas empfehlen, es sei denn, es würde sogleich durch ein zweites oder drittes ergänzt und korrigiert. Und vor allem natürlich auf eine Originallektüre ausgerichtet. Ohnehin liest man eine Literaturgeschichte kaum je von Anfang bis Ende.[10]

Bibliotheken

Zu Beispiel 4: Wenn man nicht davon weiß, entdeckt man das *Album* oder Vergleichbares eigentlich nur auf eine Weise und nur an einer Stelle: in der Bibliothek. Hier ist das Loblied zu singen auf die Präsenzbibliothek älteren Zuschnitts, die Instituts- oder Seminarbibliothek, die Originalwerke eines Autors und in gewissem Umfang auch kritische Literatur darüber greifbar zugänglich aufstellt. Nichts kann das Stöbern dort und die Anschaulichkeit des unmittelbaren Augenscheins ersetzen. Wer auf einen Bibliothekstyp angewiesen ist, bei dem die Bücher nicht nach Sachgruppen, sondern nach dem Eingang angeordnet sind, braucht gewiss nicht zu verzagen, muss aber ohne diese wichtige Anschauungshilfe auskommen, denn er kann ja nur nach Verfasser und/oder Titel bestellen, bzw. bei Freihandbetrieb ausleihen, was in gewissem Sinne diese Anschauung eigentlich schon voraussetzt. Es gehört dann schon viel Disziplin dazu, sich sämtliche in Frage kommenden Titel erst einmal auszuleihen, um zu sehen, ob sie ergiebig sind. Analog gilt dies ja auch für die Buchhandlungen, in denen zu stöbern eigentlich die Grunderfahrung, die Bestellung über Katalog die sekundäre Handlung darstellt.[11]

Literarische Zeitschriften

Zu Beispiel 2: Der Ort, an dem – von Kneipen und Kaffeehäusern abgesehen – das literarische Leben am intensivsten pulsiert, sind die Zeitschriften. Sie stellen, vor allem in Frankreich, eine unabsehbar bunte Flora dar, jeden Tag kommen neue hinzu und alte gehen ein. Das *Répertoire de la Presse française* von 1981 stellt alleine für Lyrik 116 Titel zusammen. Hier ist Phantasie Trumpf und reicht von *Arpa* über *Exit, Les Flamboyards, Impasses, La tête de l'âne, Les Texticules du hasard, Les Tic-tac du silence* bis *Zone.* Meist ist die Auflage winzig, die Lebenszeit kurz, die Finanzierung zweifelhaft. Doch der Drang zur Veröffentlichung ist stark. Man möchte sagen, so stark, dass eines Tages einfach eine Erfindung kommen musste, die einen der Mühe des Setzens, Druckens, Bindens, Vertreibens und auch noch der Finanzierung enthob und jeden mit jedem über alles kommunizieren ließ: das Internet. Doch das Gute ließ sich durch das vermeintlich Bessere nicht so rasch vertreiben. Nach wie vor gibt es Zeitschriften in großer Zahl.[12] Und natürlich stehen vielen obskuren einige wenige im hellen Licht gegenüber. Neben den großen Tageszeitungen wie *Le Monde, Le Figaro, Le Quotidien de Paris,* und den Wochenschriften *(hebdomadaires)* wie *Le Nouvel Obs(ervateur)* oder *Le Point* mit ihren *Pages littéraires* gibt es die Halbmonatsschriften wie *Le Magazine*

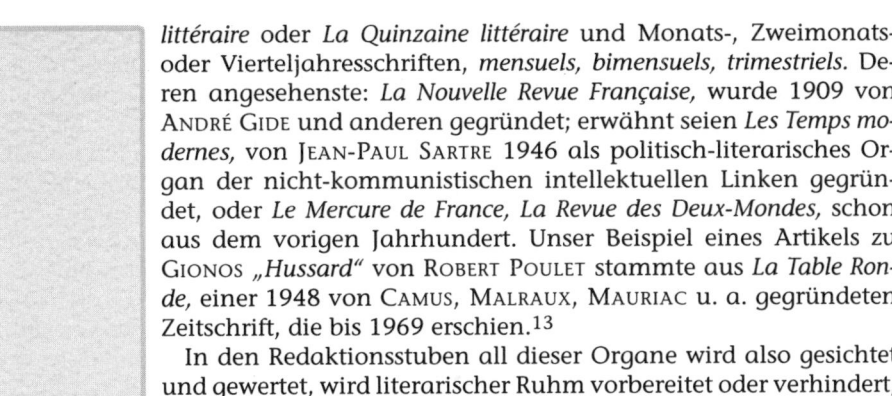

littéraire oder *La Quinzaine littéraire* und Monats-, Zweimonats- oder Vierteljahresschriften, *mensuels, bimensuels, trimestriels.* Deren angesehenste: *La Nouvelle Revue Française,* wurde 1909 von ANDRÉ GIDE und anderen gegründet; erwähnt seien *Les Temps modernes,* von JEAN-PAUL SARTRE 1946 als politisch-literarisches Organ der nicht-kommunistischen intellektuellen Linken gegründet, oder *Le Mercure de France, La Revue des Deux-Mondes,* schon aus dem vorigen Jahrhundert. Unser Beispiel eines Artikels zu GIONOS *„Hussard"* von ROBERT POULET stammte aus *La Table Ronde,* einer 1948 von CAMUS, MALRAUX, MAURIAC u. a. gegründeten Zeitschrift, die bis 1969 erschien.[13]

In den Redaktionsstuben all dieser Organe wird also gesichtet und gewertet, wird literarischer Ruhm vorbereitet oder verhindert, und da vielfach Autoren sich auch als Essayisten oder Kritiker betätigen, verwischen hier in wohl tuender Weise auch die Grenzen zwischen „Primär-" und „Sekundär"-literatur.

Bibliothekare

Zu Beispiel 5: Diejenigen, die dafür ausgebildet und besoldet werden, dass ein einmal veröffentlichtes Druckwerk auch öffentlich zugänglich und auffindbar bleibt, sind die **Bibliothekare** (wörtlich: „die dem Buch ein Gestell schaffen"), im engeren Sinne die **Bibliographen**, die das Druckwerk aufzeichnen, in ein Verzeichnis, einen **Katalog** *(fichier)* eintragen, in dem wir es identifizieren können, ohne es doch in der Hand zu haben; ein Geschäft der – virtuellen – Verbreitung, Vulgarisierung, Demokratisierung. Gewiss ließe sich eine Buchkultur auch ohne solche Verwalter denken, doch hätten daran eben sehr viel weniger Menschen teil. Das Bibliothekswesen und die genannten Ausdrücke sind in unseren Ländern, bald nach dem Buchdruck, im 16. Jahrhundert aufgekommen, was die Bezeichnung „Neuzeit" mindestens ebenso sehr rechtfertigt wie die Entdeckung neuer Kontinente.[14]

---

10 Zur methodischen Einordnung von Literaturgeschichten vgl. Kap. 6, S. 90 und 104.

11 Das Internet (siehe unten, S. 45 f.) bietet zwar dem Versandbuchhandel die Möglichkeit, neben der Abbildung des Covers eine Inhaltsangabe, Leseproben und sogar Buchbesprechungen ins Netz zu stellen (etwa *www.amazon.com; www.buchhandel.de),* doch ist dies gewiss kein vollwertiger Ersatz.

12 Besonders hervorgehoben sei die Halbjahresschrift *polyphonies* (Editions de la Différence), derzeit bei Nr. 22 (1997). – Der *3ᵉ Catalogue des revues culturelles* von 1995 (Editions Ent'revues) führt unter *Etudes littéraires* knapp 250 Titel auf. Im selben Verlag erschien 1997 ein Verzeichnis der *Associations ou sociétés d'amitiés littéraires,* dem gemäß es in Frankreich von Alain bis zu Zola und sogar Stefan Zweig nicht weniger als 168 Vereinigungen der Freunde bestimmter Schriftsteller gibt, und jede bringt ein eigenes *Cahier* oder *Bulletin d'amis* heraus (in Deutschland gibt es immerhin etwa 115 Literaturgesellschaften).

13 Auskünfte darüber finden sich etwa im *„Dictionnaire de la littéraire française et francophone"* von J. Demougin.

14 Ausführlich dazu Krieg (1990).

Der Drang zu publizieren ist in der wissenschaftlichen Welt – aus etwas anderen Gründen – wenigstens ebenso groß wie in der literarischen. Daher haben sich auch dort neben die Bücher die Zeitschriften geschoben. Das häufigste französische Wort für Zeitschrift, *revue*, gegen Ende des 18. Jahrhunderts aus englisch *review* entlehnt, meint eigentlich „Musterung", „Rückblick auf Ereignisse", ein Name, der heute noch durchaus zutrifft, aber nur zum Teil. Weitere Ausdrücke für Zeitschrift sind *gazette, magazine, périodique, annales, bulletin, journal,* die alle eine interessante Geschichte haben. Einen Rückblick bieten diese Organe insofern, als sie Besprechungen, auch Rezensionen genannt *(comptes rendus),* von jüngst erschienenen Werken zumeist durch einen Kenner der jeweiligen Materie enthalten. Dieser rückschauende Teil findet sich in den Zeitschriften zumeist jedoch erst am Ende. Der Hauptteil gilt eigentlich eher der Vorausschau, da die Artikel vielfach Beiträge zur Forschungsdiskussion über bestimmte im Fluss befindliche Themen darstellen, die für ein ganzes Buch nicht geeignet oder noch nicht reif sind.

Beispiele für wissenschaftliche Zeitschriften zur französischen Literatur sind: *Revue d'histoire littéraire de la France, French Review, Studi francesi, Zeitschrift für französische Sprache und Literatur.* Sie erscheinen mit mehreren Nummern pro Jahr, die dann meist zu einem Jahrgangsband zusammengebunden werden. Die deutschen Zeitschriften weisen die Besonderheit auf, dass sie nicht nur Beiträge zur französischen, sondern auch zu den anderen romanischen Literaturen enthalten (italienisch, katalanisch, portugiesisch, provenzalisch, rumänisch, spanisch, Kreolsprachen), gemäß dem herkömmlichen Konzept der deutschen Universitätsromanistik, dessen Vorzüge und Nachteile gegenwärtig viel diskutiert werden. Beispiele hier: *Zeitschrift für romanische Philologie, Romanische Forschungen, Romanistisches Jahrbuch, Romanistische Zeitschrift für Literaturgeschichte.*

Ob nun Buch (von *einem* Verfasser, auch „Monographie" genannt), Zeitschrift oder Sammelband: All das findet sich aufgenommen in Bibliographien. Ohne sie ist eine Orientierung über das, was es gibt, so gut wie ausgeschlossen.

Will man ganz konkret wissen, was es zu einem Roman, der uns interessiert hat, an Abhandlungen gibt, in der – ja nur vernünftigen – Annahme, dass andere Leser vor uns sich bereits mit einem so faszinierenden Stoff beschäftigt haben, greift man zu den Bibliographien, und da das Gebiet groß und reich ist, gibt es deren mehrere. Beziehen sie sich auf einen zurückliegenden Zeitraum, so nennt man sie **abgeschlossen,** beziehen sie sich jeweils erneut auf ein Jahr, so nennt man sie **laufend.** Für die Literaturzeitschriften etwa gibt es eine aufwendig gemachte *„Bibliographie des*

Revues et Journaux littéraires des XIXe et XXe siècles" von J. M. PLACE und A. VASSEUR, 1977 bei Band III angekommen, der den Zeitraum von 1915 bis 1930 umfasst. Die vielbenutzten laufenden Bibliographien werden in der Praxis nach demjenigen benannt, der sie herausgibt, also CABEEN, BEUGNOT, RICŒUR oder KLAPP. Für uns in Deutschland ist die *„Bibliographie d'histoire littéraire française"*, begonnen von dem Saarbrückener Bibliothekar OTTO KLAPP, nach dessen Tod fortgesetzt von seiner Frau, ASTRID KLAPP-LEHRMANN, ein geläufiges Arbeitsinstrument, so unentbehrlich wie beeindruckend. Seit 1956 erscheint jedes Jahr ein jedes Jahr dicker werdender Band, selbstverständlich in Teamarbeit: Wie anders sollte man sonst über sechshundert Periodika auswerten *(Liste des périodiques dépouillés)* und einen Band von über dreizehntausend Titeln (1995) zusammenstellen.

Beispiel: Schlagen wir den Band 1982 auf. Natürlich gleich hinten, im *Index rerum* (d. h. die behandelten Schriftsteller), während der *Index nominum* die Verfasser der kritischen Literatur enthält. Unter Buchstabe G finden wir GIONO und dahinter mehrere Zahlen. Diese Zahlen verweisen auf die laufenden Nummern am Rande der Seiten im Hauptteil. Sie reichen von 7236 bis 7361, das bedeutet einhundertfünfundzwanzig Titel nur im Jahre 1982! Blättern wir also gezielt nach vorn, dort finden wir den Gesuchten: *Giono aujourd'hui. Actes du Colloque internat. Jean Giono d'Aix-en-Provence (10–13 juin '81).*

Weil es sich um einen Sammelband handelt, werden wir mit *voir 177* auch auf die Rubrik *Ouvrages collectifs* verwiesen. Alle Beiträge eines Sammelbandes werden aber auch einzeln aufgeführt: Unter Nummer 7283 steht, wie zu erwarten, unser CLAYTON, ALAN J., mit seinem Artikel *Pluralité du choléra* (die Buchstaben *Ds* bedeuten *dans;* man verwendet besser das international übliche *In:).* Wer also vollständig bibliographieren will, was etwa über den *„Hussard"* geschrieben worden ist (jedenfalls soweit es die Titel erkennbar werden lassen: vereinzelte Bemerkungen lassen sich schlechterdings nicht bibliographieren), der geht die Bände des KLAPP auf die beschriebene Weise durch, was rasch und immer rascher geht, da die Autorennamen innerhalb der Jahrhunderte nach dem Alphabet angeordnet sind. Streng genommen muss er natürlich auch die anderen Bibliographien konsultieren, denn restlos vollständig ist keine. Für die Zeit vor 1956 zieht man die *„Bibliographie der Zeitschrift für Romanische Philologie"* heran, die gesamtromanisch ist und aus der sich der französische Teil verselbständigt hat.

Rezensionen

Darüber hinaus bietet uns diese Suchhilfe noch einen großen Dienst: Sie führt uns zu den oben erwähnten Rezensionen. Dazu schlage man den nächsten Band auf: Besprechungen erscheinen

nach ein bis etwa fünf Jahren. Im Band 1983 kommen wir auf demselben Weg zu Nummer 6688 und lesen dort Folgendes:
Giono aujourd'hui. Actes du Colloque ... Aix-en-Provence '82. Cf. XX, 177 [CR: BAAGiono 18 (automne-hiver '82) 123–127 (Robert Ricatte); Ét. litt. XV ('82) 461–464 (Robert Ricatte); Rhl LXXXIII ('83) 965-966 (Jean Decottignies)].

Zunächst wird man verwiesen auf den Band XX der Bibliographie, d. h. den voraufgegangenen Band, in dem das Werk mit vollem Titel genannt war. Sodann aber erfahren wir aus dem in [...] Gesagten, dass bisher drei Rezensionen zu diesem Werk erschienen sind und in welchen Zeitschriften. Abkürzungen sind grundsätzlich ärgerlich, aber hier müssen wir sie in Kauf nehmen: Sie sind vorne im Band unter *Sigles et Abréviations* leicht aufzuschlüsseln (ein *Sigel* ist eine Wortkürzung; wenn die Anfangsbuchstaben mehrerer Wörter so gewählt sind, dass sie zusammengezogen ein neues Wort ergeben, nennt man dies *Akronym,* aber so smart wollen Philologen meist nicht sein). Wir können also in der Zeitschrift *Bulletin de l'Association des Amis de Giono,* in der Nummer 18 vom Herbst 1982, eine fünfseitige Besprechung des Bandes durch ROBERT RICATTE erwarten, desgleichen in den *Etudes littéraires,* Jahrgang XV (vom selben Verfasser, was nicht üblich ist, doch ROBERT RICATTE ist ein *chef de file* der GIONO-Kritik), desgleichen eine kürzere Besprechung in der *Revue d'Histoire littéraire de la France,* 83. Jahrgang, 1983 (die Zeitschrift ist so alt wie das Jahrhundert; sie dürfte in allen einschlägigen Bibliotheken abonniert sein, was für die beiden andern keineswegs gilt; diese müssten in den meisten Fällen über Fernleihe bestellt werden; der deutsche Sondersammelpunkt Romanistik ist die UB Bonn).

Typologie

Wir haben also drei Typen von Veröffentlichungen:

Die **Monographien** (in sich geschlossene Veröffentlichungen), aufgeführt mit Verfassernamen, Titel, Erscheinungsort und Jahr (in Frankreich ist es üblich, auch den Verlag zu nennen, in Deutschland nicht). Solche Monographien enthalten in der Regel am Ende ein Verzeichnis der benutzten Literatur, das für die Praxis, wenn einem das Buch zur Hand ist, eine sehr viel bequemere Quelle – freilich aus zweiter Hand – darstellt als die Auswertung der Bibliographien, die jedoch immer als der „Königsweg" zu gelten hat. – Übrigens: Es gibt auf Französisch nur sehr wenige, auf Deutsch noch keine einzige umfassende monographische Untersuchung zu GIONO. Hingegen gibt es einen Film über GIONO von CLAUDE SANTELLI, 1995, den KLAPP ebenfalls verzeichnet.

Artikel als *Veröffentlichungen in Zeitschriften* (Artikel, Buchbesprechungen, kleinere Beiträge, Miszellen), aufgeführt mit Verfasser, Titel, Name der Zeitschrift, Jahrgang, Jahr und Seitenzahlen.

Sammelbände als zusammengestellte *Beiträge zu Sammelbänden (ouvrages collectifs;* dazu gehören auch die zahlreichen Festschriften, die angesehenen Gelehrten, deren Lebensalter zehn, zwölf, dreizehn oder noch mehr Lustren erreicht hat, in Form wissenschaftlicher Beiträge überreicht werden, *mélanges offerts à ...*), aufgeführt mit Titel, ggf. Name des Geehrten, herausgegeben von ... (abgekürzt: *ed. = edidit),* Ort und Jahr.

Signatur

Haben wir den Titel, wollen wir das Buch. Die Bibliothekare haben, damit sie auffindbar bleiben, ihnen eine Signatur *(cote)* gegeben, eine Kombination aus Buchstaben und Zahlen, nach einem bestimmten System, das je nach Bibliothek unterschiedlich sein kann. Leider hat man sich darin nicht einigen können (wofür es gewiss auch sachliche Gründe gibt). So muss sich der Benutzer jedes Mal auf ein neues System einstellen, vor allem bei Freihand- oder Präsenzbibliotheken.

Zugriffs-wissen

Wer diese Suchtechniken beherrscht, kann sich sagen, dass er Wissen erworben hat, welches für unsere Zeit als nützlich gilt. Man stellt mit Recht dem Erwerb von Wissen im Sinne bloßer Anhäufung den Erwerb von „Wissensaneignungsstrategien" gegenüber. Ob allerdings solche Wortmonster nützlich oder nötig sind, sei dahingestellt. Nicht nützlich ist in jedem Fall der Glaube, diese Unterscheidung sei neu und unserer Zeit zu Eigen. WILHELM VON HUMBOLDT, der Begründer des deutschen Bildungssystems, schrieb zu Beginn des 19. Jahrhunderts: „Der junge Mensch soll in Stand gesetzt werden, den Stoff ... theils schon jetzt wirklich zu sammeln, theils künftig nach Gefallen sammeln zu können. ... Er ist also auf doppelte Weise, einmal mit dem Lernen selbst, dann mit dem Lernen des Lernens beschäftigt." Doch hält unsere Zeit noch ganz anderes „Zugriffswissen" für uns parat: die elektronischen Hilfsmittel.[15]

3 Elektronische Hilfsmittel

Neues Medium

L'Enfermatique

Le novice
le visualise comme un enfer doré.
Le sorcier de service
le considère comme une souris déchaînée.
L'informatique, c'est en réalité
de la pratique et de la malice.

---

15 Dergleichen Wortschöpfungen dürften – wir werden es erleben – in ein paar Jahren zu den Lächerlichkeiten der Neunziger zählen. Der Ausdruck Orientierungswissen, der noch aus den Achtzigerjahren stammt, trifft die Sache besser.

Une fois aspiré
par le vice,
l'ordinateur apparaît
comme un nouveau délice,
une révolution est née.

Vielleicht gar nicht so schlecht, dies Internet-Gedicht. *Informatique = Enfermatique* ... Wer das zu übersetzen hätte ... *Informatik = Höllenkunst?* Für den Neuling eine goldene Hölle, für den Hexenmeister der Tanz der entfesselten Maus ...

Man findet es, wenn man der Reihe nach folgende *links* im Internet anklickt: *Düsseldorfer Virtuelle Bibliothek – Geisteswissenschaften – Romanistik – Französische Sprache und Literatur – Littérature francophone virtuelle – Poésie contemporaine.* Dort stößt man auf einen gewissen CYRIL SUQUET, ein Name, der noch niemandem etwas sagt. Dieser CYRIL SUQUET hat sich einen *site personnel* eingerichtet, auch *page personnelle* genannt, also eine Homepage. Dort erfährt man, dass er dichtet und dass *Enfermatique* sein Erstlingswerk für die elektronischen Medien war. In der Tat: Es war eine Revolution geboren, denn über KLAPP kann man dieses Gedicht natürlich nicht finden. –

Computer-suche

Dieses Kapitel wäre unvollständig, wenn es nicht auch noch ein Wort zur elektronischen Literatursuche enthielte. Deren Vorzüge sind unbestreitbar. Es gilt jedoch *mutatis mutandis* das gleiche wie für die Ausbildung von modernen Seeleuten auf alten Segelschiffen: Wer mit der alten Art vertraut ist, wer das Glück hat, über Bücher an Bücher kommen zu können, fühlt sich erheblich sicherer. Dafür haben die anderen, meist jüngeren, den Vorteil, dass sie mit dem Bildschirm (einschließlich des vielen Irrationalen, das sich dort abspielt) früher vertraut wurden und sich dort müheloser tummeln.

Die Vorteile der elektronischen Medien liegen darin, dass sich die Herstellungszeit verkürzen und dadurch die Aktualität verbessern lässt, dass sie sich (zumeist) schneller handhaben lassen, dass sie die Möglichkeit bieten, mehrere Suchbegriffe zu kombinieren (GIONO + *Hussard*), und dass sie Platz sparen. Der Hauptnachteil ist, wie gesagt, der Mangel an Anschaulichkeit, der ein ohnehin zu beklagendes Schwinden von Anschauung in unserer Wissenschaft noch verstärken dürfte.

Es bedarf kaum der Hervorhebung, dass man mit den elektronischen Medien heute qualifiziert umzugehen verstehen muss. Wirklich sympathisch werden sie uns erst dann sein, wenn nicht mehr so viel Aufhebens um sie gemacht wird. Das gleiche gilt für die verbalen Wucherungen. Es gibt mindestens 15 Fachwörterbücher, die das Verständnis der computerspezifischen Terminologie erleichtern sollen: Für den Benutzer eine Zumutung, die er sich nicht länger gefallen lassen sollte. Der Markt wird's hoffentlich

richten, wird der Weltfremdheit vieler Programmierer auf die Sprünge helfen und sie zunächst einmal dazu zwingen, ihren Insiderdünkel wenigstens so weit zu bändigen, dass sie sämtliche verwendeten Abkürzungen sofort oder leicht zugänglich auflösen. OPAC bedeutet *Online Public Access Catalogue,* also einen öffentlich zugänglichen, (bislang) kostenlosen Benutzerkatalog, der den direkten Zugriff auf elektronisch gespeicherte Daten ermöglicht.

Daten-banken

Nachstehend die wichtigsten einschlägigen Datenbanken, die in den Bibliographierräumen der Hochschulbibliotheken auf CD-ROM oder bereits online zur Verfügung stehen oder stehen sollten. Die Mehrzahl davon ist auch (noch) in Buchform zugänglich, und man tut im Sinne der besagten Anschaulichkeit gut daran, sie zunächst in dieser Form zur Hand zu nehmen, bevor man sie mit den erwähnten Vor- und Nachteilen elektronisch konsultiert.

BNF – *Bibliographie Nationale Française depuis 1970*
Enthält die Bestände der Pariser Nationalbibliothek, für die das *dépot légal* (Einheitsaufnahme aller erscheinenden Titel) gilt.

DNB – *Deutsche Nationalbibliographie*
Enthält die Bestände der Deutschen Bibliothek in Frankfurt, die seit ihrer Gründung 1946 alle deutschsprachigen Veröffentlichungen sammelt, sowie einen (wachsenden) Teil der Deutschen Bücherei Leipzig, die dies seit 1913 tut und mit der sie seit 1990 vereint ist. Seit 1995 im Web.

LoC – *Library of Congress*
(http://lcweb.loc.gov/catalog/)
Enthält die Bestände der Nationalbibliothek der USA, der mit ca. 20 Mio. Titeln vermutlich größten Bibliothek der Welt. Seit 1969.

MLA – *Modern Language Associaton of America: International Bibliography*
(http://webspirs.ruf.uni-*[XY]*.de/cgi-bin/welcome)
Die umfassendste Bibliographie für Literatur, Linguistik und Folklore. Seit 1963.

Francis
Enthält Angaben und Abstracts (kurze Zusammenfassungen) zu Büchern und Zeitschriftenartikeln aus den Geistes-, Sozial- und Wirtschaftswissenschaften seit 1984.

Doc-Thèses
Referenzen und Abstracts zu französischen Doktorarbeiten seit 1972.

Diss-CD
Hinweise auf deutsche Hochschulschriften (Dissertationen und Habilitationsschriften) seit 1945. Keine Abstracts.

Myriade
Enthält die in französischen Bibliotheken vorhandenen Zeitschriften und Reihen (ca. 220 000).

IBZ – *Internationale Bibliographie der Zeitschriftenliteratur*
Seit 1989.
Electre – *Le CD-ROM des livres disponibles*
Im Buchhandel lieferbare Monographien in französischer Sprache. Laufend erneuert.
VLB – *Verzeichnis lieferbarer Bücher*
Die deutsche Entsprechung zu Electre, herausgegeben von der Deutschen Buchhändlervereinigung.
Discotext I – *Textes littéraires français*
300 französische Literaturwerke aus der Zeit von 1827 bis 1923, mit Programmen zur sprachlichen und thematischen Analyse.
QUID
Das aktuelle Jahrbuch, das auch vielerlei Angaben zum literarischen Leben enthält, seit Herbst 1997 im Internet.
KVK – *Karlsruher Virtueller Katalog*
(http://www.ubka.uni-Karlsruhe.kvk.html)
Verbindet den Web-Benutzer mit (fast) allen regionalen Verbundkatalogen in Deutschland, die ihrerseits ein Zusammenschluss der wichtigsten regionalen Bibliotheken sind.
DVB – *Düsseldorfer Virtuelle Bibliothek*
(http://www.uni-duesseldorf.de/www/ulb/virtbibl.html)
Internet-Einstiegsseiten

Praktische Hinweise

Wer das oben erwähnte Weben der Dichtung im Internet aufspüren möchte, der kann den *Club des poètes* unter der Adresse *http://www.franceweb.fr/poesie/* ansurfen.

Eine umfassende Zusammenstellung nützlicher französischer *Servers* bietet Pascale Krumm in der Zeitschrift *Französisch heute*, Heft 1, 1998, S. 64–74.

Es ist nicht Gegenstand dieser Einführung, nähere Hinweise zum Gebrauch von *matériel* und *logiciel*, zu Deutsch *Hardware* und *Software*, zu geben, erst recht nicht von *progiciel*, *didacticiel* oder gar *ludiciel*: An allen Bibliotheken werden hierzu entsprechende Kurse angeboten. Zum Schluss nur noch der Hinweis auf zweimal zwei nützliche Orientierungsbücher:[16]

- Grund/Heinen (1996)
- Zelle (1998)
- Kaiser (1996)
- Gilster (1997)[17]

---

[16] Sehr informativ auch die Artikelserie „Die digitale Bibliothek" von Dieter E. Zimmer in „Die Zeit", Nr. 38, 39, 40 und 41, 1997, ergänzt durch eine kommentierte Auswahl von Web-Adressen im Internet: http://zeit.de/littwett/digbib/digbibsurftips.html –
Zeitschriften: http://www.subito-doc.de – Zitiervorschriften im Internet: http://uni-duesseldorf.de www/ulb/intbib.html#sofort (Jens Bleuel)

[17] Einführungen für französische Studierende: Chevrel (1992), Rohou (1993).

KAPITEL 4 Funktionen von Literatur

Der Funktionsbegriff

Nach den Erörterungen zur Frage *Wie lässt sich über Literatur sprechen (Kap. 2)* und *Wie lässt sie sich auffinden (Kap. 3),* soll nun die Frage geklärt werden: *Wie wirkt Literatur?* oder *Was bewirkt sie?* Wir können mehrere und recht verschiedene, ja entgegengesetzte Funktionen von Literatur unterscheiden. Der Ausdruck *Funktion* schwankt hierbei charakteristisch zwischen der Bedeutung *Aufgabe, die wir ihr zuschreiben,* und der Bedeutung *Wirkweise, die wir beobachten.*

1 Ästhetische Funktion

Kategorien

Die Dichter träumen, die Dichter denken, erfinden oder lügen: Gibt es überhaupt einen Menschen, der dies nicht täte? Der einzige, aber entscheidende Unterschied: Die Dichter bringen dies in eine bestimmte Sprachform, die sich erkennen, wiederholen und bis zu einem gewissen Grad beschreiben lässt. Diese Formqualität, die uns anspricht, erfreut, befremdet, fasziniert, ist sicher das wichtigste Moment am Phänomen „Dichtung". Sie hat etwas zu tun mit Gestaltwahrnehmung, mit kräftig oder zart, mit straff oder schlaff, mit glatt oder rau, mit ebenmäßig oder verzerrt. Wir sprechen von der **ästhetischen** Funktion des Sprachwerks, wobei bewusst bleiben sollte, dass die Merkmale, die in dieser Hinsicht auffallen, sich auch bei nicht-sprachlichen Gebilden einfinden können, bei Naturdingen wie einer Muschel, aber auch bei Kunstgebilden wie einer Lampe. Und selbstverständlich bei Erscheinungsformen des Menschen. Es ist, als ob das Sprachgebilde hierin mit seinen besonderen Mitteln auf Nachahmung angelegt, auf Entsprechung bedacht ist.

Ein **kräftiger** Vers:
Frappe les monts cornus, fais-les fumer et fendre
Ein **zarter** Vers:
La connais-tu, Daphné, cette vieille romance
Ein **straffer** Vers:
Pour grands que soient les rois, ils sont ce que nous sommes
Ein **schlaffer** Vers:
Ma femme aux mollets de moelle de sureau
Ein **glatter** Vers:
La ville où tu conduis est bonne aux étrangers

Ein **rauer** Vers:
L'insecte net gratte la sécheresse
Ein **ebenmäßiger** Vers:
Portez-lui mes adieux, et recevez les siens
Ein **verzerrter** Vers:
Ville de fiel, orgues brumeuses sous l'abside[1]

Verwirklicht wird diese Funktion durch eine Verbindung von Ton und Sinn *(son et sens),* die *idealiter* unauflöslich ist. Die einmal gefundene Wortfolge, die gleichzeitig durch ihren Rhythmus, ihren Klang und ihre ausgesandten Bedeutungsimpulse auf uns wirkt, kann nicht ohne Verlust durch eine andere ersetzt werden. Dies ist die einzige genuin literarische Funktion; denn alle anderen Funktionen, die Literatur erfüllen kann, können grundsätzlich auch von anderen menschlichen Äußerungsformen übernommen werden. Es ist wohl nicht übertrieben, dass die Wahrnehmung solcher Tonalitätsunterschiede, solcher Differenzqualitäten, gleichgültig, in welchem Alter man sie erlernt, eine wesentliche Voraussetzung für Kommunikationsfähigkeit darstellen und ein Sozialverhalten fördern dürfte, das sich von Schematismen zu lösen vermag. Ein Einwand könnte lauten, dies sehe sehr nach ROUSSEAU aus, der die erste Erziehung seines Emile ganz und gar über die Erfahrung der Sinne vornehmen wollte. Aber war das so abwegig? Im übrigen ist die hier gemeinte Priorität eine inhaltliche, nicht eine zeitliche.

Merkmale Das Erfassen des Ästhetischen an Gestaltqualitäten zu binden, mag manchem zu eng erscheinen. Das Ästhetische – oder das „Kunstschöne", wie HEGEL sagte – ist doch etwas Herausforderndes, Rätselhaftes, Beunruhigendes oder Beseligendes, jedenfalls Uneinholbares. Empfindungen dieser Art sind sicher vielen vertraut. Nur fällt das Reden darüber oft exzessiv aus und sollte nicht ohne kritische Prüfung bleiben. Das Schöne sei das Irrationale, das Provokative, das Andersartige, gar das „radikal" Andere, so wird oft gesagt. Doch solche Rede reduziert sich häufig auf eine pathetische Geste und läuft damit Gefahr, gerade den Bereich der Kunst zu verlassen: Sie stürmt hinaus aufs weite Feld der bloßen Weltanschauungs- oder Willensaffirmation, ja des pseudoreligiösen Bekenntnisses. Was sollte wohl „radikal anders" bedeuten? Solcher Rede fehlt der Sinn. Zumindest lauert darin ein Metaphernmissbrauch. Wo „irrational" oder „provokativ" zum Hauptzweck der Kunst erklärt wird, droht aus dem Hintergrund überdies die intolerante Bevormundung. Auch „inkommensurabel", also „ohne gemeinsames Maß" mit den übrigen Erscheinungen der Welt, ist als Bestimmung kaum überzeugend. Dergleichen eher zwanghafte Definitionen kritisieren heißt keineswegs den Eigenwert der Kunst leugnen. Aber wie sollte, was aus der Betrachtung des menschlichen Körpers, der Be-

wegung der Tiere, der Formen der Pflanzen oder der Felsen seinen Anstoß bezogen, den Nachahmungstrieb erregt und nur im Verlauf der Kulturentwicklung sich weiter und weiter differenziert hat, das „radikal" Andere sein können? Hier muss ein Denkfehler vorliegen: Der Mensch kann sich nicht „mit der Wurzel" ausreißen, auch wenn ihm dies ein Bedürfnis sein mag. Was uns ästhetisch bewegt, bestürzt, umwirft, ist, wenn jemand für etwas Worte (Töne, Formen) gefunden hat, die wir selbst nie gefunden hätten.

2 Ausdrucksfunktion

Literarisches Ausdrücken

Eine andere nahe liegende Funktion ist zweifellos die **Ausdrucksfunktion.** Für ein seelisches Moment wird ein sprachliches Äquivalent angenommen. Ein Inhalt, der uns bedrückt oder beglückt, kann literarisch in einer Weise zum Ausdruck gebracht werden, die uns besonders treffend, besonders gelungen scheint. Dies heißt jedoch die Sache von der psychologischen Seite her betrachten, und wir würden offenkundig einer Täuschung erliegen, wenn wir meinten, die ästhetische Funktion spiele hierbei keine Rolle. Sie steht nur für unser Bewusstsein nicht im Vordergrund. Offenkundig ist überdies, dass es manches *treffende* Wort außerhalb eines literarischen Zusammenhangs gibt. Wir können allerdings sagen: Wo immer ein Wort *trifft,* ist Literatur nicht weit. Aus einem treffend scheinenden Ausdruck können wir jedoch nicht mit Sicherheit auf die Wirklichkeit eines seelischen Momentes schließen, jedenfalls nicht auf seine Wirklichkeit im Augenblick der Niederschrift bei dem, der ihn niederschrieb: Der Moment kann länger zurückliegen („Verzögerung"), er kann anders gewesen sein („Veränderung"), er kann bei jemand anderem stattgefunden haben („Übernahme"), er kann im Extrem überhaupt nicht stattgefunden haben („Phantasie").

---

1 **Kräftig:** „So schlage das Gebirg in Rauch und Fetzen." (Agrippa d'Aubigne, *Les Tragiques, Jugement;* 1616).
Zart: „Kennst du ihn, Daphné, noch, den alten Klagesang?" (Nerval, *A Jenny Colonna;* 1853).
Straff: „Trotz aller Größe sind auch Könige mit uns von einer Art." (Corneille, *Le Cid,* Vers 157; 1636).
Schlaff: „Meine Frau mit Waden aus Holundermark" (Breton, *L'Union libre;* 1931).
Glatt: „Die stadt zu der du führest ist den fremden hold" (Régnier, *Exergue;* 1892).
Rau: „Im dürren Erdreich wetzt des Käfers Säge" (Valéry, *Le Cimetière marin,* Str. 12; 1920).
Ebenmäßig: „Bringt ihr mein Lebewohl, nehmt ihrs für mich entgegen" (Racine, *Bérénice,* Vers 746; 1670).
Verzerrt: „Du Gallenstadt, wo Orgeldunst hängt in Aspiden" (Fargue, *La gare;* 1925).
Die Beispiele aus der Lyrik sind entnommen der vierbändigen Anthologie *Französische Dichtung* (1990) (dort die Namen der Übersetzer); die Übersetzungen aus „Cid" und Bérénice" sind von Simon Werle. – Eine ähnliche Zusammenstellung, nur länger, ließe sich natürlich mit Prosasätzen machen.

PIERRE DE RONSARD hat ein Gedicht *„Gegen die Abholzer des Waldes von Gâtine"* geschrieben:

> *Wer einst als erster sich des Frevels unterfängt,*
> *Dass er dich, hoher Wald, mit hartem Beil bedrängt,*
> *Den soll sein eigner Stab mit scharfem Stahl aufspießen ...*

> *Quiconque aura premier la main embesognée*
> *A te couper, forêt, d'une dure cognée,*
> *Qu'il puisse s'enferrer de son propre bâton ...*

Die Sprache verrät, dass dieses ökologische Protestgedicht nicht aus der Zeit von Greenpeace stammt: Der Wald in der Nähe von Tours ist 1573 abgeholzt worden. RONSARDS Empörung darüber war wirklich und echt; in der uns vorliegenden Fassung jedoch ist das Gedicht erst 1584 entstanden, und es feiert den Wald als einen von antiken Göttern durchwalteten Raum.[2]

Ein anderes Beispiel:

> *Quand on a vu, seize ans, de cet autre soi-même*
> *Croître la grâce aimable et la douce raison,*
> *Lorsqu'on a reconnu que cet enfant qu'on aime*
> *Fait le jour dans notre âme et dans notre maison ...*

VICTOR HUGO verlor seine innig geliebte Tochter Léopoldine, sein „anderes Selbst", als sie sechzehn Jahre alt war, bei einem Segelunglück nahe Villequier an der Seine, am 4. September 1843. Seine Trauer währte Jahre. Das Gedicht *„A Villequier"*, dem diese Verse entnommen sind, entstand im wesentlichen im September 1844, wurde von ihm jedoch 1846, zu der Zeit, als seine Geliebte, JULIETTE DROUET, ihrerseits ihre Tochter verlor, um einige Strophen erweitert und schließlich auf den 4. September 1847, mithin den vierten Todestag Léopoldines, datiert. Ein anderes, in seiner dichterischen Schönheit unübertroffenes Gedicht, das derselben Trauer Ausdruck verleiht, ohne den Anlass überhaupt noch zu erwähnen, ist am 4. Oktober 1847 entstanden, aber ebenfalls umdatiert, und zwar auf den Vorabend des vierten Todestages. Seine in ihrer Schlichtheit ergreifenden Schlussverse lauten:

> *Et quand j'arriverai, je mettrai sur ta tombe*
> *Un bouquet de houx vert et de bruyère en fleur.*[3]

In RAYMOND RADIGUETS Roman *„Le Diable au corps"* geht es um die anarchische Freude eines Jungen am Leben und an der Liebe.[4] Die Lebensfreude beginnt als Lesefreude:

> *Je me promettais des joies sans bornes, car, réussissant à faire en quatre heures le travail que ne fournissaient pas en deux jours mes anciens condisciples, j'étais libre plus de la moitié du jour. Je me promenais seul*

au bord de la Marne (...) J'allais même dans le bateau de mon père, malgré sa défense; mais je ne ramais pas, et sans m'avouer que ma peur n'était pas celle de lui désobéir, mais la peur tout court. Je lisais, couché dans ce bateau. En 1913 et 1914, deux cents livres y passent.

Lesefreude und Lebensangst: Wo, genau, ist der Ort dieser ausgedrückten Freude? Die einzig verlässliche Antwort wird lauten: zwischen diesen Zeilen.

Phantasie

Ein viertes und letztes Beispiel:

> *El vregier lor avint une mervelle bele,*
> *Que desous cescun arbre avoit une pucele:*
> *Il nen i avoit nule sergante ne ancele,*
> *Mais toutes d'un parage, cascune ert damoisele.*
> *Le cors orent bien fait, petite la mamele,*
> *Les ious clers et rians et la color novele.*
> *Plus ert espris d'amour, ki veoit la dansele*
> *Que s'il ëust le cuer brüi d'une estincele,*
> *Et plus li saut el cors que chevaus de Castele.*

Dies ist Französisch des 12. Jahrhunderts. In neufranzösischer Übersetzung lautet es:

> *Il leur advint au verger une aventure extraordinaire,*
> *car sous chaque arbre il y avait une pucelle:*
> *aucune d'elles n'était servante ni femme de chambre,*
> *mais toutes étaient d'un rang élevé, chacune était demoiselle.*
> *Elles avaient le corps bien fait, le sein petit,*
> *les yeux clairs et riants et le teint frais.*
> *Celui qui voyait une des ces jeunes filles brûlait d'amour*
> *plus que s'il eût le cœur embrasé par une étincelle,*
> *et le cœur lui sautait plus que cheval de Castille.*

Die Handlung spielt in Indien und schildert die Freuden Alexanders des Großen im Garten der Edelfräulein, wie man sie sich im Mittelalter mit Genuss und Behagen ausmalte. Was sich hier ausdrückt, ist reine Phantasie.[5] Niemand muss dies erlebt oder vor sich gesehen haben (eher schon hat man sich bei späteren Hofinszenierungen von dergleichen inspirieren lassen), und diese Art Ano-

---

2 Ronsard, *Contre les Bûcherons de la Forêt de Gâtine*. Entnommen der in Anm. 1 genannten Anthologie.

3 Victor Hugo, *A Villequier* und *Demain, dès l'aube...*, in: *Les Contemplations* (1856), Buch 4, die Nummern XV und XIV.

4 Auf Kosten eines anderen, der an die Front muss. Der Roman des 16-jährigen Autors entstand unmittelbar nach Ende des 1. Weltkrieges und erschien 1923, im selben Jahr, in dem Radiguet an Typhus starb (verfilmt von Autant-Lara, 1947, und von Bellocchio, 1986).

5 Lediglich gestützt auf Überlieferung, auf *Topoi* (s. Kap. 6) wie den Lustgarten. Die Stelle ist dem *Roman d'Alexandre* entnommen, genauer dem Teil der Erzählsammlung, der von Lambert le Tort stammt und etwa 1180 entstand. Von ihm wird übrigens später der Haupt- und Staatsvers der französischen Versdichtung, der Zwölfsilber, seinen Namen beziehen: *Alexandriner*.

nymität oder Objektivität gilt für die meiste ältere Dichtung, aber durchaus auch noch für viele Teile der modernen, ja mancher moderne Erzähler oder Dramatiker nimmt sie sogar ausdrücklich für sich in Anspruch. Der Begriff *Ausdruck* schwankt auch hier charakteristisch: Einmal meint er den Vorgang, mit dem ein Inhalt, der noch nicht gesagt ist, zur Sprache gebracht wird; das andere Mal meint er das Ergebnis dieses Vorgangs, das Sprache Gewordene.

3 Appellfunktion

Literarische Appellation

Betrachtet man den Ausdruck nun noch entschlossener als etwas fertig Vollzogenes, von dem eine Wirkung ausgeht, so gelangt man zu einer **Appellfunktion.** War die Ausdrucksfunktion in Bezug auf ihren Inhalt etwas Nachträgliches, so ist die Appellfunktion nach vorne gerichtet. Jemanden anrufen, um ihn zu etwas aufzurufen: Wie oft finden wir das nicht in der Literatur. Allerdings finden wir dies ebenso in einer Predigt oder in einer öffentlichen Rede, sei sie vor dem Parlament gehalten, vor Gericht oder einem anderen Forum. Man kann dies den *forensischen* Zug der Literatur nennen. Da dies nun aber mit Einstellungen, Gesinnungen, Tendenzen zu tun hat, erhebt sich hierbei – noch stärker als bei der Ausdrucksfunktion – die Frage, ob dies dann noch Literatur im eigentlichen Sinne sei. Diese Frage aber ist nicht eindeutig zu lösen – und deswegen sollte man sie vielleicht auch gar nicht mehr stellen. Es gibt Literatur, die keinerlei Anliegen hat, und es gibt solche, die nur Anliegen ist: So lässt sich wohl behaupten. Man kann diese Behauptung aber auch mit gutem Recht bestreiten und behaupten, es gibt keine Literatur, die nicht irgendein Anliegen vorbrächte, und es gibt keine Literatur, die nicht auch noch etwas anderes wäre als ein vorgebrachtes Anliegen. Das ist wahrhaftig ein beständig umgestülpter Handschuh. Angesichts dieses schwierigen Sachverhalts nun sind eine Reihe von Gegensatzpaaren entstanden, um die seit langem gestritten wird: reine Literatur versus angewandte Literatur; engagierte vs. formalistische Literatur; positiv-aufbauende vs. genießerisch-dekadente Literatur und andere mehr.

Man kann in der Literatur tatsächlich zu allem auffordern, zum Hass wie zur Liebe, zum Krieg wie zum Frieden, zum Glauben wie zum Unglauben, zur Parteinahme wie zur Verständigung, zum Stolz wie zur Demut, zur Selbstbehauptung wie zur Gerechtigkeit, zur Unterjochung wie zur Befreiung, zur Keuschheit wie zum Lebensgenuss.

Appellative Literatur

Offenkundig appellative Literatur ist VOLTAIRES *„Traité sur la tolérance"* von 1763, mit dem er vermochte, den aus religiösem Fanatismus hingerichteten Kalvinisten JEAN CALAS zu rehabilitie-

ren; ist Victor Hugos Plädoyer gegen die Todesstrafe *„Le dernier Jour d'un condamné"*, von 1829; ist Emile Zolas Manifest *„J'accuse"* in der Zeitschrift *Aurore* vom 13. Januar 1898, mit dem er für den aus antisemitischem Fanatismus verurteilten jüdischen Hauptmann Dreyfus Partei ergriff; ist Romain Rollands Aufruf zum Frieden *„Au-dessus de la mêlée"*, von 1915, für den der Autor so bitter mit der Verachtung ganz Europas büßen musste. In all diesen Schriften, aus denen der französischen Literatur Ruhm und Achtung in der ganzen Welt erwuchs, begegnet uns der Schriftsteller als der *Intellektuelle* (das Wort ist seit Zola in Gebrauch). Gewiss gibt es indessen indirekte Aufrufe zur Toleranz in großer Zahl in Voltaires, zur Humanität in Hugos, zur sozialen Gerechtigkeit in Zolas, zum Frieden in Romain Rollands anderen Werken. Und wer wollte das Eintreten für die Gleichstellung der Frau in nahezu sämtlichen Romanen von George Sand vergessen, neben etlichen *pamphlets* und ungezählten Briefen, die demselben Anliegen gewidmet sind.

-ismen

Man müsste lange suchen, um einen Schriftsteller zu finden, der nicht für etwas eingetreten wäre, besonders in der französischen Literatur. Da ist Rabelais' Pantagruelismus, Corneilles Heroismus, Cyranos Libertinismus, Madame Guyons Quietismus, Joseph de Maistres Monarchismus, Balzacs Legitimismus, Benjamin Constants Liberalismus, Stendhals Egotismus, Nervals Esoterismus, Baudelaires Dandysmus, Rimbauds Modernismus, Huysmans' Dekadentismus, Jules Romains Unanimismus, Gides Immoralismus, Claudels Katholizismus, Tzaras Dadaismus, Aragons Kommunismus, Sartres Existentialismus ... Kurz, die Franzosen sind Weltmeister im Erzeugen von Ismen. Ohne diese Bemühungen, das Los der Menschheit irgendwie zu verbessern, jedenfalls darauf einzuwirken, würde ihre Literatur im luftleeren Raum schweben. Doch jedes dieser Ziele ließ sich auch auf anderem Wege verfolgen als dem der Literatur.[6]

4 Entlastungsfunktion

Literatur als Ventil

Entlastungsfunktion ist ein für unsere Gegenwart bezeichnender Begriff, der gewiss weit über den Bereich der Dichtung hinausreicht, der aber für das Wirken der Dichtung so vielfältig und so eigentümlich gilt wie für kaum etwas anderes (etwa für Reisen oder Sport). In ungezählten Drangsituationen des Daseins kann

---

6 Das *„Dictionnaire inversé"* (Rückläufiges Wörterbuch) der französischen Sprache führt 380 Wörter mit der Endung *-isme* auf. Zu den genannten kämen noch die literarischen Geburten hinzu wie *voltairianisme, rousseauisme, bovarysme*.

Dichtung Erleichterung und Trost bringen: *confort* sagte man dazu im älteren Französisch. Das reicht vom Schlaflosen, der sich Geschichten erfindet, über die Märchen erzählende Mutter im Luftschutzkeller bis zum Gefangenen oder Gefolterten, der sich Verse aufsagt, sie vielleicht selber verfasst. Da hält uns Literatur, wie man sagt, über Wasser, wenn wir geistig-seelisch zu ertrinken drohen, wenn wir nicht mehr aus noch ein wissen. Spätestens hierüber wird übrigens deutlich, dass Dichtung etwas gemeinsam hat mit dem Gebet. Stets von einigen wenigen geschaffen, von vielen dankbar nachgesprochen, verliert sich die stärkende und bindende Kraft solcher Sprachgebilde ganz natürlich in dem Maße, wie die Anlässe dazu, die wirklich lebensbedrohenden Situationen, seltener werden. Im leidlich geregelten Rechts-, Sozial- und Medizinalstaat sinkt, von allen gewollt, der Leidensdruck, der solche Praxis hervorbrachte. Voraussetzung für deren wirksamen Einsatz war freilich, anders als beim Gebet, ein hoher Individualisierungsgrad. Zur Enttäuschung mancher besteht die Last des Daseins allerdings weiter, sie nimmt nur diffusere Formen an, insbesondere bei der heranwachsenden Generation unserer Breiten. Formen der individuellen und erst recht der kollektiven Entlastung anzubieten, fällt der Literatur heute nicht leicht. *Techno* kann es besser, wenn auch wohl nicht nachhaltig.

Besinnung

Ein Dichter des 19. Jahrhunderts, der schlimm am Dasein litt, war BAUDELAIRE. Eines seiner schönsten Gedichte trägt den Titel *„Recueillement / Besinnung"*:

> *Sei ruhig, o mein Schmerz, und sei besonnen.*
> *Den Abend wolltest du; sieh her, er kam:*
> *Ein dunkler Hauch hat schon die Stadt umsponnen,*
> *Den einen bringt er Frieden, andern Gram.*
>
> *Sois sage, ô ma Douleur, et tiens-toi plus tranquille.*
> *Tu réclamais le Soir; il descend; le voici:*
> *Une atmosphère obscure enveloppe la ville,*
> *Aux uns portant la paix, aux autres le souci.*

Den zweiten Vers dieses wunderbar beruhigenden Sonetts hat übrigens SAMUEL BECKETT an ganz unerwarteter Stelle in seinem „Endspiel" sprechen lassen.[7]

Ratgeber

Literatur als Ratgeber in Lebensfragen? Das kann gewiss peinlich wirken, hausbacken, naiv, unkünstlerisch; viele Leser und Kritiker, auch Autoren, reagieren auf solche Einstellung sogar mit Verachtung und Zynismus. Man wird aber darüber nie zu einer endgültigen Übereinkunft kommen, schließlich ist dies ja nur die spiegelbildliche Entsprechung zu den zwei Wahrheiten, die wir im ersten Kapitel anlässlich MARCEL PROUSTS vorgefunden haben.

Wer wäre so kühl ästhetizistisch, dass er den Satz Schopenhauers gering schätzen könnte: „Nicht bloß die Philosophie, sondern auch die schönen Künste arbeiten im Grunde darauf hin, das Problem des Daseins zu lösen".[8] Das ist in einen bis in die Antike zurückreichenden philosophischen Zusammenhang zu stellen, der hier nicht näher erörtert werden kann, in dem Schopenhauer die Lösung des Daseinsproblems gerade im reinen Erkennen sieht, das heißt dem „von den Zwecken des Willens frei gewordenen" Erkennen. Allerdings tritt in unseren Tagen ein Autor namens Alain de Botton mit einem Buch über Proust hervor, das den herausfordernden Titel trägt: *„How Proust can change your mind"*. Er habe, bekundet der Autor, Prousts „Recherche" bereits fünfmal von Anfang bis Ende gelesen und sei begeistert von dieser „Ratgeberliteratur, die versucht, die wichtigen Fragen des Lebens zu beantworten." Ausgerechnet Proust: Allen älteren Lesern, die ihren Autor im Sinne des *Contre Sainte-Beuve* gelesen haben, sträubt sich das Haar.[9]

Urgedächtnis

Literatur als Entlastung kann man indessen auch in einem tieferen oder weiteren, einem kulturanthropologischen Sinn verstehen: als Entlastung vom Druck des Fortschritts. Literatur setzt uns in den Stand, hinter uns zurückgelassene Bewusstseinsstufen wieder zu betreten, unser *Unbehagen in der Kultur,* wie Sigmund Freud es nannte, zu mildern durch eine Wiederberührung – und sei sie noch so flüchtig und vage – mit dem, was wir früher waren, und zwar sowohl kollektiv wie individuell, phylogenetisch wie ontogenetisch, wie die Biologen sagen: die Kindheit der Menschheit wie die jedes einzelnen zu evozieren, mit ihren Mythen und Märchen, ihren Rhythmen und Reimen, ihren Träumen und Traurigkeiten. Das war – nach Rousseau – vor allem die poetische Entdeckung der Romantiker, der Symbolisten und der Surrealisten.

Geschichte

Wenn Literatur denn Menschheitsgedächtnis ist, dann erst recht Geschichtsgedächtnis. Was in diesem Feld entlastend wirkt, lässt sich in der Formel zusammenziehen: *Nichts Neues unter der Sonne.* Oft ist da Abgeklärtheit, ja Blasiertheit nicht weit: *Die Menschen waren doch schon immer so.* Hier ist die Entlastung eher Tochter der Desillusion. Zur Verzweiflung hat sie indessen kaum je geführt, wohl aber zur Dämpfung fanatisch-blinder Entschlossenheit. Und gelegentlich ist eine beruhigende Wirkung nicht zu leugnen. Man lese einmal den nachstehenden Satz und setze versuchsweise den

---

7 Die erste Strophe des Sonetts in der Übersetzung von Monika Fahrenbach-Wachendorff aus dem zweisprachigen Band *Les Fleurs du Mal / Die Blumen des Bösen,* Reclam 1980, Neuaufl. 1998. – Der Vers bei Beckett: *Dramatische Dichtungen in drei Sprachen,* Frankfurt a. M. 1963, S. 314.
8 Arthur Schopenhauer, *Die Welt als Wille und Vorstellung,* Anfang des 34. Kapitels.
9 „Zeit"-Magazin, Nr. 46, 1997

Zeitpunkt seiner Niederschrift an: „Unsere Vorfahren hielten sich an den Unterricht, den sie in ihrer Jugend empfangen; wir aber müssen jetzt alle fünf Jahre umlernen, wenn wir nicht aus der Mode kommen wollen." Das ist doch sicher aus jüngster Zeit? Weit gefehlt: Es steht 1809 in GOETHES „Wahlverwandtschaften".[10]

Moral

Freilich muss das Problem der Daseinserleichterung durch Literatur auch unter moralischem Aspekt betrachtet werden. Literatur, insbesondere Romanliteratur, ist oft genug ein Sich-Davonträumen. Die Frage muss lauten: Darf sie das? Und die Gegenfrage muss lauten: Warum sollte sie das nicht dürfen?. Das Paradebeispiel in der französischen Literatur hierzu ist die *Bibliothèque bleue,* die wohl größte Sammlung volkstümlicher Lesestoffe vom 16. bis zum 19. Jahrhundert in Europa. Von immenser Beliebtheit in weiten Schichten der Bevölkerung, weist sie unzweifelhaft eine Tendenz zur Rosafärbung auf. Die moderne Ideologiekritik hat es sich nicht nehmen lassen, die Ausblendung aller Missstände des *Ancien Régime* (17. Jahrhundert) in dieser gefällig-unterhaltsam-erbaulichen Literatur zu denunzieren. Erbauung, *édification,* so viel ist sicher, kann irgendwann zu Verlogenheit werden. Doch wo verläuft die Grenze? Dass der Benachteiligte, Eingeengte, Ausgebeutete, falls er des Lesens überhaupt kundig ist, besser aufklärende als verklärende Literatur lesen sollte, ist so richtig wie zweifelhaft. Was ist besser, eine schöne Lüge oder eine hässliche Wahrheit? Die wohlige Träumerei vom großen Glück entlastet vom Druck des Augenblicks, die schonungslose Offenlegung macht ihn noch schlimmer, jedenfalls fürs erste. Der fortschrittlich Gesonnene ist im Recht mit dem Willen, Bosheit und Unterdrückung aufzudecken, um sie zu beseitigen, und er setzt sich ins Unrecht, wo er den Menschen nur ihre letzten Illusionen raubt oder sie durch die eine große ersetzt, die darin besteht, zu glauben, Bosheit und Unterdrückung seien zielgerichtet ausrottbar. Man hätte damit wahrhaftig schon bei viel früher einsetzen müssen, nämlich bei der ältesten, schönsten, verlockendsten Illusionsschöpfung der Literatur: dem Paradies. Auch das Pathos der Wahrheit kann berauschen: Alles Für und Wider dieser Debatte der modernen Menschheit ist gerade von französischen Autoren in exemplarischer Weise behandelt worden.[11]

Ablenkung

Ein besonderer Modus der Entlastung ist vielleicht ein ganz speziell französischer: die Ablenkung oder Zerstreuung, *le divertissement, la distraction.* Es fällt auf, dass unter diesen zur lockeren Unterhaltung doch so einzigartig begabten Menschen die Langeweile eine nahezu lebensbedrohliche Bedeutung annehmen und sich zum Lebensekel steigern kann. Mit Ausnahme vielleicht des dänischen Philosophen KIERKEGAARD hat niemand so bohrend nach dem Wie und Warum der Ablenkung gefragt wie

PASCAL. Berühmt ist dessen Satz aus den *„Pensées"*: *„Un roi sans divertissement est un homme plein de misère."* Die ersten vier Worte dieses Satzes sind 1946 von JEAN GIONO zum Titel eines Romans gewählt worden, dessen Hauptfigur beunruhigend vieldeutig der Faszination von Blut und Gewalt angesichts des Misslingens auch höherer Formen der Ablenkung verfällt.[12]

Weiterungen

Wir dürfen also die Sache mit der Ablenkung nicht einfach als banale Zerstreuung abtun. Langeweile ist ein menschliches Universale. Literatur hat das immer reflektiert. Und um das unstillbare, beständig noch anwachsende Distraktionsbedürfnis besser zu befriedigen, hat sie sich gewissermaßen visuelle Zusatzapparate in Gestalt von Film und Fernsehen geschaffen, die so erfolgreich wurden, dass sie ihr Mutterorgan sogar zu verdrängen drohen, aller Voraussicht nach jedoch nie endgültig. Das Frappierende und Rätselhafte daran ist nur dies: Für den breiten Konsum hat diese gewaltige Maschinerie zur Vertreibung der Langeweile einen immer intensiveren Pakt mit dem Komplex „Blut und Gewalt" geschlossen.

5 Erkenntnisfunktion

La condition humaine

So ist es denn unbezweifelbar, dass Literatur auch **Erkenntnisfunktion** hat. Soweit die Erkenntnis ein Produkt der menschlichen Einbildungskraft ist, war die Literatur sogar ihr bevorzugter Ort. Wenn es das Eigentümliche des Menschen ist, sein Dasein mit geistigen Werkzeugen zu bewältigen, so war die Literatur die fleißigste Schmiede dafür. Für dieses Eigentümliche des Menschen, seine besonderen Daseinsbedingungen, hat uns MONTAIGNE in seinen *„Essais"*, geschrieben gegen Ende des 16. Jahrhunderts, die Sammelbezeichnung geliefert: *La condition humaine.*[13] Literatur war beteiligt am Aufbau der menschlichen Spiritualität, an der Gottes- wie an der Welterkenntnis. Vor allem

---

10 Goethe, *Werke*, Hamburger Ausgabe, Band 6, S. 270.
11 Beste Einführung in den Bereich der *Bibliothèque bleue*, der *littérature de colportage*, der *imagerie populaire* (einschließlich der *images d'Epinal*, der Abziehbilder aus Epinal) bei Geneviève Bollème, *La Bibliothèque bleue*, Paris, Juillard 1971.
12 Pascal, *Pensées*, ed. Brunschvicg, Nr. 139–143.– Oder Victor Hugo: „On peut rêver quelque chose de plus terrible qu'un enfer où l'on souffre, c'est un enfer où l'on s'ennuierait." (*Les Misérables*, II, 4, 1.)
13 „Chaque homme porte la forme entière de *l'humaine condition*" (*Essais*, III, 2). Die Geschichte dieses wichtigen Begriffes von der Antike bis in unserer Gegenwart wurde erforscht von H. P. Palmer, Artikel *Conditio humana* in: *Historisches Wörterbuch der Rhetorik*, herausgegeben von G. Ueding, Band 2, Tübingen 1994. Im Deutschen wird der Ausdruck am besten durch Rückübersetzung ins Lateinische wiedergegeben: die *conditio humana* (so der Titel einer Schrift von Helmut Plessner). André Malraux' gleichnamiger Roman von 1933 wurde ins Deutsche übersetzt mit *So lebt der Mensch*.

waren Aufbruch zu neuen Ufern, Entdeckungsfahrten von jeher ihre Domäne, ob zu den Grenzen der bewohnbaren Welt, ob ins Innere der Erde, zum Mond und weiter oder schließlich ins Innere der menschlichen Seele, eingeschlossen ihre ekstatischen Zustände. Aber ebenso der Entwurf von Formen gesellschaftlichen Zusammenlebens und das Eintreten für bestimmte allgemeinverbindliche Werte.

Rolle der Franzosen

Und fast überall waren die Franzosen führend, gewiss nicht die ersten (das waren die Griechen und später die Italiener), aber doch über Jahrhunderte hinweg prägend und formgebend. Wir haben im 12. Jahrhundert die Suche nach dem Graal und seinen mystischen Ursprüngen im *„Perceval"* von CHRÉTIEN DE TROYES; die alles Wissen des 13. Jahrhunderts umfassende Allegorie der Liebe im *„Rosenroman"* von GUILLAUME DE LORRIS und seinem Fortsetzer JEAN DE MEUNG; die Verbindung von Mythologie, Astrologie und Astronomie in der *poésie érudite* der Renaissancedichter; den Rationalismus im Gefolge DESCARTES' *(Cartésianisme)*, die kühle Zergliederung der Antriebe menschlichen Handelns bei den *moralistes* des 17. Jahrhunderts, aber gleichzeitig auch die phantastisch-satirische Mondfahrt eines CYRANO DE BERGERAC; die Entdeckung der Außensicht auf Europa in den *„Persischen Briefen"* MONTESQUIEUS, die programmatische Öffnung der Wissenschaften für ein breites Publikum durch die *Enzyklopädisten* um DIDEROT, aber auch die ungezählten Gesellschaftsentwürfe, genannt *Utopien,* im 18. Jahrhundert; die intuitive Begründung einer Soziologie der französischen Gesellschaft in den Romanen BALZACS; die Seelenanalyse STENDHALS und seiner zahlreichen Nachfolger im psychologischen Roman des 19. Jahrhunderts; die systematische Dokumentation der Lebensbereiche bei ZOLA; die wissenschaftlichen Fiktionen bei JULES VERNE; die Erkundung der halluzinatorischen Welten bei HENRI MICHAUX – das sind nur einige wichtige Beispiele für die Rolle der Literatur als Echo, als Verstärker und oft genug als Vorklang für die philosophischen und wissenschaftlichen Erkenntnisfragen der jeweiligen Epoche.

Krise durch Sachbuch

Wenn es in der Gegenwart mit dieser Rolle schwieriger geworden ist, so liegt das nicht zuletzt an der ungeheuer angewachsenen Sachbuchliteratur. Was in älterer Literatur an Wissen, Weisheit, Erfahrung und Rat oft beiher mitgeliefert wurde, hat sich in großen Reihenpublikationen von *manuels pratiques* spezialisiert und damit der Literatur viel Substanz oder Wirkungsfelder entzogen. Die pädagogisch-psychologischen Ratgeber etwa der Lyoner *Edition Chronique Sociale* weisen über zweihundert Titel auf, unter denen einige durch ihren Allgemeinheitsgrad erstaunen: *„Connaître le réel"*, *„Exprimer mes désirs"*, *„Mieux gérer son temps"*, *„Prendre sa vie en main"*, *„Valeurs pour notre temps"* usf. Und dergleichen

Bücher gehen nach Umfang und Preis noch weit über die kompakten Bändchen der berühmten, 1941 begründeten Reihe *Que sais-je* hinaus, die mit über dreitausend Titeln (darunter knapp vierzig zur französischen Literatur) das gesamte Wissen der Zeit von *L'Absolutisme* bis *Les Zones d'entreprises* kompetent und allgemein verständlich aufgliedern.[14] Analoges gilt für das Gebiet der Reisebeschreibung, der Ethnographie, aber auch der Biographie. All dies nötigt, so will es scheinen, den Schriftsteller der Gegenwart zu einem entschlossenen Rückzug – oder Vorstoß – in den Subjektivismus.

Beispiel 1: GEORGE SAND hat in dem Roman *„Les Maitres sonneurs"* ihren Lesern von 1853 eine ganze – bezeichnenderweise im Schwinden begriffene – Tradition ländlicher Musikzünfte in ihrer Heimatregion, dem Berry, vor Augen geführt. Im Anschluss daran haben sich Musikhistoriker und -soziologen ans Werk gemacht und diesen Bereich gründlich erforscht. So besehen ging er damit – auf dialektische Weise – für die Literatur verloren, denn niemand kann mit den verbesserten Forschungsergebnissen mehr eine ähnlich bewegende Liebes- und Künstlergeschichte verknüpfen wie die von Brulette, Huriel und Joset *l'ébervigé,* dem träumerisch-ängstlichen Dudelsackspieler.

Beispiel 2: In *„Mauprat",* einem früheren ihrer Romane und vielleicht einem ihrer besten, hat GEORGE SAND uns indessen etwas mit den Mitteln der Romanerzählung (bisweilen gewiss stark der *gothic novel* und dem *roman sentimental* verpflichtet) vor Augen geführt und begreiflich gemacht, was zu den wichtigsten und schwierigsten Prozessen der modernen Zivilisation gehört: die männliche Wildheit und Aggressivität zähmen (ohne die „jungen Krieger" zu risikoscheuen Frühangepassten zu machen). Die allmähliche Verwandlung eines skrupellosen Raubritters in einen gesitteten Menschen unter der Einwirkung gerade der Frau, der dieser *Macho* oder *Rambo* bei der ersten Begegnung hatte Gewalt antun wollen, geschieht im Zeichen von ROUSSEAUS Idealismus und dem Sozialismus von PIERRE LEROUX (mit dem GEORGE SAND seit 1835 in enger Verbindung stand). Dies hätte leicht zu einem deklamatorischen Thesenroman werden können, doch das künstlerische Wagnis gelingt, da nämlich Edmée diesen Wandel „vom Wolf zum Menschen", *de loup en homme,* nur durch den rückhaltlosen Einsatz ihrer ganzen Person zu bewerkstelligen vermag und letztlich durch Verzicht auf ihr persönliches Glück.

---

14 Im Internet: *http://www.puf.com.* – Der Titel der Reihe, *Que sais-je?,* stammt übrigens von Montaigne: Es war eine Devise, die er sich auf Medaillen prägen ließ. –
Sachbuch hat im Französischen keine eindeutige Entsprechung. Auf der Frankfurter Buchmesse liest man „Non-Fiction", doch ist das eine am Englischen orientierte Notlösung. Sofern es sich um Ratgeberliteratur handelt, sagt man auf französisch *livres utilitaires.*

Glück, *bonheur,* war das alles beherrschende Thema in den Diskussionen des achtzehnten Jahrhunderts.[15] Vielleicht lässt sich die *Erkenntnisfunktion* oder die *Erkenntnisleistung* in GEORGE SANDS Roman so ausdrücken: Sie, die Vorkämpferin für die Gleichstellung der Frau und die freie Entfaltung ihrer Persönlichkeit, hat etwas davon geahnt, was die heutige Biologie bei der Frage nach den Grundlagen unserer Ethik in Weiterentwicklung der Gedanken DARWINS immer klarer zu sehen glaubt: Der Sinn des Lebens liegt nicht darin, dass das Individuum glücklich wird, sondern dass seine Gene in die nächste Generation gelangen. Diese Zusammenhänge können hier natürlich nur angedeutet werden.[16]

Beispiel 3: VICTOR HUGO hat in *„Les Misérables"* (IV, 1, 4) den Irrtum des reinen Kapitalismus ebenso wie den des reinen Kommunismus in aller Klarheit genannt: Der Kapitalismus erwirtschaftet Reichtum, aber verteilt ihn nicht; der Kommunismus verteilt nur und tötet damit die Wirtschaft. Das war 1862. Offensichtlich war die Auflage des Buches zu gering ...

6 Gemeinschaftsfunktion

Wo solche Erkenntnis stattfindet und über das Buch zum Leser gelangt, da findet auch Gemeinschaft statt. Dichtung und Literatur stiften Gemeinsamkeiten. Gerade bei Völkern oder Ethnien, die die politische Einheit und Unabhängigkeit nicht erreicht haben oder denen sie vorenthalten werden, baut Literatur, von der gemeinsamen Sprache abgesehen, vielfach am nachhaltigsten ein Empfinden der Zusammengehörigkeit auf. Dies galt in der Vergangenheit etwa für die Polen und gilt heute für die Kurden, denen sogar der Gebrauch der eigenen Sprache verwehrt wird. Es galt vor der politischen Einigung von 1871 in starkem Maße für Italien und Deutschland. Innerhalb der großen geeinten Nationen galt es für einzelne Stämme oder Regionen, die, meist aus historischen Gründen, eine zumindest kulturelle Autonomie anstrebten. So in Spanien die Galicier, die Katalanen oder die Basken, in England die Waliser, in Frankreich die Bretonen oder die Provenzalen. Auftrieb erhielten diese Tendenzen fast alle im 19. Jahrhundert dank der Ausbreitung der Ideen HERDERS zur Volkspoesie.

Dessen ungeachtet dürfte aber dasjenige Land, das sich am stärksten mit seiner Literatur identifiziert, gerade Frankreich sein. Nirgendwo sonst wird das literarische Erbe, das *patrimoine littéraire,* intensiver gepflegt, ist das öffentliche Interesse für Literatur aller Richtungen und Schattierungen größer als dort.

Mit der Gemeinschaftsfunktion der Literatur entsteht gerade in gefestigten, traditionsbewussten Literaturen wie der französischen das Phänomen der *Kanonbildung* oder der Ermittlung von **Klassikern,** was im engeren Sinn die Bestimmung derjenigen Schriftsteller bedeutet, die Gegenstand des Unterrrichts in den Klassen der allgemein bildenden Schulen sein sollen. Für die Theorie wie für die Geschichtsschreibung ein interessantes, oft heikles Thema. Damit eine jahrhundertealte und beständig bereicherte Literatur überhaupt noch eine Gemeinschaftsfunktion ausüben kann, ist Kanonbildung durch Auswahl unerlässlich: Es fragt sich nur, welche gesellschaftlichen Kräfte sie beeinflussen. Denn selbstverständlich erstreckt sich die gemeinschaftsbildende Kraft von Literatur nicht gleichmäßig auf ein Volk oder eine Sprachgemeinschaft als ganzes, das war allenfalls ein kurzes Ideal, sondern innerhalb derer auf verschiedene Schichten, Klassen oder Gruppen, und selbstverständlich wird sie damit in deren Abgrenzungsvorgänge involviert. Literatur hat stets Standesgrenzen errichten helfen, ebenso oft aber auch an ihnen gerüttelt. Der Versuch, zwischen bestimmten gesellschaftlichen Gruppen und bestimmten literarischen Formen etwas wie eine Gesetzmäßigkeit zu ermitteln, hat gerade in den vergangenen Jahrzehnten die Literaturforschung intensiv beschäftigt, ja fasziniert. Manche Forscher oder Kritiker laufen gegen den bloßen Gedanken der Kanonbildung geradezu Sturm, was als logische Prämisse erfordert, dass sie Literatur im wesentlichen nur gemeinschaftssprengende Funktion zuerkennen können; andere weisen mit mehr Gemeinsinn darauf hin, dass es doch für einen Leser – gerade heutzutage – einen nicht unwesentlichen Teil des Lesevergnügens ausmacht, eine Gruppe von Menschen zu finden, die die gleichen Bücher liest und schätzt wie er selbst.

**Verbind-
lichkeit**

In Frankreich setzt Kanonbildung, was die eigene, die französische Literatur angeht, im 18. Jahrhundert ein. Bis dahin gab es verbindliche Anschauungen hauptsächlich in Bezug auf die antike und die italienische Dichtung. *Verbindlich* ist allerdings insofern ein missverständlicher Ausdruck, als diese Anschauungen zunächst keineswegs von irgendeiner offiziellen Instanz – Hof, Akademie, Ministerium – vorgeschrieben wurden, vielmehr dem freien Willen der Beteiligten entsprangen, sich bestimmte Formen der Literatur, die ihnen besonders anregend, bereichernd und be-

---

15 Mauzi (1960) hat ihm eine umfassende Untersuchung gewidmet.
16 Es ist vielleicht etwas viel verlangt, doch sollten die biologischen Grundvoraussetzungen der Ethik – gewiss mit der Warnung vor dem „naturalistischen Fehlschluss" – heute jedem Gebildeten vertraut sein (und sei es nur, damit er einem „Wolf" besser entgegentreten kann). Eine ausgezeichnete, wenn auch etwas lang geratene Einführung in diese Problematik bietet das Buch von Wright (1994).

freiend erschienen, zum Vorbild zu nehmen, um sie zu imitieren, mit ihnen zu wetteifern und sie womöglich zu übertreffen. Man sollte also besser von *verbindenden* Anschauungen sprechen. Dass Mächtige an dieser Geschmacksbildung mächtig beteiligt waren, lag nahe und konnte ja auch sein Gutes haben. Der Gebrauch des Wortes *Kanon* für mustergültige Autoren ist übrigens aus dem kirchlichen Bereich in den weltlichen übernommen worden, weshalb ihm denn auch von Beginn an die Doppeldeutigkeit einer *Norm als Angebot* und einer *Norm als Verpflichtung* innewohnte.[17]

Französischer Kanon

Im Wesentlichen seit VOLTAIRE gelangte die Literatur der voraufgegangenen Epoche, von ihm *Siècle de Louis Quatorze* genannt, in den Rang eines kanonisch-klassischen Korpus. Gewiss nicht die ganze, sondern in erster Linie die Bühnendichtung. Die Literatur des 16. Jahrhunderts gehörte nicht dazu, erst recht nicht die des Mittelalters. Beide wurden erst zu Beginn des 19. Jahrhunderts Gegenstand kritischer Würdigungen und danach in die Lesebücher aufgenommen, also „kanonisiert" (was nicht heißt, dass einzelne Autoren – vor allem MONTAIGNE und RABELAIS – nicht auch vorher von einzelnen Lesern geschätzt wurden). Diese erweiternde Neubewertung zu Beginn des 19. Jahrhunderts ließ eine Besonderheit der französischen Literaturentwicklung deutlich werden, die wohl einmalig in Europa ist, nämlich der tiefe Bruch zwischen Mittelalter und Neuzeit. Als die jungen Autoren des französischen Humanismus im 16. Jahrhundert sich ans Schreiben machten, hatten sie von der Troubadourlyrik, vom Rolandslied, von den höfischen Romanen eines CHRÉTIEN DE TROYES nur mehr eine dämmerige Vorstellung, und das wenige, das sie kannten, bedeutete ihnen nichts. Das änderte sich erst mit der Generation nach NAPOLEON, als deren Kind dann die wissenschaftlich-positive Erforschung jener zurückliegenden Epochen anzusehen ist. Der Name dieses Kindes: *Romanistik*.

Missbrauch

Dass die Frage nach der Aufnahme in einen Kanon Gegenstand beständiger Auseinandersetzung innerhalb der Kulturgemeinschaft ist, die sich durch ihn definieren will, dürfte sich von selbst verstehen. Verschärft und oft bis zum Unerträglichen überhitzt wurde diese Auseinandersetzung durch die Ideologien des Nationalismus, des Sozialismus, des Laizismus und anderer. Einem vielfach dringlichen Legitimationsbedürfnis entsprang die Neigung, ältere Schriftsteller, die sich irgend dafür eigneten, propagandistisch in Dienst zu nehmen (zu ‚vereinnahmen', *récupérer*). Das geschah – und geschieht weiterhin – weltweit, und auch Frankreich entging dem keineswegs. DANTE wurde dazu herangezogen, die Territorialansprüche Italiens in Dalmatien zu legitimieren, zum hundertsten Todestag des Dichters der *„Glocke"* läutete man in Deutschland landesweit sämtliche Glocken, der

Verfasser des *„Tartuffe"* wurde in Frankreich als Speerspitze des Antiklerikalismus eingesetzt, der Lyriker VILLON aus dem 15. Jahrhundert zum Vorkämpfer des Proletariertums erklärt. Das *„Nibelungenlied"* aus dem späten 11. Jahrhundert wurde rechts des Rheins ebenso zur Begründung einer Volksgemeinschaft missbraucht wie das etwa hundert Jahre ältere *„Rolandslied"* auf der linken Seite des Flusses. Gemeinschaftsfunktion schließt gewiss auch Abgrenzung mit ein; die Grenze des Legitimen ist überschritten, wo es zur Ausgrenzung kommt.

7 Poetik als Funktionenlehre

**Funktionen-
lehre**

Damit sind durchaus noch nicht alle Funktionen von Literatur erschöpft, und man kann weitere Aufgaben oder Leistungen der Literatur aufführen. Literatur kann Zeugnis ablegen und Dokumentation liefern; sie kann Wirklichkeit abbilden und Wandel auslösen; sie kann Ablenkung von gewissen Inhalten schaffen, ebenso wie zu deren Bewältigung beitragen;[18] sie kann verzaubern und aufklären, erhellen und verdunkeln ... Solche Funktionenlehre der Dichtung hat einen traditionellen Namen: Poetik. Nehmen wir eine Parallele: „Die Gartengeschichte hat es einerseits mit Gärten, andererseits mit Gartenideen zu tun".[19] Nicht anders die Dichtungsgeschichte: Seit es die Dichtung gibt, wird sie begleitet von Überlegungen nach dem Wie und dem Wozu. Ohne Ideen kein Garten; ein bloßer Ideengarten bleibt indessen unbefriedigend. Es sei denn, man hieße MALLARMÉ:

> *Gloire du long désir, Idées*
> *Tout en moi s'exaltait de voir*
> *La famille des iridées*
> *Surgir à ce nouveau devoir.*[20]

Eine der ältesten Aufgabenbestimmungen des Dichters stammt aus der *„Ars poetica"* von HORAZ, entstanden im Jahre 14 v. Chr. In dieser Fundgrube beneidenswert griffiger Formeln heißt es in Vers 333:

Aut prodesse volunt aut delectare poetae.

---

17 Griech. *kanon* bedeutete „Stab", „Lineal", „Richtscheit"; übertragen „Regel", „Vorschrift" und „Muster", „Vorbild".

18 Der deutsche Ausdruck *Vergangenheitsbewältigung* hat – trotz vergleichbarer Vorgänge in Frankreich aus letzter Zeit *(toutes proportions gardées!)* – im Französischen keine rechte Entsprechung – vielleicht, weil er im Grunde wenig klar ist.

19 C. A. Wimmer, *Geschichte der Gartentheorie*, Darmstadt 1989, S. IX.

20 Stéphane Mallarmé, *Prose pour des Esseintes*, Str. 8.

Viel resoluter hebt Boileau in seiner *„Art poétique"* von 1674 auf das *delectare* ab, das Erfreuen, als auf das *prodesse,* das Nützen und Erbauen. Dort liest man in Buch I, Vers 103:

N'offrez rien au Lecteur que ce qui peut lui plaire.

Und viele seiner Zeitgenossen taten es ihm gleich. *Je voudrais bien savoir si la grande règle de toutes les règles n'est pas de plaire,* schreibt Molière in *„La critique de l'Ecole des femmes"* VI; *On ne considère en France que ce qui plaît: c'est la grande règle, et, pour ainsi dire, la seule,* stimmt La Fontaine im Vorwort zu seinen *„Fables"* ein.[21] Gilt das gute alte Begriffspaar *instruire* und *plaire* auch heute noch? Dass es mit dem *instruire* schwieriger geworden ist, haben wir oben angedeutet. Dass Literatur ihrem Leser gefallen sollte, könnte als immer während gültig, ja als Binsenweisheit *(truisme)* erscheinen. Wenn da nicht die Feststellung wäre, dass das, was gefällt, sich so ungeheuer wandelt. Derzeit etwa wird vielfach *schöne Literatur* angepriesen mit Etiketten wie „schonungslos", „erbarmungslos", „gnadenlos", „aggressiv", *„sans merci", „impitoyable".* Und offenkundig gefällt auch das ...

Auf ihre Weise unwiderleglich ist die Funktion von Literatur, die ein moderner Autor, Vladimir Nabokov, kundgetan hat, der da sagte: Große Dichtung erkennt man daran, dass sie ein Prickeln im Rücken hervorruft, gegen das man machtlos ist. So unwiderleglich wie die Behauptung, die da lautet: Wer nie in einer italienischen Oper geweint hat, der weiß nicht, was Musik ist!

Ästhetische Funktion

Ausdrucksfunktion

Appellfunktion

Entlastungsfunktion

Erkenntnisfunktion

Gemeinschaftsfunktion

---

21 Vgl. *Französische Poetiken* (1975; 1978). – Boileau meint dieses *plaire* vor allem rhythmisch-harmonisch (vgl. Kap. 8, S. 147).

5

KAPITEL Der eigene Beitrag

1 Literatur und Lehre

Didaktik

Die Frage nach der Lehrbarkeit von Literatur und nach der besten Art, sie zu vermitteln, ist sicher so alt wie die Literatur selbst. Durchdachte Anleitung, *Gradus ad Parnassum,* war die eine Antwort, *learning by doing* die andere. In unseren Breiten und Zeiten sind wir eher gewohnt, auf das Geschriebene mit einem Umschreiben zu reagieren. Schreiben über ... paraphrasieren, analysieren, interpretieren. Deutsche Schüler schreiben einen Literaturaufsatz, französische eine *dissertation littéraire.* Diese Praktiken haben sich im Lauf der Zeit als eine Möglichkeit der Literaturvermittlung herausgebildet. Gegen die Mitte unseres Jahrtausends war es in Europa dagegen üblich, Sonette schreiben zu lernen; das führte zu einer hohen Sonettkultur, aber die wirklich großen Sonettisten waren noch nicht durch diese Schule gegangen; und eines Tages hatte sich das Sonett dann überlebt. Seither waren gewisse Skrupel gegenüber solchem Tun zumindest nicht unberechtigt. Dichten wie SCHILLER oder CHÉNIER konnte man ja wohl kaum mehr lehren und lernen. So griffen die Schulen etwa im 19. Jahrhundert zu einer List: Man ließ die Schüler Verse in einer toten Sprache schreiben, lateinische Hexameter, in der – auch nicht unberechtigten – Hoffnung, dass aus dieser Übung sich ein Empfinden für Dichtung überhaupt einstellen würde.[1] Aus Amerika kam in unseren Jahrzehnten die Praxis des *creative writing* herüber. Sie hat zweifellos in den Händen begabter Pädagogen gute Ergebnisse gezeigt und hätte bei uns in Europa mehr Aufgeschlossenheit verdient. Doch eine leise Skepsis darf auch hierbei nicht unterdrückt werden: Große Autoren sind daraus kaum hervorgegangen, ebenso wenig wie aus der traditionellen Ausbildung der Philologie. Den Lästerzungen zum Trotz darf man indessen behaupten, dass literaturwissenschaftliche Ausbildung literarische Talente nicht notwendig an der Entfaltung behindert und dass auch literarische Lehrtätigkeit mit dem Schreiben nicht völlig unvereinbar ist. In Frankreich sind MARCEL JOUHANDEAU, PASCAL LAINÉ und andere dafür Zeugen.

---

1 Rimbaud beherrschte in der Schule den lateinischen Versbau so gut, dass er regelmäßig die Aufgaben seiner Klassenkameraden mit erledigte.

② Zwei Arbeitsvorschläge

Prämissen

Nach diesem Umblick hier zwei praktische Vorschläge für die Arbeit in Einführungskursen, wie sie an unseren Universitäten üblich sind. Sie sind keineswegs die einzig denkbaren: Was für sie spricht, ist lediglich, dass sie lange erprobt worden sind und dass sie einen Typ von Einführungsarbeit zu vermeiden suchen, der sich als eher unerquicklich erwiesen hat: das Erarbeiten von „Thesenpapieren" etwa zu bestimmten Epochen. Diese ganz fälschlich so genannten Papiere (sie formulieren ja gar keine Thesen, dazu sollen doch erst die Voraussetzungen geschaffen werden) begehen immer erneut die Sünde aller Sünden, die da heißt: Literatur aus zweiter Hand übernehmen.

1 Werkanalyse

Konzeption

Der erste Vorschlag betrifft eine schriftliche Hausarbeit, wie sie in jeder Einführungsübung geschrieben werden sollte, als Vorübung für eine spätere Seminararbeit. Er geht – gut rousseauistisch – davon aus, dass der Anfänger eine Neugier mitbringt, dass er ein Literaturwerk näher kennen lernen möchte, das ihm schon einmal flüchtig begegnet ist. Dieser Elan soll genützt werden. Im Sinne des in Kap. 3 dargelegten Dreiecksverhältnisses *Buch – Kritik – Ich* *(s. S. 25)* verfolgt diese Arbeit also einen dreifachen Zweck:

Sie soll den Anfänger zur intensiven und vollständigen Lektüre eines literarischen Werkes in der Originalsprache anregen. Die Auswahl dieses Werkes soll ihm – das ist wichtig – weitestgehend freigestellt sein (nahe liegend, aber nicht zwingend: aus dem 20. Jahrhundert).

Sie soll ihm die Gelegenheit geben, erste Erfahrungen mit einer literaturkritischen Untersuchung zu machen.

Sie soll ihn zu einer persönlichen Stellungnahme und eigenen Urteilsbildung zu dem literarischen Werk wie zur Literaturkritik anhalten.

Daraus ergibt sich folgender **Gliederungsvorschlag**, der im Einzelnen abgeändert werden kann:

Darstellung

Présentation des ausgewählten Werkes. Dazu gehört vorab die Angabe von Zeit und Ort der Veröffentlichung des Werkes, sowie ggf. seiner Übersetzung(en) ins Deutsche, weiterhin besondere Entstehungsumstände, allgemeine Bedeutung im Gesamtwerk des Autors und in seiner Zeit (ob Erstlingswerk, Bestseller, auf dem Krankenbett geschrieben, postum veröffentlicht usw.). Sodann soll das Werk in seinen großen Linien charakterisiert werden; diese Charakterisierung soll von der Frage nach Ziel und Absicht des Werkes und den dazu eingesetzten Mitteln geleitet werden. Also keinesfalls eine detaillierte Aufzählung des „Inhalts", vielmehr das **Was** nur so weit berücksichtigen, als es für das **Wozu** und das **Wie** erforderlich ist (das schließt die exemplarische Erwähnung konkreter Einzelheiten und selbst das Anführen kurzer Textstellen im Wortlaut nicht aus). Teilziel ist hier, eine erste Abstandnahme und einen Ansatz zu begrifflich klassifizierender Beschreibung anzuregen, nach Art der in Kap. 3 vorgeführten Werkanalyse.

Wiedergabe *Résumé* einer Arbeit – besser noch zweier Arbeiten, etwa einer deutschen und einer französischen – aus der kritischen Literatur, die sich mit dem Werk befasst. Dazu wählt man sich auf dem in Kap. 3 („Suchtechnik") beschriebenen Weg einige Publikationen aus und entscheidet sich nach summarischer Lektüre für eine oder zwei davon. Die Wiedergabe soll sodann unter der Leitfrage erfolgen: Welche Frage(n) hat der Verfasser an das Werk gestellt, sei es implizit oder explizit; zu welchen Antworten, Ergebnissen, Schlüssen ist er gelangt? Teilziel ist hier, mit der Vielfalt wissenschaftlicher Arbeitsweisen an ersten Beispielen vertraut zu machen und deutlich werden zu lassen, dass Literatur durch ein jeweils bestimmtes Fragen erschlossen werden muss.

**Stellung-
nahme** Die abschließende eigene Stellungnahme ist sehr wichtig: Wie war der Leseeindruck? Wo hat einem das Werk Freude oder Verdruss, Schwierigkeiten oder Erhellung gebracht? Wieweit hat einen der Kritiker überzeugt, befremdet, bereichert? Wo hat er Wesentliches übersehen? Kritik an der Kritik sollte stets von Fairness getragen sein und nicht nur erfolgen, weil es angeblich von einem erwartet wird (die Qualität der Arbeit bemisst sich nicht nach der Zahl der eingangs vernichtend kritisierten Vorgänger ...).

Beispiel Hier ein Beispiel in verkürzter Form:

Darstellung: JEAN ANOUILH (1910–1987), „*Antigone*". – Uraufgeführt am 4. Februar 1944 im *Théâtre de l'Atelier* in Paris in der Regie von ANDRÉ BARSACQ; Erstdruck 1946 in den Editions de la Table ronde (datiert 1945); zitierte Ausgabe: Reclams Universalbibliothek Nr. 9277, hrsg. v. DIETER MEIER, Stuttgart 1988 – Deutsche Übersetzung von FRANZ GEIGER, erstmals erschienen 1946, hier zitiert nach der Ausgabe Frankfurt/M. 1994.

„In Anouilhs Drama, das den antiken Stoff unter den besonderen Verhältnissen der deutschen Besetzung Frankreichs neu gestaltet, geht es um die Konfrontation von Staatsräson und individueller Freiheit, Anpassung an die politischen Zwänge oder Auflehnung im Namen einer moralischen Überzeugung. Der Kompromiß ist dem Vorwurf der Feigheit ausgesetzt, die Revolte dem drohenden Untergang. Für die Zeitgenossen war die Thematik unschwer durchsichtig auf die Entscheidung zwischen Kollaboration und Widerstand. Doch erschöpft sich die Be-

deutung des Stückes nicht mit der einmaligen geschichtlichen Situation ...“

Wiedergabe: Kritische Literatur: G. GOEBEL, „Antigone". In: *Das moderne französische Drama,* hrsg. von W. PABST, Berlin 1971, S. 174–185. – THÉRÈSE MALACHY, „L'Antigone de J. Anouilh: Une déviation du tragique".In: *Romance Notes* 22, 1982, pp. 248–253. *„Wie Gerhard Goebel in seiner Studie schreibt, hat Anouilh ...“* – *„Thérèse Malachy geht die Frage von einer ganz anderen Seite an ...“*

Stellungnahme: *„Meiner Meinung nach ...“*

Lese-vorschläge

Zur Anregung hier eine Liste von zwei Dutzend Romanen der verschiedensten Art seit dem Zweiten Weltkrieg:

Marcel Aymé, *Le Passe-muraille* 1943
Georges Simenon, *Lettre à mon juge* 1947
Boris Vian, *L'Écume des jours* 1947
Jean Cayrol, *Je vivrai l'amour des autres* 1947
Jean Giono, *Mort d'un personnage* 1949
Robert Merle, *Week-End à Zuydcoote* 1949
Alexandre Vialatte, *Les Fruits du Congo* 1951
Julien Gracq, *Le Rivage des Syrtes* 1951
Françoise Sagan, *Bonjour Tristesse* 1954
Henri Michaux, *Misérable miracle* 1956
Louis Aragon, *La Semaine sainte* 1958
Raymond Queneau, *Zazie dans le métro* 1959
Marguerite Yourcenar, *Mémoires d'Hadrien* 1961
Joë Bousquet, *Lettres à Poisson d'or* 1967
Albert Cohen, *Belle du Seigneur* 1968
Bernard Clavel, *Les Fruits d'hiver* 1968
René Barjavel, *La Nuit des temps* 1968
Robert Pinget, *Passacaille* 1969
Marcel Pagnol, *Le Temps des amours* 1977
Georges Pérec, *La Vie, mode d'emploi* 1978
Jean-Marie Le Clézio, *Le Chercheur d'or* 1985
Tahar Ben Jalloun, *La Nuit sacrée* 1987
Marie NDiaye, *En famille* 1990
Nancy Huston, *Instruments de ténèbres* 1996

2 Thematologie

Konzeption

Der Vorteil des ersten Arbeitstyps: Jeder Teilnehmer an dem Einführungskurs hat die Freiheit, das Werk nach eigenem Geschmack auszuwählen. Der Nachteil: Jeder Teilnehmer kennt dann auch nur das eigene Werk. Die Arbeiten eignen sich daher nur bedingt zum Vortrag im „Plenum". Beim zweiten Arbeitstyp, der hier vorgeschlagen werden soll, macht sich dieser Nachteil

 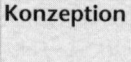

weniger bemerkbar, dafür ist er etwas komplizierter. Er sucht beim Erfahrungshorizont – sowohl im Leben als auch im Lesen – der Teilnehmer einzusetzen und möchte anhand bestimmter Themen, die dem allgemeinen Dasein angehören, das Augenmerk für die Besonderheit des Literarischen schulen. Man kann das also eine literarische *Thematologie* nennen. Der Vorteil: Auch hier besteht die Freiheit der Themenwahl, denn die Liste ist offen und schier unbegrenzt, jedes der Themen dürfte überdies zu Beginn allen Teilnehmern etwa gleichermaßen bekannt sein. Ein weiterer Vorteil des Verfahrens ist die Ausweitung wissenschaftlicher Allgemeinbildung, sowohl inhaltlich als auch in Bezug auf das Aufsuchen von Informationsquellen und Hilfsmitteln. Man könnte sagen, es hat den Charakter einer kleinen wissenschaftlichen Propädeutik, einer „Vorschulung", wie sie früher, insbesondere in Frankreich, ein ganzes Jahr lang zwischen Schule und Hochschule eingelegt wurde.

Besonderheit des Literarischen

Da Literatur nun einmal nicht im luftleeren Raum stattfindet, sondern mit dem Dasein vielfältige Verbindungen unterhält, an einem bestimmten Punkt sich aber doch von allen anderen Formen und Diskursen unwiderruflich und unverwechselbar unterscheidet, ist es sicher ergiebig, sich erst einmal möglichst weitläufig im außerliterarischen Bereich eines Themas umzusehen.[2] Danach wird man die eigentümliche Geschlossenheit eines Literaturstücks, seine Unverwertbarkeit, seine Verbindlichkeit, seine bezwingende Eigengesetzlichkeit, die doch nicht Weltfeindlichkeit bedeutet, kurz: seine *Schönheit* besser einschätzen können, als wenn man Literatur ausschließlich mit Literatur vergleicht. Am besten lässt sich dies wohl an Beispielen verdeutlichen. Wir wählen zunächst das Thema **Fluss** und geben ein thematologisches Modell in geraffter Form.

Modell I

Thematik des *Flusses*

Sprachliches: lat. *fluvius* > frz. *fleuve* (großer Fluss, Strom)
lat. *ripa* (Ufer) > *riparia* > *rivière* (kleinerer Fluss); engl. *river*
lat. **ripus* > span., port. *rio* (Rio de Janeiro – „Januarfluss")
Ableitung: *riverain* – Anwohner (auch an Straßen)
Zusammensetzung: *roman-fleuve* (1930 aufgekommener Ausdruck zur Bezeichnung sehr umfangreicher Romane mit zahlreichen Personen aus mehreren Generationen)
Rhetorisches *Adynaton* (= in der Natur nicht Mögliches): „Eher werden die Flüsse zu den Quellen zurückfließen, als dass ich meine Liebste verriete ..."
Übertragene Bedeutungen: „Quelle", „Lauf", „Delta" usw.

---

2 Zum literaturwissenschaftlichen Begriff *Thema* im engeren Sinn vgl. unten, Kap. 6, S. 109 und 114.

Phänomenologisches:

Objektive Eigenschaft der Sache: Schmale, nach rechts und links nicht begrenzte Wasserfläche.

Zentrales Phänomen: das Fließen, Strömen in nur eine Richtung. Dies ist jedoch nicht die einzige Eigenschaft und in bestimmten Situationen auch gar nicht die wichtigste. Es kann vorkommen, dass ein Fluss scheinbar nicht mehr fließt, sondern stagniert (Beispiel Loire, Arno) oder dass er nicht mehr als schmale lang gezogene Wasserfläche erscheint, sondern breit, meerähnlich, vielleicht weil er über die Ufer getreten ist o. Ä.

Fluss nennen wir es aber immer noch, auch wenn ganz andere Aspekte vorherrschen.

Aktive Werte:

- Das Trennende, das Gefährliche (wie in SCHILLERS Ballade *„Die Bürgschaft"*)
- Die Nutzbarkeit (Flöße, Schiffe, Energiegewinnung)
- Wasser- und Nahrungsspender: Fische, Lössschlamm (Voraussetzung für Kulturen wie die ägyptische)
- Sakraler Wert; Ort der Reinigung, *lustration* (Ganges)
- Mythische Belebung (Flussgötter; Nymphen, Najaden, Nixen; Totenfluss: Styx, Acheron)
- Geologische Bedeutung (Urstromtäler)
- Siedlungs- und Stadtkultur (die meisten Städte liegen an Flüssen), Handelswege
- Militärischer Wert: hinderlich für Angreifer, schützend für den Angegriffenen (Beisp. Besançon)
- Historische Bedeutung: Rubikon, Beresina, Somme, Marne ...
- Politische Bedeutung: Fluss als „natürliche" Grenze (Rhein, Oder-Neiße)
- Ökologische Bedeutung (Zivilisations-, Industriekloake, *pollution*).

Kontemplative Werte:

Von allen diesen *aktiven* Werten ist ein *kontemplativer* Wert abzuheben: Fluss als „Bild" für einen „Sinn", etwa das Verfließende, Vergängliche, das „in Fluss" Befindliche; Materialisierung, Verräumlichung der Zeit; ermöglicht das *Vorstellen* von Zeit. Berühmte Aussprüche von HERAKLIT (550–480 v. Chr.; griechischer Philosoph vor SOKRATES): „Alles fließt" (*panta rei;* von GOTTFRIED BENN verspottet: „Philosophie der Flusspferde" ...) und „Zweimal kannst du wohl nicht in denselben Fluss steigen".

Dichtung:

In der Literatur ist der Fluss ein häufiger Gegenstand, etwa bei dem Bosnier IVO ANDRIC, *„Die Brücke über die Drina"* (1945), dem Sowjetrussen SCHOLOCHOW, *„Der stille Don"* (1928–40; möglicherweise von einem anderen Autor) oder dem Italiener RICCARDO

BACCHELLI, „Il mulino del Po" (1938–40), allesamt breit dahinströmende Epen. Das bekannteste französische Werk ist VICTOR HUGOS „Le Rhin" (1842), eine Reisebeschreibung in Briefform, in der übrigens ein Aufruf „à l'union de la France et de l'Allemagne" formuliert ist: „Cet admirable fleuve laisse entrevoir à l'oeil du poète comme à l'oeil du publiciste, sous la transparence de ses flots, le passé et l'avenir de l'Europe" (Préface). Das schönste poetische „Flussstück" ist aber unbestreitbar APOLLINAIRES Gedicht „Le Pont Mirabeau", das 1912 entstanden ist:

Sous le pont Mirabeau coule la Seine	Unterm Pont Mirabeau fließt die Seine [dahin
Et nos amours	Unsre Liebe auch
Faut-il qu'il m'en souvienne	Ist Erinnern Gewinn
La joie venait toujours après la peine	Aus traurigem Sinn wird fröhlicher Sinn
Vienne la nuit sonne l'heure	Komm Dunkel Stunde eile
Les jours s'en vont je demeure	Die Tage gehn ich verweile
Les mains dans les mains restons face à face	Aug in Aug lass uns bleiben und Hand [in Hand
Tandis que sous	Ach unter der Brücke
Le pont de nos bras passe	Der Hände schwand
Des éternels regards l'onde si lasse	Die Welle von ewigen Blicken verbrannt
Vienne la nuit sonne l'heure	Komm Dunkel Stunde eile
Les jours s'en vont je demeure	Die Tage gehn ich verweile
L'amour s'en va comme cette eau courante	Die Liebe vergeht wie der Strom der wogt
L'amour s'en va	Die Liebe vergeht
Comme la vie est lente	Wie das Leben stockt
Et comme l'Epérance est violente	Wie heftig die Hoffnung uns hinreißt [und lockt
Vienne la nuit sonne l'heure	Komm Dunkel Stunde eile
Les jours s'en vont je demeure	Die Tage gehn ich verweile
Passent les jours et passent les semaines	Die Tage gehn hin und die Wochen [gehn hin
Ni temps passé	Vorbei ist die Liebe
Ni les amours reviennent	Nun Zeit verrinnt
Sous le pont Mirabeau coule la Seine	Unterm Pont Mirabeau fließt die Seine [dahin
Vienne la nuit sonne l'heure	Komm Dunkel Stunde eile
Les jours s'en vont je demeure	Die Tage gehn ich verweile

Diese Elegie über den Lauf der Liebe, der dem Lauf des Flusses gleicht, macht aus einer gänzlich unpoetischen Brücke in Paris, flussabwärts Richtung Auteuil gelegen, einen einmaligen poetischen Ort *über den Wassern*. Man weiß erst seit kurzem, dass Strophenform und Rhythmus in ihrem strengen Gleichmaß nicht originell sind, vielmehr eine genaue Nachahmung einer *chanson de toile*, eines Spinnerliedes aus dem 12. Jahrhundert darstellen, das APOLLINAIRE in einem Lesebuch des Altfranzösischen gefunden hatte.[3] Und nichts steht der Annahme entgegen, dass er auch diese Verse des jung verstorbenen Dichters JEAN-FRANÇOIS SARASIN aus dem 17. Jahrhundert gekannt hat:

> *Comme avecque grand bruit le Rhône plein de rage,*
> *Soulevé par les vents ou grossi par l'orage,*
> *Vient, et traîne avec soi mille flots courroucés:*
> *L'onde flotte après l'onde et de l'onde est suivie.*
>   *Ainsi passe la vie,*
> *Ainsi coulent nos ans l'un sur l'autre entassés.*[4]

Mit entsprechenden Abwandlungen lassen sich dergleichen thematologische Untersuchungen zur Besonderheit des Literarischen und Poetischen gerade von Anfängern Gewinn bringend durchführen.[5] Natürlich bedarf es dazu einiger Hilfestellung von Seiten des Übungsleiters, insbesondere was das Aufsuchen der literarischen Texte betrifft.

Nachschlagewerke

Nachstehend die wichtigsten Nachschlagewerke, deren jeweiliger Nutzen im Verlauf solcher Suche deutlich wird:

■ **Wörterbücher:**
– einsprachig:
  frz.: *Grand Larousse, Grand Robert, Trésor de la Langue Française*
  dt.: *Wahrig, Duden, Grimm, Dornseiff, Paul*
  engl.: *Oxford English Dictionary.*
– zweisprachig:
  frz.-dt.: *Langenscheidt, Grappin, Pons*
  lat.-dt.: *Georges*
  lat.-frz.: *Gaffiot.*
– etymologische Wörterbücher:
  frz.: *Bloch-Wartburg*
  dt.: *Kluge.*
– Das schon erwähnte *Dictionnaire historique de la langue française* von ALAIN REY.
– Synonymen-, Antonymen-, phraseologische und idiomatische Wörterbücher.

■ **Enzyklopädien:**
– frz.: *Grande Encyclopédie Larousse, Encyclopedia Universalis*
– dt.: *Brockhaus, Meyer.*

- **Themenlexika:** ELISABETH FRENZEL, *Motive der Weltliteratur,* 4. Auflage, Stuttgart 1992.
  HORST S. und INGRID G. DAEMMRICH, *Themen und Motive in der Literatur,* 2. Auflage, Tübingen 1995.
  B. LECHERBONNIER u. a., *Littérature XXᵉ siècle,* Nathan 1989: „Index thématique" S. 871.
- **Bibliographien:** vgl. Kap. 3 (hier sind die elektronischen Suchmittel besonders hilfreich).
- Zu allem, was mit Sitten und Gebräuchen *(us et coutumes)* zu tun hat, bietet die dreibändige, von JEAN POIRIER herausgegebene *Histoire des mœurs* in der *Encyclopédie de la Pléiade* reichhaltiges Material.

Themenvorschläge

Aus der prinzipiell unbegrenzten Liste von Thmene, die in Frage kommen, hier noch einige interessante:

Banal	Instrument	Reinheit
Begeisterung	Klage	Reue
Bewegung	Körper	Spannung
Bild	Krankheit	Spiegel
Charta	Kritik	Staunen
Ehebruch	Lobpreis	Symmetrie
Eifersucht	Mass	System
Einfachheit	Mord	Titel (Überschriften)
Eleganz	Nichts	Tor (Pforte)
Elite	Obszön	Total (ität)
Episode	Paradies	Trivial
Faszination	Paradox	Verweigerung
Gabe/Geschenk	Perspektive	Verschleiß
Gesetz	Privileg	Volk
Human	Rausch	Wissen
Ideal	Regel	Zweifel
		...

Modell II

Eros oder: Grundwissen Erotische Literatur

Sprache: APOLLINAIRE (1880–1918) war nicht nur ein äußerst sensibler Schriftsteller, sondern auch ein großer Freund erotischer Literatur. Das ist in Frankreich nichts Seltenes, ja man kann sagen, es ist die Regel, von der es gar nicht sehr viele Ausnahmen

---

3 Näheres in der Anthologie *Französische Dichtung,* Bd. 4 (1990:462).
4 Hier zitiert nach dem *Discours sur les Œuvres de Monsieur Sarasin* (1656) von Paul Pellisson, ed. A. Viala, Toulouse 1989, p. 60 (übrigens einer der vielen Hinweise darauf, wie verfehlt es ist, moderne Lyrik in Frankreich losgelöst von der Tradition zu betrachten).
5 Ein analoges Beispiel für Kunstwissenschaftler wäre das Thema **Kreuz**: optisch, geometrisch, räumlich, städtebaulich, symbolisch, ikonographisch, ikonologisch; Kreuzspinne, Koordinatenkreuz, Fadenkreuz, Kreuzverhör, Kreuzweg, Kreuzkirche, Kreuzigung.

gibt. Der kleine dialektische Winkelzug gehört zur Natur der Sache, ist diese Natur doch nun einmal durch und durch ambivalent oder „zweideutig". Die Schranke, die errichtet werden muss, um wieder aufgehoben zu werden, der Schleier, der übergeworfen wird, um wieder weggezogen zu werden, die Hülle, die im Verhüllen enthüllt, das Verzögern, das den Eintritt des Verzögerten zu steigern sucht, das Umschreiben, das im Nicht-Nennen das Umschriebene nur um so wirkungsvoller nennt, das ernsthaft Notwendige, das umspielt werden möchte, all das macht sie ja aus, die *condition humaine*. Da ist beständig Phantasie und Einfallsreichtum gefragt, Verschieben und Vertauschen, Ersetzen des Eigentlichen durch das Uneigentliche. Das Eigentliche ist nur die Handlung selbst, das *actum,* der ganze Rest ist *Literatur.* Die Sprache selbst hat für unsere Zeugungsorgane nie eine eigentliche Bezeichnung hervorgebracht wie für Kopf, Hand oder Zehe, es sind vielmehr Umschreibungen, Ersetzungen, Metaphern, man denke nur an das Wort *Scham.* Insofern sind Geschlecht und Eros geradezu der Wurzelgrund des Literarischen.[6] Die Franzosen aber waren in der literarischen Erotik jahrhundertelang die Einfallsreichsten.

Literatur: Der berühmteste Vorfall einer Verführung durch Literatur steht bei DANTE (1265–1321). Eine junge Frau, verheiratet, hatte sich mit ihrem Schwager eingelassen, welcher ebenfalls verheiratet war. Der wandernde DANTE begegnet den beiden, Paolo und Francesca, wie sie im Zweiten Kreis der Hölle, der den *lussuriosi,* den Sündern im Fleische, bestimmt ist, für ihr Vergehen büßen. Da es sich um historische Personen handelt, Angehörige des Adels aus Rimini, wissen wir, dass sie, vom Ehemann *in flagranti* ertappt, mit einem einzigen Schwertstreich getötet wurden und ihnen keine Zeit zur Reue blieb. Bemerkenswert für uns ist hier nun zweierlei. Zum einen wird der Höllenwanderer DANTE zu höchstem Mitleid gerührt, weil ihn Francesca im *dolce stil novo* anredet, in jener Liebessprache des späten 13. Jahrhunderts, die aus der südfranzösischen Minnelyrik nach Italien gelangt war. Zum andern aber erfährt er, dass bei dem Vorfall ein Verführer mit am Werk war, und dieser Verführer war diesmal keine Schlange, sondern ein französisches Buch, das die beiden sich vorlasen:

Wir lasen eines Tages mit Vergnügen
von Lanzelot und wie die Liebe ihn ergriff.

Das nun ist die Geschichte vom „Karrenritter" Lanzelot, einem der Ritter aus König Arthurs Tafelrunde, wie sie CHRÉTIEN DE TROYES in einem Versroman von 1181 erzählt hatte und wie sie in einer Prosafassung von 1225, ein knappes Jahrhundert vor DANTE, in ganz Europa Verbreitung fand. In dieser Erzählfassung hatte Arthurs Gemahlin, Königin Guenièvre, den in scheuer Verehrung vor ihr verharrenden Lanzelot durch einen langen Kuss ermutigt und seine Leidenschaft entfacht. Das Treffen zwischen der Königin und dem zum Liebesdienst entschlossenen Ritter war durch einen gewissen Galehaut oder Galahot herbeigeführt worden.

Et la roine voit que li chevaliers n'en ose plus faire, si (= ainsi) le prent par le menton et le baise devant Galahot assés longuement.[7]

Deswegen lässt DANTE, die Kenntnis des Buches bei seinem Leser voraussetzend, Francesca sagen: *„Galeotto fu il libro"* – Anstifter war das Buch. War dies schon eine *galant* zu nennende Stilfigur,[8] so schließt Francesca ihren traurigen Bericht mit einer Wendung von französischer Eleganz, wie man getrost sagen kann. Nachdem sie in dem Buch von dem Kuss gelesen hätten, habe Paolo da Malatesta sie „ganz zitternd" geküsst und ..: *An diesem Tage lasen wir nicht weiter.[9]*

Schlüssel-
wörter

Natürlich war *eleganza* auch in Italien hoch entwickelt, und die Grundbedeutung des Wortes *elegantia* war bereits im Lateinischen vorhanden, nämlich: „gewählt" (zu lat. *eligere*), „ausgesucht", „fein", „geschmackvoll" u. Ä. Doch den charakteristischen, nicht ersetz- und nicht übersetzbaren Wert, den jeder spürt und keiner erklären kann, hat das Wort, ähnlich wie *galant* (das aus dem Germanischen stammt), erst im Rahmen der französischen Kultur und insbesondere der Liebeskultur angenommen. In seiner Untersuchung der Schlüsselwörter der französischen Kultur, betitelt *„Der Geist der französischen Sprache"* (vielleicht das schönste Buch über Frankreich, das die deutsche Romanistik hervorgebracht hat), schrieb MARIO WANDRUSZKA: „Keck, kühn, schneidig, unerschrocken, gewandt, findig, witzig, schmuck, artig, prächtig, das alles ist in der *galanterie* enthalten."[10] Das Elegante und das Galante verschmelzen unauflösbar mit dem Erotischen.

---

6 Eine lange Reihe von *Katachresen* (vgl. Kap.9, S. 165: „Gedankenfiguren"): Griech. *phallos,* das die Dionysoskulte aufnahmen, bedeutet „Pfahl"; lat. *penis,* das die Anforderung an wissenschaftliche Neutralität der Medizinsprache zu erfüllen scheint, bedeutet „Schwanz" als Verlängerung der Wirbelsäule und ist so betrachtet eine recht unglückliche Metapher; das gleiche gilt für *vagina,* „Scheide", ein Bild der Verlegenheit, überdies unsymmetrisch, denn von *gladius* bzw. „Schwert" zu sprechen gilt keineswegs als neutral, außerdem ein unsäglich falsches Bild, denn ein Schwert wird bekanntlich in die Scheide gesteckt, um darin zu ruhen und unschädlich zu sein. Lat. *futuere,* vulgärlat. *futtere,* das zu frz. *foutre* geführt hat, bedeutet „stoßen" (die Etymologie ist unsicher, vielleicht zu griech. *phyteuo* – „pflanzen"); lat. *vectis* bedeutet nur „Hebel", „Stange" und wurde erst im Altfrz. *vit* metaphorisiert; die Bedeutung von lat. *cunnus* blieb zwar konstant bis frz. *con,* doch wird das Wort in den lateinischen Lexika als „poetisch" gekennzeichnet; das deutsche Wort das *Gemächte* kommt ganz unmittelbar von „Macht", und selbst das Wort *Geschlecht* ist eine Entlehnung aus der Obstbaumzucht; lat. *coitus,* dt. Beilager, frz. *commerce,* engl. *intercourse* sind samt und sonders Umschreibungen usw.– Die reinste Metaphorik ist noch immer die vom „Pflügen" und von der „Furche", doch ist sie rein poetisch.

7 *Lancelot en prose,* ed. A. Micha, tome VIII, 1982, p. 115 (1973 von Robert Bresson verfilmt).

8 Eine Form der Antonomasie (siehe Kap. 9).

9 Dante Alighieri, *Die göttliche Komödie,* Teil I: *Die Hölle* (entstanden zwischen 1304 und 1309), Gesang V, Vers 138. – Im Pariser Musée d'Orsay hängt eine spätromantische Darstellung von Alexandre Cabanel (1870).

10 Wandruszka (1959:90). – Vgl. auch den Artikel *galanterie* von A. Viala in: DIL (1994).

Eleganz	Allgemein ist das Elegante das, was uns die kleine Mühsal des Daseins vergessen lassen will. Eleganz, das ist der eine kühne Schwung, die eine gekonnte Linie, die eine sichere Geste, mit denen ungezählte Hindernisse überwunden werden. Am deutlichsten ist dies in der Mathematik, die bekanntlich ihren ganzen Ehrgeiz dareinsetzt, elegante Lösungen zu finden, die sie dann *Gesetze* nennt und als dauerhaft gültig ansehen kann.
Eros und Eleganz	Lockung und Fernhalten, Anziehung und Abstoßung, Öffnung und Schutz, Werbung und Respekt, all das ist die Aufgabe oder die Leistung der *Eleganz*. Reiz, Anmut, Gefälligkeit sind auf schwer ergründliche Weise auch schon in der natürlichen Lebenswelt anzutreffen, doch als Technik des In-der-Schwebe-Haltens vom Menschen intensiv weitergepflegt worden. Der Hüftschwung, der lang fallende Rock, die modellierte Körperform, die Haartracht, das alles setzt sich über so manche mühselige Einzelheit hinweg und erzeugt den schönen Schein, den schönen Schock, den wir Menschen suchen und brauchen und der gerade nicht – oder nur ganz selten – von der Nacktheit ausgeht, sondern aus der Andeutung, Anspielung, Abbildung, Nachformung, der wie auch immer analogen Transposition kommt. Dafür sind gewiss, jede auf ihre Art, Skulptur und Mode zuständig, aber immer hat man sich daran auch mit Worten versucht.
Frankreich	Es ist schwierig zu sagen, warum gerade Frankreich dies jahrhundertelang am besten gekonnt hat. Jedenfalls ist die Vielfalt der Register dort seit dem Mittelalter am größten gewesen, hatten die umliegenden Länder, ja selbst weit entfernte, stets den Blick auf dieses Land gerichtet, um zu erfahren, wie man es dort hielt, hat man die französische Sprache oft nur deshalb erlernt, weil es in ihr so viel darüber zu erfahren gab. Die Technik des In-der-Schwebe-Haltens gewann natürlich vor allem in dem Maß an Bedeutung, wie die Erhaltung der Spezies allgemein, im Besonderen aber die Bewahrung bestimmter, vornehmlich von materiellem Besitz gekennzeichneter Gesellschaftsformen diverse Schranken und Verbote haben entstehen lassen.
Fin'amor	Die eigentümlichste, vielleicht auch folgenreichste Art und Weise, wie Frauen, jedenfalls hoch gestellte, das Sechste Gebot für sich erleichtern und Männer sich ihre Träume vom Umgang mit solch hoch gestellten Frauen ein Stück weit erfüllen konnten, war die Theorie und Praxis der *fin'amor*. In der Liebeslyrik Südfrankreichs entwickelt und bald schon auf die epische Ritterdichtung Nordfrankreichs übertragen, verfolgte die *fin' amor* den Gedanken, die Beziehung zwischen Mann und Frau nach dem Vorbild des Feudalwesens zu stilisieren. Die Dame wurde so zum Lehnsherrn, ihr Liebhaber zum Vasallen, der sie mit *Mi dons (= dominus)* an-

sprach, es entstanden der *service amoureux,* der Liebesdienst, der Kult der *domna,* und poetische Leitvorstellungen wie *joy* und *jovens,* Freude und Jugend. Der Liebende durchlief verschiedene Stadien und Proben: *fenhedor,* wo er von der Geliebten nur träumen, *precador,* wo er um Erhörung bitten, die Dame ihn noch bis zu dreimal abweisen durfte, *entendedor,* wo er, kniend und mit gefalteten Händen, den Kuss bekam, der seine Anerkennung als *amoureux servant* bzw. *chevalier servant* besiegelte (das war es, wovon Paolo und Francesca im „*Lancelot"* gelesen hatten). Das bedeutete, er hatte weiterhin *mezura,* Beherrschung, zu zeigen, durfte bei Episoden des An- oder Auskleidens der *domna* zugegen sein, sie dann auch in Augenblicken der Nacktheit bewundern; bewährte er sich auch hierbei, wurde ihm verstattet, das Nachtlager mit ihr zu teilen, auch Zärtlichkeiten auszutauschen; vergaß er sich darüber und drängte zum *fag (<factum),* war alles zu Ende, und er wurde der *fin'amor* für unwürdig erklärt; vermochte er sich zu zügeln, wurde er wieder nach einer Weile schließlich zum *drut,* zum körperlich Liebenden zugelassen. Eine einmalige Schule der Erotik, dieses Hinauszögern der sexuellen Zusammenkunft, bei der die Frau ganz und gar den Takt vorgab und der Mann sich der Verzückung seiner Gefühle hingeben konnte und musste.[11] Im Jahre 1227 hat ANDRÉ LE CHAPELAIN (ANDREAS CAPELLANUS), Priester und Kaplan der Gräfin MARIE DE CHAMPAGNE, die an ihrem Hof in Troyes zahlreiche *trouvères* (die nordfranzösische Entsprechung zum *trobador)* versammelte, in einem lateinisch geschriebenen Traktat *De amore* die Liebestheorie der Zeit niedergeschrieben.

Folastries

Zur gleichen Zeit boten die **Fabliaux** (Schwankerzählungen in Versen) und die **Farces** (komische Zwischenspiele auf dem Theater) das Thema in derberer, oft auch obszöner Form dar. Die Annahme, es sei dies *la poésie des petites gens* gewesen, hat sich als unrichtig erwiesen: *Fabliaux* und *Farcen* waren bei allen Schichten beliebt, einschließlich der Fürstenhöfe. Zur Zeit der Renaissance waren bei den Poeten die *Blasons du corps féminin* sehr geschätzt, die mit der liebevollen Ausführlichkeit einer Wappenbeschreibung *(blason)* die Reize des weiblichen Körpers Teil um Teil in Verse fassten. Die junge Dichtergruppe der *Pléiade* (16. Jahrhundert) schrieb mit Vorliebe erotische *Gaietés* und *Folastries,* der bedeutendste unter ihnen, PIERRE DE RONSARD (1524–1585), brachte Sonette zu Ehren des männlichen Gliedes oder der weiblichen Scham zustande, die seinen Liebessonetten dichterisch in keiner Weise nachstehen:

---

11 Siehe: Nelli (1963).

Lance au bout d'or, qui sais et poindre et oindre,
De qui jamais la roideur ne defaut,
Quand en camp clos bras à bras il me faut
Toutes les nuits au dous combat me joindre
…
Donq, si tu es l'instrument de bon heur
Par qui l'on vit, combien à ton honneur
Doit on de vœus, combien de sacrifices?

und:

Je te salue, ô vermeillette fente,
Qui vivement entre ces flancs reluis;
Je te salue, ô bienheuré pertuis
Qui rends ma vie heureusement contente.
…
Tous vers galans devaient pour t'honorer
A beaus genous te venir adorer,
Tenans au poin leurs flambantes chandelles.[12]

Priapismus

Nicht ganz so eindeutig steht es mit FRANÇOIS RABELAIS (ca. 1494–1553). Seine Riesenspäße, sein *pantagruélisme*, sind gewiss amüsant und befreiend, zugleich aber betrüblich unelegant, da rechte Männer-Enormitäten, dachte doch der respektlose Humanist arg verächtlich von den Frauen, wie denn leider das Humanistenmilieu vielfach einen frauenfeindlichen Unterton kennt. Allzu oft meinte das *Humanum* nur das *Menschliche* im Manne; ungezählte Erotica in illustrem Latein gingen auf Kosten der Frauen, allzu oft trat *Priapismus* an die Stelle der *galanterie*.

Libertinisme

Unter dem Druck von Reformation und Gegenreformation (16. Jh.), deren Rivalität sich im Felde der Sexualmoral restriktiv auswirkte, bekam die erotische Eleganz in Frankreich einen Zug ins Zynische. Es ging nun in erster Linie um das Abschütteln der Herrschaft von *hypocrites, prudes, bigots*, also Sexmuffeln. *Hypocrites*, Heuchler, wurden von 1664 an auch *Tartuffes* genannt, nach der Titelgestalt von MOLIÈRES satirischer Komödie, gegen die seine bigotten Gegner, die *collets montés*, noch ein Verbot erwirkten, das auch LUDWIG XIV., der, zumindest als junger Monarch aller Eleganz zugetan, den *Tartuffe* favorisiert hatte, erst nach fünf Jahren aufheben konnte. Zum erbittert-boshaften Widerpart der *pruderie* wurde der *libertinisme*, der im 17. Jahrhundert keineswegs ungefährlich war und daher seine eifrigsten Anhänger in den Reihen des höheren Adels fand, wo das Risiko geringer war. Alle erotische Literatur seither ist der fortwährende Versuch, auszuprobieren, wie weit man *zu weit gehen* kann – *„jusqu'où l'on peut aller trop loin"*, wie COCTEAU gerne sagte. Das muss natürlich keineswegs immer elegant geraten, möchte oder sollte aber doch vorzugsweise witzig sein. Für den weiten Bereich des Anzüglichen (der bekanntlich immer genau so schmutzig, genau so harmlos, genau so sublim ist wie die Seele schmutzig, harmlos oder sublim ist) hat das Französische denn auch eine ungewöhnliche Fülle von Ausdrücken parat: von *leste, coquin, malicieux* über *grivois, polisson, gaillard* bis zu *salace, paillard, grossier* und *cochon,* klassisch zusammengefasst in dem Begriff *licence,* Adjektiv *licencieux,* von lat. *licet* – „es ist erlaubt", einem Begriff, der aber – da ist erneut der Winkelzug – gerade nicht das meint, was erlaubt ist, sondern was man sich erlaubt hat, denn immer muss der Mensch, wenn er mit dem, was ihn zum Menschen macht, seiner Sprache, über das sprechen will, was noch Tier in ihm ist, sich erst *etwas erlauben,* ein natürliches Sprechen darüber gibt es eben per definitionem nicht. Der französische Mensch allerdings, so der Eindruck, hat darüber immer besonders viel sprechen wollen und sich daher auch besonders viel erlaubt.[13] Ein großer Teil dessen, was man im 17. Jahrhundert das **Preziöse** genannt hat, aber ebenso die so genannte **klassische Dämpfung** (LEO SPITZER), ist denn auch der Versuch, das Anstößige zu sagen, aber so zu sagen, dass ihm das Anstößige weitestgehend genommen ist und niemand in der Runde sich betreten oder erniedrigt fühlen muss. Diese von den Salons bestimmte Sprechpraxis ist zweifellos ein hoher Punkt auf der kulturellen Skala gewesen, den andere Völker und Zeiten nicht erreicht haben. Mit JEAN-JACQUES ROUSSEAU (1712–1778) geriet die Literatur – später Triumph puritanischer Zensur – unter den Druck der **Ehrlichkeit,** der *sincérité,* und man berichtet nun von angeblich verbotener Selbstbefriedigung *(masturbations* von lat. *manus + turbare* oder *stuprare,* in vulgärem Französisch *branler)* nicht mehr dem Beichtiger, sondern den Seiten der literarischen *„Confessions".* Trotzdem bleibt die Erwartung an Eleganz bestehen. Sie bleibt sogar beim Marquis DE SADE (1740–1814) bestehen, bei dem die wüstesten Phantasien sexueller Quälerei sich nur einem Gebot beugen, dem des stilistischen Raffinements, und ein HIERONYMUS BOSCH mit der Feder VOLTAIRES schreibt. Das Alleinsein bekommt der Sexualität bekanntlich nicht gut, das Eingekerkertsein (wie im Falle des Marquis) erst recht nicht, und so feiert die gerade erst aufklärerisch zurückgedrängte christlich-mythische Höllenvorstellung als Hölle der Sexualität fröhliche Urständ, uns zum Nachdenken darüber einladend, ob nicht alle vom Menschen erdachte Hölle immer etwas mit der Unfreiheit des Geschlechts zu tun gehabt haben

---

12 Pierre de Ronsard, *Œuvres complètes,* ed. G. Cohen, Bibl. de la Pléiade, vol. II, 1950, p. 775.
13 Siehe: Guiraud (1993).

mag. Die zahlreichen Fortsetzer SADES in Frankreich (zur Gegenwart hin zunehmend in den Vereinigten Staaten) lassen diese Annahme als gar nicht so abwegig erscheinen. Wenn sie richtig ist, bleibt nur die Frage offen, warum das herrliche Gegenbild, das Paradies, von den Erotikern der Neuzeit so wenig gefeiert wurde, doch das müssen wir dahingestellt sein lassen.

Zensur

Wenn man den Namen *Hölle* für einen gesonderten Raum in den Bibliotheken verwendete (im Deutschen sagte man *Giftschrank),* so geschah dies rein zum Scherz, und der Scherz war ja im Umgang mit dem Sexus nicht die uneleganteste Form, jedenfalls solange er nur auf Kosten der Prüden ging. *L'Enfer de la Bibliothèque nationale* wurde von NAPOLEON eingerichtet, und zwar nicht so sehr, um die Leser vor schlimmen Büchern zu bewahren, als vielmehr, um die Bücher vor schlimmen Lesern zu schützen, solchen, die sie sich unbedingt beschaffen, und solchen, die sie unbedingt vernichten wollten. Das folgende 19. Jahrhundert war eine Zeit, in der sich die Gesellschaft ihrer eigenen Legitimation oft sehr unsicher war, und dies äußerte sich – in Frankreich nicht anders als überall auf der Welt noch heute – in einer verschärften Zensurtätigkeit, am heftigsten während des Zweiten Kaiserreichs unter NAPOLEON III., das 1857 die Prozesse gegen BAUDELAIRES *„Fleurs du Mal"* und FLAUBERTS *„Madame Bovary"* anstrengte. 1865 verurteilte es RONSARDS *„Folastries"*. Armselige Zeit. Für dergleichen Prüderie hatte HEINRICH HEINE die angemessenen Worte gefunden: „Sie predigten öffentlich Wasser und tranken heimlich Wein".[14]

Beispiel aus dem 19. Jh.

PIGAULT-LEBRUN war ein von NAPOLEON (und später von PAUL VALÉRY) sehr geschätzter Verfasser von erotischen Romanen und Komödien, der in der Zeit der nachrevolutionären Wirren – und ihnen zum Trotz – einen unbekümmert fröhlichen, ebenso pikanten wie eleganten Stil schrieb. Hier eine Probe aus *„L'Enfant du Bordel"*, einem 1800 erschienenen pikaresken Roman, den sein moderner Herausgeber SARANE ALEXANDRIAN einen Hymnus auf die Jugend nennt:

Au milieu de la foule des jolis minois qui m'environnaient, je distinguai particulièrement celui d'une jeune brune de dix-huit ans; jamais oeil plus noir et plus brillant ne para une jolie tête. Enfin, je puis dire sans exagération qu'il était difficile de soutenir l'éclat des yeux de Félicité; grasse, potelée, mais de cet embonpoint qui ne fait que donner plus de volupté à l'ensemble de sa personne; enfin de la tête aux pieds, Félicité étincelait de désirs: c'était la jeune Hébé parée de la ceinture de Vénus.[15]

Ein Roman, der alsbald aus den Regalen der Buchhändler verbannt wurde. *„Gamiani"*, ein anderer erotischer Roman, sehr viel exzessiver in Wollust und Delirium, gelangte gar nicht erst dorthin: 1833 ohne Namen in Belgien erschienen, erreichte er bis zum

Jahrhundertende (als die Zensur stark gelockert wurde) sechs-undzwanzig Auflagen, allesamt klandestin. Sein Verfasser war niemand anders als ALFRED DE MUSSET, der große Romantiker, dessen Bewunderer vielfach nicht glauben mochten, was einem auch heute noch schwer in den Kopf will, wenn man Gedichte wie *„Nuit de mai"* oder Theaterstücke wie *„Lorenzaccio"* kennt. Früh-reif, neurotisch, von Halluzinationen heimgesucht, hatte MUSSET diesen Roman mit dreiundzwanzig Jahren geschrieben, zur glei-chen Zeit wie sein berühmtes Gedicht *„Rolla"*, in dem er sich als *„le plus grand débauché de Paris"* selbst porträtierte, es jedoch bei Andeutungen beließ. Ausschweifung und lyrische Innigkeit konnten in dieser Seele nebeneinander bestehen. Das Erotische kann mithin wie bei PIGAULT-LEBRUN Temperament und Eleganz sein, es kann sich zu Scherz und Tändelei auflockern, es kann aber auch aus abgründigen Tiefen kommen, wo der Mensch nicht mehr derselbe ist. Nur der Schriftsteller ist dort noch immer derselbe.

Das 20. Jahrhundert

Haben die Romantiker in die Tiefen von Traum und Unbewuss-tem hinabgeleuchtet, so sind die Surrealisten in der ersten Hälfte unseres Jahrhunderts unter dem Einfluss SIGMUND FREUDS und vor allem des eingangs erwähnten APOLLINAIRE, großem Kenner des *Enfer,* zu planmäßigen Erforschern dieser Tiefen geworden. Breton und die Seinen: ELUARD, ARAGON, DESNOS, PÉRET, PICABIA und etli-che weitere arbeiteten mit einem ihnen eigenen Pathos und stol-zen Utopismus an der Beseitigung der Barrieren zwischen Erlaubt und Unerlaubt. Ihre besondere Ethik, insbesondere von BRETON gebieterisch verkündet, war dabei getragen von der Verachtung für alles Obszöne, Skatologische und Schlüpfrige, weil – wie sie sagten – bürgerlich. Ihr Ideal nannten sie *konvulsivische Schönheit,* in Wahrheit war es aber eine statuarisch-verhaltene, verschleier-te Schönheit, die sie sich schufen. Von PAUL ELUARD hat man ge-sagt, er habe zwar das Unreine sehr wohl gekannt, seine Lyrik je-doch stets davon frei halten können und sie zu einer *„musique amoureuse si divine"* gemacht, dass er als der MOZART der französi-schen Poesie gelten könne.[16] Hier ein Beispiel daraus:

---

14 Eine gründliche juristische Untersuchung der Zensurpraxis bietet Bécourt (1972) mit einem Katalog der gerichtlich inkriminierten Bücher und Autoren, letztere 101 an der Zahl, darunter Apollinaire, Baudelaire, Barbey d'Aurevilly, Béranger, Diderot, Flaubert, Gautier, die Brüder Goncourt, La Fon-taine, Maupassant, Musset, Rimbaud, Sue, Verlaine und Voltaire. – Vgl. außerdem Minois (1995) und Ory [Éd.] (1997).

15 Alexandrian (1993:41)

16 So in der sehr guten Darstellung von Alexandrian (1989:345). – Vgl. auch Pia (1971) und Fischer (1997). – Die inzwischen längst fällig gewordene Kritik an der „Tyrannei der Lust" und ihren sozia-len Auswirkungen hat mit bestechender Klarheit wiederum ein Franzose formuliert: Guillebaud (1998).

La courbe de tes yeux fait le tour de mon cœur,
Un rond de danse et de douceur,
Auréole du temps, berceau nocturne et sûr,
Et si je ne sais plus tout ce que j'ai vécu
C'est que tes yeux ne m'ont pas toujours vu.

Feuilles de jour et mousse de rosée,
Roseaux du vent, sourires parfumés,
Ailes couvrant le monde de lumière,
Bateaux chargés du ciel et de la mer,
Chasseurs des bruits et sources des couleurs,

Parfums éclos d'une couvée d'aurores
Qui gît toujours sur la paille des astres,
Comme le jour dépend de tes yeux purs
Et tout mon sang coule dans leurs regards.[17]

Was in deutscher Nachbildung vielleicht so lauten könnte:

Der Bogen deiner Augen zieht mir rings ums Herz,
Ein tanzend sanftes, süßes Runden,
Ein Strahlenkranz der Zeit, Wiege zur Nacht und sicher,
Und wenn ich nicht mehr weiß, was alles ich erlebt,
Dann weil sie mich nicht immer angeblickt.

Blätter im Tag und Moos vom Himmelstau,
Windhelles Schilf, duftüberwehtes Lächeln,
Flügel, die Welt mit Lichterschlag bedeckend,
Kähne, drauf ruhn der Himmel und das Meer,
Jäger des Klangs und Quellen aller Farben,

Düfte, entweht aus einer Morgenbrut,
Die auf der Streu der Sterne noch gelagert;
Es kann der Tag nur durch die Unschuld werden,
Die Welt auch nur durch deine reinen Augen,
Und all mein Blut strömt hin in ihrem Blick.

---

17 Aus dem Band *Capitale de la douleur* von 1926. In: Paul Éluard, *Œuvres complètes,* tome 1, ed. M. Dumas und L. Scheler (Bibliothèque de la Pléiade), 1968, p. 196.

6

Methodik

„Je vous dirai franchement que je n'approuve point votre méthode."

(Sganarelle zu seinem Herrn in MOLIÈRES *Dom Juan,* I, 2)

1 Prämissen

Das Methodische

Es war scherzhaft gemeint, aber doch beherzigenswert, als jemand sagte: Eine Methode ist eine Art systematischer Anwendung des gesunden Menschenverstandes. Nur: Was meint „systematisch"? Der Scherz lässt sich auch umdrehen zu: Ein System ist das Ergebnis methodischer Anwendung des gesunden Menschenverstandes.

Methode bedeutet **Nachgehen:** einer Sache nachgehen. Darin steckt ein Bild und ein Gedanke. Das Bild ist der Weg (griech. *hodos),* ein Weg, den ich nach-gehe (griech. *metà),* von mir hier zu etwas dort, etwas, von dem ich zwar weiß, bei dem ich aber nicht bin, das ich erreichen will, von dem mich ein Abstand, ein Hindernis trennt. Der Gedanke ist das **Vorgehen,** die Vorsicht, die Vorüberlegung, das planende Vorbedenken der Schritte, die unternommen werden sollen. Das Methodische entspringt dem Bedenken angesichts der Größe einer Aufgabe, es erwächst aus der Erfahrung des Scheiterns beim ersten Anlauf, aus dem Wunsch, Misserfolge zu vermeiden, zu größerer Sicherheit beim Erreichen des Zieles zu gelangen und zu dem Ansehensgewinn, der damit verbunden ist. Das Gegenteil ist Spontaneität, Unbekümmertheit, Draufgängertum, Leichtsinn, Erfassen im Fluge oder Erobern im Sturm.

Theorie

Eng verbunden damit ist der Begriff *Theorie.* Das griechische Wort *theoria* meint Anschauen, Betrachten, Besichtigen, dann Forschen, Untersuchen, Erkennen (übrigens auch Schaulust, Schaufest, Festspiel). Ist die Theorie eine zusammenhängende gedankliche Betrachtung eines Forschungsgebietes, so ist der Geburtsort des Methodischen die angewandte Wissenschaft. Einfacher: Das Methodische meint überhaupt die Anwendung von Wissen. Methode ist ein *„Wissen, wie".* Medizin, Landvermessung, Kriegskunst natürlich, aber bezeichnenderweise auch Rhetorik waren die häufigsten Felder des *methodos.* Doch erfordert nicht auch jeder Gebrauchsgegenstand bereits die vorausdenkende Zurüstung, ein Schuh, ein Schiff, ein Schornstein? Und vor dem erzeugten Gegenstand steht das Material, das seinerseits planmäßig gewonnen werden will: Gerberei, Verhüttung, Steinbruch. Keine Technik ohne Instrument, kein Erzeugnis ohne geregelte Abfolge von Handlungsschritten, vom Faustkeil bis zur modernen Arbeitsorganisation.

Weg und Ziel

Weg und Werkzeug sind also nicht schon da, sie entstehen, werden hergestellt in der Verfolgung eines Zieles. Über Nutzen und Brauchbarkeit entscheidet der Erfolg. Ist die Krankheit geheilt, die Burg erobert, der Richter überzeugt, war die Methode richtig. Aber kann dieses Verhältnis von Mittel und Zweck, von Planung und Erfüllung, das für das Handeln gilt, auch für das Erkennen gelten? Und im Besonderen für das Erkennen von Erfundenem, von Literatur? Gilt, was für *facta* gilt, auch für *ficta?* Eben weil das zu Erkennende ja noch nicht feststeht, wird das Ergebnis des Erkennens sehr viel stärker von den eingesetzten Mitteln des Erkennens abhängen. Jedenfalls wird man immer gut daran tun, sich bei der Übertragung von Methode auf Geistiges gegenwärtig zu halten, dass man es mit einer Metapher zu tun hat, dass das erkennende Handeln nicht einfach dasselbe ist wie das handelnde Handeln. Der Weg ist das Ziel – diese heute oft zu hörende Sentenz fasst den Sachverhalt ebenso knapp wie fragwürdig.[1]

Descartes

Das Bewusstsein von der Tatsache, dass ein Denkergebnis unvermeidlich davon bestimmt sein muss, wie ich beim Denken vorgegangen bin, noch mehr: welche Fragen ich am Anfang gestellt habe, hat schon recht bald dazu geführt, dass Anleitungen zum methodischen Denken, weit entfernt, fixe Werkzeuge, Schlüssel oder gar Dietriche an die Hand zu geben, zunächst einmal sehr allgemein blieben und vornehmlich Haltungen und Einstellungen beim Umgang mit der Wahrheit herausarbeiteten. Die berühmteste derartige Anleitung stammt von DESCARTES. In seinem *„Discours de la méthode"* von 1637 stellt er im Wesentlichen vier Regeln für den Einsatz des Verstandes auf. Vorab steht noch eine Prämisse, die ungeheuer kühn ist. Sie lautet sinngemäß: Jeder Mensch muss und jeder Mensch kann die Wahrheit durch Einsatz seines Verstandes finden. Das bedeutet einerseits: keine Autoritäten, andererseits: keine Hierarchien. Unnötig hervorzuheben, wie folgenreich eine solche rationalistische Forderung wurde. DESCARTES unterschied auch gar nicht zwischen einer höheren philosophischen Vernunft und dem gesunden Menschenverstand: *„La puissance de bien juger, et distinguer le vrai d'avec le faux, qui est proprement ce qu'on nomme le bon sens ou la raison, est naturellement égale en tous les hommes."* So heißt es gleich in den ersten Sätzen: ein wahrhaft erstaunlicher Idealismus.

Methoden-regeln

Die erste und wichtigste Regel, die DESCARTES nun für sich selber aufstellt, ist die Zurückhaltung, der „methodische" **Zweifel:** *„Ne*

recevoir jamais aucune chose pour vraie, que je ne la connusse évidemment être telle: c'est-à-dire d'éviter soigneusement la précipitation et la prévention." Gewiss, für einen Menschen von gesundem Verstand ist solches Zögern oft eine Zumutung, vielleicht ist damit auch eine Sorte Mensch beschrieben, die gerade im 17. Jahrhundert zu den meistverspotteten zählt: der *Pedant.* Doch gehen wir gleich einmal aufs Ganze: Die Nichtbeachtung dieser Regel hat wahrhaftig die schlimmsten Schandurteile der abendländischen Menschheit nach sich gezogen. Wie anders kann man es nennen, wenn man der festen Ansicht war, die Juden hätten kein Gewissen, die Frauen keine Seele, die Neger keinen Verstand, die Tiere kein Empfinden? Samt und sonders Folgen der *précipitation* und der *prévention.* Vor-Urteile, Voreingenommenheit, vorschnelle Einnahme von Standpunkten. Solcher Art methodischer Erziehung bedürfen wir alle und immer wieder: Behaupte nichts, was du nicht sicher weißt!

Doch gerade hier wird besonders deutlich, worin der Unterschied zwischen handelndem Erkennen, also Urteilen, und handelndem Handeln, also Leben, besteht. Nähmen wir als Lebende das Gebot der Zurückhaltung ernst, unser Leben bliebe im Keime stecken. Wir können gar nicht anders, als ins Ungesicherte hinaus zu leben. Und da sieht es – gehen wir nur gleich wieder aufs Ganze – so aus: Es könnte ja sein, dass mich der Jude übervorteilen, die Frau kastrieren, der Neger verzaubern, das Tier zerfleischen will. Ist nicht alles so verletzlich und exponiert, mein Hab und Gut, mein Organ, meine weiße Haut, ganz ohne Fell? Das gesamte Dasein ist doch ein Abenteuer, gekennzeichnet von Hoffnung, Enttäuschung und neuer Hoffnung. Daher unser Bedürfnis und unser Drang nach Literatur, als der Möglichkeit, *Fakten* in *Fikten* zu verwandeln, mit dem Ernsten zu spielen, fast mit der Sicherheit des Methodischen, und fast mit der Unbekümmertheit des Draufgängers. Übrigens verrät der *„Discours de la méthode"* durchaus solche Lebensspuren. Er ist alles andere als eine unpersönliche Methodendidaktik, vielmehr nahezu ein Ich-Roman, eine stilisierte geistige Autobiographie, sehr gut zu lesen; und das berühmte *„Je pense, donc je suis"* hat durchaus die Züge einer krisenhaften Offenbarung eines jungen Mannes in den Zwanzigern, datierbar auf einen erlebten Tag, den 10. November 1619. PAUL

---

1 Die moderne Handlungswissenschaft mit der intensivsten Methodendiskussion ist die Kriminologie (bedenken wir, dass deren Methoden die vormals einzige Methode zur Aufklärung eines Verbrechens ersetzt hat: die Folter zwecks Erpressen eines Geständnisses). Beflügelt wurde sie von E. A. Poes Detektiv Dupin und C. Doyles Sherlock Holmes. Die Franzosen hatten zum methodischen Detektivroman ebenso wenig beizutragen wie die Deutschen. Der einzige populäre französischsprachige Detektiv, Simenons Maigret (Simenon war Belgier, lebte aber in Paris), hielt gar nichts von den Methoden. Sein Trumpf ist die Einfühlung (vgl. Leonhardt (1990 und unten S. 134).

VALÉRY hat das sehr schön ausgedrückt: „*C'est un magnifique cri, un mot de drame, un mouvement littéraire, un acte décisif ou un coup d'état psychologique*".[2]

Die anderen drei Regeln sind demgegenüber mehr technisch-organisatorischer Natur.

Analyse:
Diviser chacune des difficultés que j'examinerais, en autant de parcelles qu'il se pourrait, et qu'il serait requis pour les mieux résoudre.

Synthese:
Conduire par ordre mes pensées, en commençant par les objets les plus simples et les plus aisés à connaître, pour monter peu à peu, comme par degrés, jusques à la connaissance des plus composés.

Lückenloses Erfassen:
Faire partout des dénombrements si entiers, et des revues si générales, que je fusse assuré de ne rien omettre.[3]

Die zweite Regel ist eine Empfehlung speziell für Feldherrn, die dritte für Pädagogen, die vierte für Enzyklopädisten. Auf diese Hauptregeln der Methode lässt DESCARTES übrigens ein Kapitel folgen, das noch deutlicher moralische Regeln der Lebensgestaltung enthält (eine provisorische Moral, bis die nötigen Erkenntnisprozesse abgeschlossen wären!), bevor er Fragen der Metaphysik, der Naturphilosophie und des Mensch-Tier-Verhältnisses erörtert, um in einem Nachtrag noch Gründe darzulegen, die ihn zum Schreiben bewogen haben. Methode hat also bei DESCARTES sehr stark die Bedeutung von Lebensregel, die ich mir vornehme zu besserer Bewältigung des Daseins. Da ist der Einfluss der antiken Stoa noch spürbar, man denkt aber auch an die zahlreichen Formen von Exerzitien der Mönchsorden. Es sind gleichsam Exerzitien für ein Individuum, unter dem Leitwert mathematischer Präzision.

Ent-scheidungen

Es ist ganz und gar abwegig (und damit pädagogisch unverantwortlich), Methodenlehre im Bereich der Geisteswissenschaften so anzubieten, als handle es sich um einen Werkzeugkasten, aus dem man nur auszuwählen bräuchte. Nicht von ungefähr spricht man im Zusammenhang mit Methoden meist von Schulen. Solche Schulen haben eine Gründerpersönlichkeit, die ihr wissenschaftliches Ziel in der Entwicklung und Verteidigung einer eigenen Methode sieht und die begabte Schüler mit ihrer Denkweise und ihrer Ausdrucksweise, ihrer Terminologie, vertraut zu machen sucht. Das alles hat noch etwas von einem Orden an sich, es gibt dort bestimmte Rituale, die lange eingeübt werden wollen.[4] Natürlich gibt es strengere und laxere Observanzen, Einzelgänger und Vermittler. Solche Hohen Schulen sind keineswegs ausschließlich an den Hochschulen unserer Länder angesiedelt, obwohl dort eigentlich ihr Platz ist. Neue methodische Richtungen werden aber zumeist, wenn sie schon nicht von dort ausgehen,

früher oder später in die Universitäten aufgenommen, erst in die freieren Lehrformen, dann in die Lehr- und Prüfungspläne, unter Umständen auch an den Gymnasialunterricht weitergereicht. Ein Methodenkanon ist denn auch – wie jeder andere – dem Wandel ausgesetzt, und in unseren Jahren stehen die Zeichen – wie überall – auf Vielfalt. Wie wird sich die „Tugend der Orientierungslosigkeit" auf die Methodenfrage auswirken? Eines lässt sich sagen: Die Kenntnis der methodischen Orientierungen dürfte ihr zugutekommen.[5]

➋ Methoden im Überblick

Methodentafel

Für einen Überblick über die verschiedenen methodischen Richtungen, ihre Begründer, ihre Ausgangsfragen, ihre Entwicklung in Frankreich können wir die Fülle der Fragestellungen – gut cartesianisch – in drei *Parzellen* einteilen. Jede dieser Parzellen unterteilen wir ihrerseits nach der Grundunterscheidung aller Wissenschaftslehre *(Epistemologie)* in *historische* und *systematische* Betrachtungsweise, d. h. zeitabhängige und zeitunabhängige Sicht; früher sagte man gerne *Werden* und *Wesen,* später *Entwicklung* und *Struktur,* heute kann man vereinfachend auch die sprachwissenschaftlichen Termini *diachronisch* und *synchronisch* verwenden, im Sinne von *längs der Zeitachse* und *quer zur Zeitachse* (analog dazu wäre bis zu einem gewissen Grad das Verhältnis von *evolutionsbiologisch* und *molekularbiologisch).*

Dazu zwei Vorbemerkungen:

A Die Frage nach dem Wesen der Dichtung ist so alt wie die Dichtung selbst. Moderne Literaturwissenschaft stellt nicht „die" Wahrheit dar, sie stellt nur die Fragen in der ihr spezifischen Weise neu.

B Gegenstand der Literaturwissenschaft ist das geschriebene oder gesprochene Wort in fiktionaler Absicht, nicht die Fakten, seien es natürliche oder historische. Dichtung ist Werk der Einbildungskraft, ist Erfahrung des Imginären, vermittels des Wortes.

---

2 Paul Valéry, *Cahiers,* ed. J. Robinson-Valéry, Bibliothèque de la Pléiade, vol I. 1973, p. 518. – Deutsch: *Cahiers/Hefte,* hrsg. v. H. Köhler und J. Schmidt-Radefeldt, Bd. 2, Frankfurt/M. 1988, S. 60.

3 Rene Descartes, *Discours de la méthode,* 2. Teil, Abschnitte 7–10. Zweisprachige Ausgabe bei Meiner, dt. Übersetzung bei Reclam. Das berühmte *Cogito:* Teil IV, Abschnitt 1.

4 Im Islam ist das Wort für *Weg* und das Wort für *Orden* dasselbe.

5 Der Ausdruck stammt von Reimer Gronemeyer; vgl. das gleichnamige Buch von Johannes Goebel und Christoph Clermont, Berlin 1997.

Wer schreibt?	Was?	Für wen?
Biographische Darstellung	Literaturgeschichte	Leserforschung
„Biographie romancée"	Vergleichende	Rezeptionsgeschichte
„Mensch und Werk"	Literaturgeschichte	Historisch-soziologische
	Perioden, Epochen,	Methode
	Generationen	Rezeptionsästhetik
	Gattungsgeschichte	
	Stoff, Motiv, Thema, Topos	
	Quellenforschung	
Psychologie des	*Formalästhetische Betrachtung*	*Empirische Literatursoziologie*
schöpferischen Prozesses	*Bauformen*	*Literarische Marktforschung*
Psychoanalyse	*Strukturelle Untersuchung*	*Genetischer Strukturalismus*
Psychokritik	*Thematische Kritik*	*Soziokritik*
	Schlüsselwörter	*Identitätsforschung*
Milieuzugehörigkeit	*Stilistik*	*Literarische Feldforschung*
Ökonomische Bedingungen	*Dissoziative Schreibverfahren*	
Klassenzugehörigkeit	*Genetische Untersuchung*		historisch – diachronisch – längsschnitthaft
Geschlechtszugehörigkeit	*Variantenstudium*		systematisch – synchronisch – querschnitthaft

Textkritik

Wir nehmen also eine allgemeine Teilung in drei *Parzellen* vor und gliedern die Fragen in Form eines Triptychons.[6] Über der linken Tafel steht die Frage: *Wer schreibt?*, über dem Hauptbild in der Mitte die Frage: *Was wird geschrieben?*, und die rechte Tafel ist mit der Frage überschrieben: *Für wen wird geschrieben?* Damit erhoffen wir uns – getreu DESCARTES' vierter Regel – eine leidliche Vollständigkeit des Fragens.

1 Wer schreibt?

Historische Sichtweise

Biographie Die alte und immer wiederkehrende Frage: Wer ist das, der da schreibt? bzw. Wer war das, der da schrieb? findet herkömmlich ihre Antwort in einer *Biographie*. Noch immer ist dies für breite Leserkreise der nächstliegende Weg zum Verständnis eines Autors, und er ist auch Literaturstudenten auf allen Stufen zu empfehlen, beispielshalber die Molière-Biographie von ALFRED SIMON (1988) oder die Sartre-Biographie von ANNIE COHEN-SOLAL (1985).

Herkunft	In der Antike so gut wie ausschließlich Staatsmännern, im Mittelalter Heiligen gewidmet, wenden die Lebensbeschreibungen berühmter Leute seit der Renaissance sich auch Künstlern zu. Das Wort *Biographie* kommt im Französischen gegen Ende des 17. Jahrhunderts auf (überhaupt der Beginn der *pédanterie!*), bis dahin genügte *Vie*. Nachdem es drei Jahrhunderte lang überwiegend rhetorische Lobesübung *(Éloge)* war, richtete sich das biographische Interesse mit der Romantik zunehmend auf die Besonderheiten des schöpferischen Individuums. Zeitgleich setzt eine umfangreiche Dokumentationstätigkeit ein.[7] Wie bereits in Kapitel 1 erwähnt *(s. S. 8)*, ging der Impuls, literarische Werke systematisch durch das Leben ihrer Autoren zu erhellen, von dem Literaturkritiker SAINTE-BEUVE aus, dessen „Portraits" 1829 beginnen.
Merkmale	Die Arbeit des Biographen setzt in der Tat Dokumentation ebenso wie Einfühlungsvermögen voraus; sie hat aber auch eine stilistische Komponente (die in Frankreich besonders gepflegt wird) und steht schließlich im Dienst einer mehr oder minder ausgeprägten moralisch-ideologischen Intention, die den behandelten Autor dem Lichte der sich wandelnden Werte aussetzt und ihn von einer Epoche zur nächsten oft tiefgreifend verändert zeigt. Dies nimmt jedoch den dritten Flügel unseres Triptychons vorweg: *Für wen?*
Verfasser	Verfasser von Biographien zählen sich im allgemeinen zu den *hommes de lettres*. Große Schriftsteller haben sich in der Tat höchst selten den Regeln dieser Gattung anbequemt und das Leben eines anderen Künstlers beschrieben. Zumeist zogen sie es vor, selbst ein solches zu erschaffen, daher die zahlreichen Künstlerromane, vor allem im 19. und 20. Jahrhundert. STENDHALS *„Vie de Rossini"* (1823), ROMAIN ROLLANDS *„Vie de Beethoven"* (1903) gehören zu den wenigen Ausnahmen.[8]
Biographie romancée	In Frankreich ist indessen eine Zwischenform zu Beliebtheit gelangt, die *biographie romancée,* mit der vor allem ANDRÉ MAUROIS und HENRI TROYAT hervorgetreten sind: ersterer etwa mit „Olympio ou la Vie de Victor Hugo" (1945), letzterer mit Werken über BALZAC und ZOLA (und die großen Romanciers seines Herkunftslandes Russland). Die irdische Existenz der großen Autoren genießt mit allem, was darin eingeschlossen ist, in Frankreich sehr hohe Be-

---

6 Altarbild in drei Teilen, von griech. *tri-ptychos* –„dreifältig", mit einem Mittelbild und zwei Flügeln; man sagt auch Flügelaltar oder Retabel (frz. *retable).*
7 Louis-Gabriel Michaud, *Biographie universelle, ancienne et moderne,* 1862 bei Band 85 abgebrochen. Neuansatz: *Dictionnaire de Biographie française,* begonnen 1933, Bd. 19, 1995 (Buchstabe L!). Zuletzt: *Index biographique français* I und II (Microfiche-Edition).
8 In England James Boswells *Life of Samuel Johnson* (1791); man könnte noch Chateaubriands berühmte Biographie des Gründers des Trappistenordens Rancé dazurechnen: *La Vie de Rancé* (1844).

kanntheit, was etwa das voluminöse *„Dictionnaire des anecdotes littéraires"* von DENIS BOISSIER (1995) bekundet, aber auch das *„Dictionnaire des intellectuels français"*, herausgegeben von JACQUES JULLIARD und MICHEL WINOCK (1996). Es fehlt auch nicht an Versuchen, die Biographik erneut auf eine wissenschaftliche Grundlage zu stellen, so bei MICHEL LEGRAND, *„L'événement et les catégories biographiques. Propositions pour une science de la biographie".9* Einen guten Überblick mit weiterführender Literatur bietet D. MADELÉNAT mit dem Artikel *Biographie* im *Dictionnaire des littératures de langue française* (DIL 1994).

Autobiographie

Dass viele große Autoren sich sehr wohl schreibend einem Leben zugewandt haben: ihrem eigenen, bedarf keiner Erwähnung. Die Autobiographie (das Wort im Französischen seit 1836, deutscher Erstbeleg schon 1756, JEAN PAUL sagte noch *Selberlebensbeschreibung)*, hat natürlich in der französischen Literatur ihren festen Platz: ROUSSEAUS *„Confessions"* (1782/1789), CHATEAUBRIANDS *„Mémoires d'outre-tombe"* (postum 1849), GEORGE SANDS *„Histoire de ma vie"* (1855), STENDHALS *„Vie de Henry Brulard"* (postum 1890), um nur die wichtigsten zu nennen.

Tagebuch

Nicht anders das Tagebuch *(journal intime):* AMIEL (1883/1976), *Les frères Goncourt* (1896), JULES RENARD (postum 1927) oder ANDRÉ GIDE (1939–1950). Beide gehören aber nur am Rande in diese Methodenübersicht, insofern sie dem Biographen Material bieten, freilich ein Material sehr delikater Art. Denn es darf nie aus dem Blick geraten: Fiktionales kann autobiographisch sein, Autobiographisches aber auch fiktional. Die Figur des Marius in VICTOR HUGOS Roman *„Les Misérables"* ist ein Selbstporträt, der Besuch CHATEAUBRIANDS bei GEORGE WASHINGTON in den *„Mémoires d'outre-tombe"* ist – sehr wahrscheinlich – eine Erfindung.10

L'homme et l'œuvre

Die Verbindung von Leben und Werk eines Autors in eher unreflektierter Form wurde im Lauf der Zeit zur Standardformel der Monographien, der Literaturgeschichten und Nachschlagewerke aller Art, der akademischen Vorlesungen und Vorträge, bis hin zu vielen Seminarreferaten. Sie verbindet sich in Frankreich besonders mit dem Namen des Literaturhistorikers GUSTAVE LANSON, von 1902 bis 1927 Direktor der *Ecole Normale Supérieure,* der mit seinen Monographien über BOSSUET, BOILEAU, CORNEILLE und VOLTAIRE dem Prinzip *L'homme et l'œuvre* und einer historisch-biographischen Darstellungsform zu Verbreitung verholfen hat. Seit einigen Jahrzehnten hat die „Nouvelle critique" in Frankreich gegen dieses Prinzip, den „Lansonisme", polemisiert und es für einen Stillstand in der französischen Methodendiskussion verantwortlich machen wollen. Der Vorwurf traf aber nur die Epigonen. LANSON selbst *(s. auch S. 105/106)* kann dagegen in Schutz genommen werden.

Systematische Sichtweise

Bedingungen

Wenn „*l'homme et l'œuvre*" spätestens in den Fünfzigerjahren mit dem Aufkommen der *Nouvelle Critique* zu einer polemischen Spottformel wurde, so hatte dies mit dem Fortgang der Erkenntnis außerhalb der Literaturwissenschaft zu tun. Die Neuerungen im Bereich der Sozialwissenschaften, der Psychologie und Anthropologie waren so gewaltig, dass die Literaturbetrachtung steril zu werden drohte, wenn sie sich ihnen nicht öffnete. Diese Neuerungen sind aber vornehmlich theoretisch-epistemologischer Art, und daher liegt es nahe, sie auf der systematischen Querachse zu betrachten.

Vereinfacht ausgedrückt verschärfte sich die Ausgangsfrage *Wer schreibt?* in die Richtung *Unter welchen Bedingungen schreibt er?* Diese Bedingungen oder Faktoren lassen sich bequem in zwei Gruppen teilen, nämlich in die innere und die äußere, in die psychische und die physische, die Gruppe ψ (psi) und die Gruppe φ (phi) (vgl. die **Methodentafel** S. 90).

Innere / psychische Faktoren

Genus irritabile vatum, eine reizbare Gattung, nannte HORAZ die Schriftsteller:[11] Dass sie mit den Göttern Verbindung hätten, vom *göttlichen Wahn* durchdrungen, von der *Inspiration* heimgesucht seien, sind uralte Anschauungen. Im emotional aufgewühlten 19. Jahrhundert kam die Anschauung vom prophetisch-seherisch begabten Individuum, vom *vates,* vom *voyant,* als Protest gegen engstirnigen Rationalismus wieder stark zur Geltung, bei HUGO, aber auch bei RIMBAUD. War der Dichter in alchimistisch-astrologischen Anschauungen des späten Mittelalters oft mit Saturn als dem Inbegriff des Düster-Unheilvollen in Verbindung gebracht worden, hatte man ihn seit der Renaissance im Rahmen der antiken Temperamentenlehre mit Vorliebe in der Gruppe der Melancholiker gesehen, so traten nun die Elemente

---

9 In: *Le Tournant d'une vie,* ed. Ph. Lejeune / Cl. Leroy, Nanterre 1995, p. 209–230. – Amüsant sind die von P. Ajame und M. Brucker in 2 Bänden herausgegebenen *300 Héros et personnages du roman français* (Edition Balland 1981). Dort findet sich etwa unter „Bovary, Charles" ein Steckbrief von liebevoller Genauigkeit nach den Rubriken: *Surnom, Nationalité, Époque, Domiciles, Aspect physique, Habillement, Famille, Fortune, Vie sexuelle et sentimentale, Amitiés, Inimitiés, Opinions religieuses, Qualités et défauts, Signes particuliers, Mort,* und schließlich *Référence:* „*Madame Bovary* de Gustave Flaubert".

10 Zur Autobiographie vgl. den Artikel von D. Couty im DIL und Lejeune (1971). – Zum *Journal intime* den Artikel von D. Madelénat ebenfalls im DIL und Hocke (1991).

11 Horaz, *Epistulae,* II, 2, Vers 102. – Lateinische Zitate findet man z. B. in *Reclams Lateinisches Zitaten-Lexikon,* hrsg. von Muriel Kasper, Stuttgart 1997 oder, reichlich, bei Karl Bayer, *Expressis verbis. Lateinische Zitate für alle Lebenslagen,* Zürich 1996; Zitate allgemein im *Büchmann,* in Band 12 des *Duden,* in Reclams Zitatenlexikon; französisch bei Oster (1978) oder Dournon (1982).

des Nächtlichen und Alptraumhaften hinzu, der Mond und die Gräber, satanische Verruchtheit und ruhelose Schicksalsverfallenheit, mythische Urvätervergangenheit und ahnungsvolles Schuldbewusstsein. Kurz: In der Psyche der schöpferischen Persönlichkeit schienen sich ungeahnte Tiefen aufzutun. Das rief die **Psychologie** auf den Plan, zum einen die intuitiv-empathische Deutung, die mit der immer stärker verfeinerten Beobachtung und Selbstbeobachtung Schritt zu halten suchte, wie sie die Autoren selbst in ihren Werken, vor allem im so genannten **psychologischen Roman**, betrieben, zum anderen die klinische **Psychologie**, die Psychopathologie, die sich den Phänomenen des Wahnsinns zuwandte, dem Zusammenhang zwischen *Genie, Irrsinn und Ruhm*, wie der Titel einer Sammlung so genannter *Pathographien* von W. LANGE-EICHBAUM aus dem 19. Jahrhundert lautete.

Schöpfertum Wie lässt sich ein schöpferischer Prozess erklären, gerade wenn er nicht mehr nach handwerklichen Regeln abläuft? Was bedeutet *Intuition?* Wie ist das Verhältnis zur Wirklichkeit? Welche Rolle spielt das Gedächtnis dabei? Welche die Sinneswahrnehmung? Wirkt sich schöpferische Tätigkeit festigend oder zerstörend auf das seelische Leben aus? Ist Künstlertum unvergleichbar, unvereinbar mit anderem Tun? Dergleichen Fragen wurden gestellt und naturgemäß nur unvollkommen beantwortet.

Freud Eine systematischere Beantwortung und zugleich einen gewaltigen Umbruch brachte das Denken SIGMUND FREUDS. Mit der Unterscheidung dreier seelischer Instanzen, dem **Es** als dem Bereich des Unbewussten, dem **Über-Ich** als dem Bereich der gesellschaftlichen Normen und dem **Ich** als der Instanz der Realitätsprüfung hatte der Arzt FREUD zunächst einen Beitrag zur Neurosenlehre liefern wollen. Die Annahme eines dem Bewusstsein nicht zugänglichen seelischen Raumes, für den er gewisse selbsttätig verlaufende Vorgänge formulierte, wie sie auch während des Träumens aufträten: **Verdrängung**, **Verschiebung** und **Symbolisierung**, warf indes neues Licht auch auf die Tätigkeit der Phantasie in künstlerischer Absicht. Für seine Theorie der Liebesfähigkeit, lateinisch *libido* [Akzent auf der zweiten Silbe], greift der belesene Mediziner auf literarische Mythen zurück:

Den Zustand, in dem das Ich die Libido bei sich behält, heißen wir Narzißmus, in Erinnerung der griechischen Sage vom Jüngling Narcissus, der in sein eigenes Spiegelbild verliebt blieb.[12]

Für die Grundannahme einer frühkindlichen Sexualität, bei der die Mutter libidinös besetzt, dem Vater im Gegenteil mit Tötungsabsicht begegnet wird, ist es Ödipus, König von Theben, der, als Kind ausgesetzt, ungewollt seinen Vater erschlägt und ohne Wissen seine Mutter heiratet. 1900 schreibt FREUD in seiner *„Traumdeutung":*

Wie Ödipus leben wir in Unwissenheit der die Moral beleidigenden Wünsche, welche die Natur uns aufgenötigt hat, und nach deren Enthüllung möchten wir wohl alle den Blick abwenden von den Szenen unserer Kindheit. Daß die Sage von Ödipus einem uralten Traumstoff entsprossen ist, welcher jene peinliche Störung des Verhältnisses zu den Eltern durch die ersten Regungen der Sexualität zum Inhalte hat, dafür findet sich im Texte der sophokleischen Tragödie selbst ein nicht mißzuverstehender Hinweis. Jokaste tröstet (...) Ödipus durch die Erwähnung eines Traums, den ja so viele Menschen träumen, ohne daß er, meint sie, etwas bedeute:
„Denn viele Menschen sahen auch in Träumen schon
Sich zugesellt der Mutter: Doch wer alles dies
Für nichtig achtet, trägt die Last des Lebens leicht" [Vers 955 f.]
(...) Wie die Träume von Erwachsenen mit Ablehnungsgefühlen erlebt werden, so muß die Sage Schreck und Selbstbestrafung in ihren Inhalt mit aufnehmen.[13]

Narzissmus ist also eine Variante der Eigenliebe, des *amour-propre,* der aus verdrängten Kindheitswünschen entstandene Ödipuskomplex sorgt mit seinen Schuldgefühlen dafür, dass diese Eigenliebe immer schon, nicht erst im Jünglingsalter, eine starke unbewusste Kränkung erfährt. Entlastung von dieser Kränkung kann die künstlerische Tätigkeit schaffen (ihr Produkt, die Kunst, kann dies auch auf Seiten des Rezipienten bewirken). FREUDS stark literarisch geprägte Anschauungen wurden deshalb so folgenreich, weil er, einem aufklärerischen Impuls folgend, darauf hinwies, dass *„das Ich nicht Herr sei in seinem eigenen Haus",* dass in diesem Hause Dinge vor sich gehen, die es selbst nicht versteht. Wer soll sie dann verstehen? Wenn es um Neurosen geht, soll ein Analytiker dem Patienten helfen, sie zu verstehen. Wenn es aber um Texte geht? Dann kann, dann muss sich ein Interpret daran versuchen. Denn die Texte sagen nicht das, was sie meinen. *„Der Glückliche phantasiert nie, nur der Unbefriedigte",* sagt FREUD in *„Der Dichter und das Phantasieren"* und fährt fort:

Der Dichter mildert den Charakter des egoistischen Tagtraumes durch Abänderungen und Verhüllungen und besticht uns durch rein formalen, d. h. ästhetischen Lustgewinn. (...) Ich bin der Meinung, daß alle ästhetische Lust, die uns der Dichter verschafft, den Charakter [einer] Vorlust trägt, und daß der eigentliche Genuss des Dichtwerkes aus der Befreiung von Spannungen in unserer Seele hervorgeht.[14]

---

12 S. Freud, *Eine Schwierigkeit der Psychoanalyse.* In: Ges. Werke, Bd. 12, Frankfurt/M. 1966, S. 7 – Über Narziss (und Echo) ist nachzulesen bei Ovid, *Metamorphosen* III, Vers 339–510.

13 Sigmund Freud, *Traumdeutung,* Kap. V, D β, Ges.Werke II / III, S. 270. Oidípous ist bei Homer und Pindar erwähnt, vor allem aber durch die Tragödie von Sophokles bekannt (ca. 425 v. Chr.). Wolfgang Schadewaldt übersetzt die Stelle noch genauer: „So mancher von den Sterblichen hat schon im Traume / Gelegen bei der Mutter!".

14 Sigmund Freud, *Der Dichter und das Phantasieren* (1908). In: Ges. Werke VII, S. 223.

Mit Verspätung haben diese (hier sehr verkürzt dargestellten) Theorien auch in Frankreich ein breites Echo gefunden. Nach einigen früheren Ansätzen fanden sie etwa ab 1960 Eingang in die Literaturerklärung und prägten bald das allgemeine Bewusstsein. Dass sie wissenschaftlich nie einstimmig anerkannt waren und schon in den Reihen der Fortsetzer FREUDS zu den vielfältigsten Auseinandersetzungen geführt haben, sei hier nur am Rande erwähnt. Die wohl bedenkenswertesten Einwände gegen die Grundannahmen kommen heute von der **Evolutionstheorie** und der **Genetik**. Die beiden wichtigsten lauten:

1. Die drei Ich-Instanzen haben keinerlei physiologische Entsprechung im menschlichen Gehirn.
2. In darwinistischer Sicht ist der Ödipuskomplex sinnlos, denn wenn auch in unserer Ur-Umwelt der Sohn in Rivalität zum Vater um dieselben Frauen treten mochte, so war darunter mit Sicherheit nicht die eigene Mutter, denn aus einer inzestuösen Beziehung ging häufig erbgeschädigter Nachwuchs hervor, und über längere Zeit hinweg ist ein Handeln gegen die genetischen Interessen nicht denkbar.

FREUDS Annahme einer Urverdrängung, die dauerhafte Schuldgefühle erzeugte, trägt in der Tat stark mythische Züge. Die in den letzten Jahren entwickelte **biologische Bewusstseinsforschung** arbeitet an einer einheitlichen Theorie der Entwicklung des Geistes, die ohne die individuellen Drangphasen Freuds auskommt.[15]

Die wichtigsten französischen Fortsetzer FREUDS im Bereich der literarischen Psychoanalyse waren:

- Der Philosoph **GASTON BACHELARD** (1884–1962) mit einer Analyse der Bedeutung der Elemente Feuer, Wasser, Luft und Erde für die menschliche Psyche, bei der er, ebenso wie mit seiner *Poetik des Raumes,* an die Archetypenlehre C. G. JUNGS anknüpft.
- **CHARLES MAURON** (1899–1966) mit seiner *Psychocritique,* einem Verfahren, das durch eine Überlagerung *(superposition)* von Texten – was bildlich gemeint ist: ähnlich einer Photomontage – wiederkehrende, obsessionelle Themen zu einem Assoziationsnetz ergänzt, das einen „persönlichen Mythos" und damit eine Struktur des Unbewussten erkennen lasse. Dieses vornehmlich werkorientierte Verfahren gehört streng genommen in den zweiten Teil unseres Tableaus, doch gibt MAURON durch Titel wie „*L'inconscient dans l'œuvre et dans la vie de Racine*" zu erkennen, dass er die gefundenen Strukturen auch als real beim Autor vorfindlich anzunehmen geneigt ist: eine nicht eben unproblematische Annahme.
- **MARTHE ROBERT** mit ihren Untersuchungen zum Ursprung des Erzählens in der Kinderphantasie. Das Kind erträume sich andere Eltern als die eigenen, ein Thema, das viele Romane von

CERVANTES über FLAUBERT bis KAFKA gestalteten. Sie unterscheidet romantische Findling-Romane von realistischen Bastard-Romanen. Aus diesen Romanen der Herkunft lasse sich auf die Herkunft des Romans schließen.

- **Jean Starobinski** (geb. 1920, Schweizer) mit seinen Studien über die Psychologie des Blicks, vor allem bei ROUSSEAU, über den Wahnsinn und zahlreiche weitere Themen. STAROBINSKIS Bedeutung als Literaturkritiker erschöpft sich keineswegs in der psychoanalytischen Betrachtung, er ist vielmehr derjenige, der die Anregungen FREUDS am undogmatischsten und vielleicht am fruchtbarsten in zahlreiche weitere Fragestellungen einzubeziehen vermochte.

- JACQUES LACAN (1901–1981) mit seiner Umwandlung der Instanzen *Ich, Es, Über-Ich* in die drei Welten des *Realen*, des *Imaginären* und des *Symbolischen*, der Annahme eines Spiegelstadiums als dem Anfang des Individuationsprozesses und vor allem der Einbeziehung der strukturalistischen Zeichentheorie FERDINAND DE SAUSSURES (1857–1913) in die Bestimmung des Unbewussten, unter Preisgabe der Symmetrie zwischen Signifikat (Lautbild) und Signifikant (Vorstellung). Dem Signifikanten als dem Träger ursprünglichen Begehrens komme das Primat vor dem Signifikaten zu, eine beständig und autonom ablaufende *Signifikantenkette* mache das Unbewusste aus, insofern es sich der von außen, von den Anderen kommenden Ordnung des Symbolischen widersetzt. Das Bemühen, dieses Unbewusste unmittelbar zur Sprache zu bringen, ist dieser (das Paradox und auch die Schwerverständlichkeit nicht scheuenden) Lehre zufolge das eigentliche Unterfangen des Dichters (heute schwer verständlich: Die Signifikantenkette nahm bei manchen Adepten der Lehre eine Zeit lang Bekenntnischarakter an und führte zu wilden Hasstiraden gehen die Statthalter des Signifikaten, die man mit der „Macht" und den „Offiziellen" gleichsetzte). Es ist deutlich, dass auch hier das *Wer* mit dem *Was* aufs Engste verklammert ist (das *Für wen* ist dabei besonders problematisch).

- JULIA KRISTEVA (geb. 1941, rumänischer Herkunft) mit ihrer noch stärkeren Ausrichtung auf das Vorsprachliche, das „Anmutungserlebnis", das sie das *Semiotische* nennt und in einer bestimmten Phase der kindlichen Entwicklung ausmacht, um es als vielgestaltig Verfließendes in Formen vor allem der modernen Lyrik wieder zu vernehmen. Sie kann dabei aufbauen auf einem charakteristischen Umgang mit dem Wort, wie ihn die symbolistische Dichtung des späten 19. Jahrhunderts ge-

---

15 Vgl. vor allem Edelman (1995).

pflegt hatte, etwa Maeterlincks *dialogue au second degré,* einem Unter- oder Zwischentext, einem die deutliche Denotation (das Symbolische im Sinne Lacans) umspielenden oder auch unterminierenden Sprechen.

Skepsis gegenüber dem Autor

All diesen Ansätzen ist gemeinsam, dass sie als besondere Bedingung, unter der das literarische Schreiben steht, eine psychische Dimension unter oder jenseits der rational kontrollierbaren Sphäre ansetzen. Alle rütteln sie damit an der Vorstellung von der homogenen, verantwortlichen Persönlichkeit eines souveränen, bewusstseinsdurchhellten Autors, alle verstehen sie sich als anti-cartesianisch – und sind doch zugleich cartesianisch in der Potenz. Sie setzen einen beeindruckenden methodischen Begriffsapparat ein, um sich dessen zu bemächtigen, was sich per definitionem begrifflicher Erfassung entziehen soll.[16]

Jeder Augenblick des Alltagslebens ist ja in einem *Zwischen* angesiedelt, ständig vernehmen wir in uns etwas, was wir noch nicht eigentlich sind, immer ist unser Wachbewusstsein umgeben von einem Hof, in dem Halbsprachliches und Halbbildliches umhergeistert, *„la presque disparition élocutoire"*, wie Mallarmé subtil gesagt hat. Daher die Neugier, gerade die wissenschaftliche Neugier für alle Extremzustände, in denen dies *in Reinkultur* zu herrschen scheint: Wolfskinder, Wilde, Wahn- und Rauschbefallene. Bei uns tritt dies alles ja erst in dem Moment aus seiner Verschwommenheit hervor, rundet sich zum klaren Wort, zum scharfen Bild oder scheint sich zu runden, wo der Blick eines Anderen sich auf uns richtet oder aber unser Blick sich auf ihn. Dieser Außenwelt (subtil formuliert: dieser Außenwelt der Innenwelt) wollen wir uns nun zuwenden.

Äußere/ physische Faktoren

Im Jahre 1800 stellte sich eine intelligente Person die Frage, warum wohl von allen europäischen Nationen die französische am meisten *grâce, goût* und *gaieté* gehabt habe. Sie antwortete unter anderem so:

La classe qui dominait en France sur la nation, était exercée à saisir les nuances les plus fines; et comme le ridicule la frappait avant tout, ce qu'il fallait éviter avant tout, c'était le ridicule. Cette crainte mettait souvent obstacle à l'originalité du talent, peut-être même pouvait nuire, dans la carrière politique, à l'énergie des actions; mais elle développait dans l'esprit des Français un genre de perspicacité singulièrement remarquable.

So weit zu den Politikern. Und nun die Schriftsteller:

Leurs écrivains connaissaient mieux les caractères, les peignaient mieux qu'aucune autre nation. Obligés d'étudier sans cesse ce qui pouvait nuire ou plaire en société, cet intérêt les rendait très observateurs. Molière, et même après lui quelques autres comiques, sont des hommes supérieurs, dans leur genre, à tous les écrivains des autres nations. Les

Français n'approfondissent pas, comme les Anglais ou les Allemands, les sentiments que le malheur fait éprouver; ils ont trop l'habitude de s'en éloigner pour le bien connaître: mais les caractères dont on peut faire sortir des effets comiques, les hommes, séduits par la vanité, trompés par l'amour-propre, ou trompeurs par orgueil, cette foule d'êtres asservis à l'opinion des autres, et ne respirant que par elle, aucun peuple de la terre n'a jamais su les peindre comme les Français.

Man spürt, dies ist geschrieben aus großer Nähe und zugleich mit viel Abstand. Hier noch die Schlussfolgerung:

On ne verra plus rien de pareil en France avec un gouvernement d'une autre nature, de quelque manière qu'il soit combiné; et il sera bien prouvé alors que ce qu'on appelait l'esprit français, la grâce française, n'était que l'effet immédiat et nécessaire des institutions et des mœurs monarchiques, telles qu'elles existaient en France depuis plusieurs siècles.

Nicht von ungefähr trägt die Schrift, aus der diese Sätze stammen, den Titel: „*De la littérature considérée dans ses rapports avec les institutions sociales*". Und die Verfasserin, GERMAINE DE STAËL-HOL-STEIN, meist MADAME DE STAËL genannt (Aussprache [staːl]), wusste, wovon sie sprach: Sie entstammte der Klasse, „die in Frankreich die Nation beherrschte", sie war trotzdem eine begeisterte Anhängerin der Revolution und fand sich unter Napoleon alsbald im Schweizer Exil wieder. In ihrer Schrift aber forderte sie für neue Verhältnisse eine neue Literatur, nicht mehr *Anmut, Geschmack* und *Aufmerksamkeit,* sondern eine Literatur des *Herzens* und der *Phantasie.*[17]

Prä-Soziologie

Damit wies sie auch einer ganzen Methode den Weg, wenn dieser Pleonasmus erlaubt ist: der Erforschung der wechselseitigen Abhängigkeit von Stil und Institutionen. Nahezu sämtliche Bedingtheiten des Schreibens waren ihr deutlich, vom Klima (vom dem auch MONTESQUIEU im 18. Jahrhundert schon gesprochen hatte) und der geographischen bzw. geopolitischen Lage eines Landes über die Religion der Bewohner bis hin zu seinen Sitten und Gebräuchen. Auch wirtschaftliche Gegebenheiten hat sie schon im Blick, vor allem aber, wie im Zitat ersichtlich, die politische Verfassung der Nation. Und keinerlei Nostalgie für das, was sie doch als das Beste am *Ancien Régime* empfinden musste! Ihr war klar, dass unter der Republik nicht dieselben *grâce, goût* und *gaieté* zu erwarten waren wie unter der Monarchie, wie sie es ja auch unter einer Tyrannei nicht gewesen wären.

---

16 Ausführlich und kundig, aber im Verhältnis zu der gewaltigen Begriffsarbeit dieser Theorien und Schulen immer noch sehr gerafft, ist die Darstellung von Schönau (1991) (mit Literaturangaben zur französischen Literaturpsychologie S. 170–174).

17 Madame de Staël, *De la littérature,* ed. G. Gengembre und J. Goldzink (1991:276 und 278).

Soziokritik

Was danach kam, kann man als mehr oder minder pedantische oder dogmatische Verhärtungen dieser Gedanken auffassen, ob es sich um die *Milieutheorie*, die *Gesellschaftstheorie*, die *Vererbungstheorie*, die *Klassenkampftheorie* oder welche auch immer handelt. Die bald darauf begründete **Soziologie** (AUGUSTE COMTE schuf den Terminus um 1830) hat unter dem Eindruck des großen Umbruchs und aus dem Bedürfnis nach Übersicht und Orientierung die Sache wissenschaftlich-methodisch zu verfolgen gesucht, immer begleitet und inspiriert von den Schriftstellern, allen voran – wie schon erwähnt – BALZAC, der Paris in Kreise einteilte wie DANTE seine Hölle, aber auch VICTOR HUGO mit seinen *„Misérables"*, oder EUGÈNE SUE mit seinen *„Mystères de Paris"*, die die Elendsquartiere der Großstadt durchleuchteten und die soziale Frage in die Literatur brachten. Eine **Soziologie der Literatur**, in Frankreich verkürzt auch ***Sociocritique*** genannt, hat sich als Disziplin erst nach dem Zweiten Weltkrieg etabliert, parallel zur **Psychologie der Literatur** oder ***Psychocritique***, und oft genug auch in Konfrontation mit ihr.

Positivismus

Im Jahre 1865 führt der anglistische Literaturhistoriker HIPPOLYTE TAINE (1828–1893) in einem Werk mit dem Titel *„Philosophie de l'art"* die Größen ein, die seiner Meinung nach das Schaffen eines Künstlers unausweichlich bestimmen: ***race, moment*** und ***milieu.*** Heute würden wir wohl von anthropologischen, historischen und soziologischen Faktoren sprechen. Geboren waren diese Begriffe eher von einem allgemeinen Ideal, die Betrachtung von Kunst und Literatur als eine exakte, „positive" Wissenschaft zu betreiben, inhaltlich bleiben sie eher vage.[18] Wenn es zutrifft, dass seit dem Ende des *Ancien Régime* die gesellschaftliche Herkunft eines Schriftstellers für Inhalt und Stil seines Schreibens von größerer Bedeutung war als zur Zeit, in der vornehmlich der Hof den Ton angab, so ist andererseits zu berücksichtigen, dass im 19. Jahrhundert die Schriftsteller gerade besonders stark aus ihrem angestammten Milieu hinausdrängten, dagegen anschrieben und sich ihre Werte und Vorbilder in anderen Zeiten und Schichten suchten (oft genug noch bei NAPOLEON!). Allgemein gilt: Niemand, der aus kleinen und beschränkten Verhältnissen stammt, ist gehalten oder gezwungen, auch klein und beschränkt zu denken. Mit TAINE begann auch das bis heute schmerzhaft spürbare Auseinanderklaffen von Theorie und Wirklichkeit in der Literatursoziologie.

Marxismus

Von erheblich heftigerer Wirkung waren die Schriften von KARL MARX und FRIEDRICH ENGELS, eine Wirkung die bis heute angehalten hat – jedenfalls bis gestern. Beide waren eifrige Leser gerade auch der französischen Literatur, und die französische Literatur ihrerseits hat intensiv auf sie reagiert, in unserem Jahrhundert freilich viel stärker als zu ihren Lebzeiten. MARX sah den Schriftsteller – wie den Menschen allgemein – bestimmt von seiner **Klassenzugehörigkeit.** Er war überhaupt wie kein anderer fasziniert vom Gedanken wissenschaftlicher Determinierbarkeit und Notwendigkeit, das Schicksal war bei ihm weltlich-rational geworden. Die Geschichte war in ihrem Ablauf bestimmt durch die notwendige Abfolge Feudalismus, Kapitalismus, Sozialismus, Kommunismus. Im historischen Materialismus war der bestimmende Faktor für diesen Ablauf die ökonomische Basis. Diese wiederum bestimmte den ideologischen Überbau: Ideen, Institutionen, Gesetze, religiöse und künstlerische Anschauungen. Gewiss war klar, dass dies nicht nur Kausalität in einer Richtung war, wie der „Vulgärmarxismus" annahm: *„Die verschiedenen Momente des Überbaus",* schrieb ENGELS, *„üben ihre Einwirkung auf den Verlauf der geschichtlichen Kämpfe aus."*[19] Also wurde – in Rückgriff auf HEGEL – eine Dialektik angenommen, eine wissenschaftliche Dialektik, die die Wechselbeziehungen zwischen Natur und Geschichte, zwischen Gesellschaft und Denken untersuchen sollte. Diese mündete aber wiederum in eine historische Dialektik, die klarstellte, dass der Ablauf der Geschichte nicht kontinuierlich, sondern stoßweise verlief, dass eine gesellschaftliche Organisationsform nicht von selber in die andere überging, sondern nur, wenn die nachfolgende sie beseitigte. Daher Klassenkampf: *„Die Geschichte aller Gesellschaft bis heute ist die Geschichte des Klassenkampfs",* heißt es im *„Kommunistischen Manifest"* von 1848, das in ganz Europa zündete. Man kann sich denken, mit welchem Interesse MARX und ENGELS BALZACS Vorwort zu seinem Roman über die Bauern, *„Les Paysans",* lasen, seinem letzten großen Werk. Darin heißt es:

Le but de cette Étude, d'une effrayante vérité (...), est de mettre en relief les principales figures d'un peuple oublié par tant de plumes à la poursuite de sujets nouveaux. (...) Vous allez voir cet infatigable sapeur, ce rongeur qui morcelle et divise le sol, le partage, et coupe un arpent de terre [Morgen] en cent morceaux, convié toujours à ce festin par une petite bourgeoisie qui fait de lui tout à la fois son auxiliaire et sa proie. Cet élément insocial créé par la Révolution absorbera quelque jour la Bourgeoisie, comme la Bourgeoisie a dévoré la Noblesse.[20]

Zugleich eine willkommene Bestätigung ihrer Thesen (wenngleich der Marxismus, der voll auf die Arbeiterklasse setzte, immer Schwierigkeiten mit der Frage hatte, ob die Bauern eine Klas-

---

18 Dem Begriff *Rasse* war eine von pseudowissenschaftlicher Verblendung geprägte Zukunft bestimmt. Nützlich dazu das Buch des Schweizer Mediziners Peters (1986). – Dem Positivismus nur mit Herablassung zu begegnen, kann leicht zur Heuchelei werden: Vielen sozial Engagierten, etwa Victor Hugo, erschien der wissenschaftliche Fortschritt als der einzige Weg, um die Massen aus dem Elend zu führen.

19 Marx-Engels, *Werke* (MEW), Bd. 37, S. 463.

20 Vollständig erst postum 1855 erschienen. Honoré de Balzac, *La Comédie Humaine,* ed. P.-G. Castex, Bibl. de la Pléiade, Vol IX, p. 49.

se bildeten, was sich in Sowjetrussland furchtbar auf den Bauernstand auswirken sollte) und eine Widerlegung ihrer Anschauung von der Klassenbestimmtheit des Schriftstellers, denn Balzac war kein Bauer, sondern ein legitimistisch eingestellter Bürgerlicher.

Aber eine **Aufgabe für den Schriftsteller** war gefunden. Die Aufgabe, den auf Ausbeutung beruhenden Mehrwert der kapitalistischen Produktionsweise und die daraus entstehende Verfremdung des arbeitenden Menschen anzuprangern und sich für eine Umformung des solchen Missbrauch erzeugenden Gesellschaftssystems einzusetzen. Diesem Aufruf zur Beseitigung der Entfremdung und Verdinglichung haben sich in einem allgemeinen Sinn gerade französische Schriftsteller und Intellektuelle verpflichtet gefühlt: EMILE ZOLA, JULES VALLÈS, ANATOLE FRANCE, CHARLES PÉGUY, HENRI BARBUSSE, LOUIS ARAGON, LOUIS GUILLOUX, PAUL NIZAN, ANDRÉ MALRAUX, JEAN-PAUL SARTRE, ROGER GARAUDY, um nur die wichtigsten zu nennen. Darin, so kann man sagen, lag eigentlich die Bedingtheit der Schriftsteller seither, und nicht in ihrer Klassenzugehörigkeit.[21] Zu dieser Bedingtheit gehörte dann freilich auch das Ausgeliefertsein an den Marxismus als Weltanschauung und an den Loyalitätsanspruch der diversen marxistischen Gewaltregime, dem sich viele so schwer entziehen konnten. Für Deutschland und Frankreich lässt sich das Dilemma stellvertretend für andere an LOUIS ARAGON und BERT BRECHT aufzeigen, die beide als Schriftsteller von hohem Rang und als Menschen von niedrigem Opportunismus waren. *„Wer für den Kommunismus kämpft"*, schrieb BRECHT am äußersten Punkt der Verblendung, *„hat von allen Tugenden nur eine: dass er für den Kommunismus kämpft".*[22] Heute ist unser Problem, zu verhindern, dass der Impuls zur sozialen Wachsamkeit nach dem fürchterlichen Verrat an den Grundgedanken des Kommunismus und dem schmählichen Ende der so genannten kommunistischen Regime einfach in Vergessenheit gerät.

Auf die **Entwicklung der Literatursoziologie** wird im dritten Teil des Schemas eingegangen *(s. S. 120)*, da diese in stärkerem Umfang den Adressaten im Auge hat: nämlich den Leser.

Gender

Früher noch als die Zugehörigkeit zu Milieu, Gruppe oder Klasse ist die Zugehörigkeit zum Geschlecht. Aus dem Sklavenstand, wenn man schon in ihn hineingeboren wurde, kann man sich emanzipieren, aus dem Herrenstand kann man heraustreten oder herausfallen, aus der Männlichkeit oder Weiblichkeit, die angeboren ist, kann man es nicht, oder nur unter Preisgabe der eigenen Integrität. Wie sollte diese erste Bedingtheit des Menschen, der *condition humaine,* nicht auch als erstes den Schreibenden und sein Produkt bestimmen? Die abendländische Philosophie hat ihre Hauptfrage, das Leib-Seele-Problem, die meiste Zeit so behandelt, als gäbe es nur einen Leib oder als wäre doch – PLATONS schöner Traum – die Zweiteilung nur vorübergehend. Erst seit dem 19. Jahrhundert, erst seit KIERKEGAARD, ist das Nachdenken über Leiblichkeit auch zu einem Nachdenken über Geschlechtlichkeit geworden. Seither aber haben sich die Dinge – auch hier – außerordentlich beschleunigt.

Nicht nur ist die Zahl der schreibenden Frauen größer geworden, vor allem in Frankreich und England, und während sie bis dahin von MARIE DE FRANCE über MARGUÉRITE DE NAVARRE, MADAME DE LAFAYETTE zu MADAME DU DEFFAND so gut wie ausschließlich dem Adel angehörten, kamen sie nun mit Nachdruck aus der Mittelschicht (die große GEORGE SAND, Kind eines Barons und einer Vogelzüchtertochter markiert auch hier den Übergang); nicht nur ist die rechtliche Stellung der Frau, die Revolution und Marxismus nachgerade übersehen hatten, so dass sie sich unter den veränderten Verhältnissen oft erheblich verschlechtert hatte, dem Gleichheitsprinzip angepasst worden – das war noch ein relativ zäher Vorgang (das Wahlrecht wurde den Frauen erst 1944 unter DE GAULLE zugestanden), und es bedurfte erst eines Essays wie „Le deuxième sexe" von SIMONE DE BEAUVOIR (1949), um das Bewusstsein der „Männergesellschaft" anzustoßen.

Doch wurde bald im Zuge dieser Dynamik die Tendenz spürbar, Weiblichkeit (und damit auch Männlichkeit) von ihrem physiologischen Substrat abzulösen und als nicht mehr eindeutig identisch mit dem biologischen Geschlecht zu verstehen. Die *écriture féminine* soll im Verständnis von Autorinnen wie HÉLÈNE CIXOUS oder JULIA KRISTEVA gerade nicht Ausdruck einer substantiell und dauerhaft gegebenen Bestimmung sein, sondern etwas gesellschaftlich Gesteuertes, kein *fait de nature*, sondern ein *fait de culture*. Nicht anders als die Sprache. Mithin wäre ihre Erzeugung auch nicht an einen Autor mit dem standesamtlichen Merkmal „weiblich" gebunden. Die stark von Frankreich beeinflussten Diskussionen der in den Vereinigten Staaten betriebenen **Gender Studies**[23] kreisen um diese Fragen, die übrigens – das versteht sich von selbst – besonders von den Menschen gestellt werden, bei denen standesamtliches Geschlecht und subjektives Geschlechtsempfinden sich ohnehin nicht eindeutig decken, den Homosexu-

---

21 Aus der umfangreichen Literatur zu diesem Thema hier nur einige wenige Hinweise: Chevalier (1958); Demetz (1969); Heist (1974); Williams (1977).
22 In dem stalinistischen Lehrstück *Die Maßnahme* (1930).
23 „Gender" (von lat. *genus* über frz. *genre*) ist das englische Wort für das – im Englischen bekanntlich unbekannte – grammatische Geschlecht, wie es eine Anzahl natürlicher Sprachen kennen. Ihn für das Studium von Weiblichkeit und Männlichkeit in der Literatur zu verwenden ist also eigentlich ein rhetorisch-programmatischer Kunstgriff, die Spanier nannten das *„un concepto"*, die Franzosen *„une pointe"*. – Als Einführung zu empfehlen: Dorothee Kimmich in: *Texte zur Literaturtheorie der Gegenwart* (1996:393 f.)

ellen. Sie gehen mithin über das Niveau der bloß männerfeindlichen „Emanzen" weit hinaus, die ja nur die traurige Entsprechung zur traurigen Misogynie eines Teils der Männerwelt bildet. An Anstößen hierfür aus der Literatur, sei es des Platonismus oder der Romantik, fehlt es nicht. Auch die Archetypenlehre C. G. JUNGS, seine Anschauungen von *animus* und *anima,* die, wenn auch ungleich, über alle Menschenwesen verteilt seien, dürfte zu den Wurzeln gehören. PAUL VALÉRY und CATHERINE POZZI haben in der Zeit ihrer ebenso kurzen wie intensiven Beziehung sich viel über den Gedanken einer Liebe jenseits der Sexualität ausgetauscht, wovon wir literarisches Echo haben.[24] Angesichts der aktuellen Fortschritte in der Reproduktionsbiologie liegt indessen der Gedanke nicht fern, dass wieder einmal die Dichtung die Zukunft vorweggeträumt hat, nämlich die Auslagerung der (von manchen) als Last empfundenen Fortpflanzungsvorgänge aus dem von der Natur dafür vorgesehenen Körper. In dieser Hinsicht ist die – literarische – Zukunft der Spezies in der Tat offener denn je.

2 Was wird geschrieben[25]

Menschenwerk

Der Mensch schafft Werke: Kunst-Werke. Dies Schaffen von Kunst ist Teil seiner Natur. Diese Werke aber sollen anders sein als er selbst: größer, klarer, bewegender, dauerhafter, stets wohnt ihnen ein Drang ins „Überlebensgroße" inne, ins *„aere perennius",* wie HORAZ sagte, selbst wenn er noch so sehr sich zu bescheiden und nur den Strom des Lebens unverfälscht zu fassen trachtet. Dies aber hat eine logische Folge: Der Schöpfer bleibt hinter seinem Geschöpf zurück. Auch wenn man, jedenfalls in unserem Jahrhundert, gelegentlich den Spruch hört: Sein größtes Kunstwerk war sein Leben. Bestenfalls gilt, mit VALÉRY: *„Die Person des Autors ist das Werk seiner Werke".* Das heißt: Wer je Gelegenheit hatte, den Verfasser eines Werkes, das er hoch schätzt, in Person zu erleben, wird unvermeidlich überrascht sein, in der Mehrzahl der Fälle sogar enttäuscht. Und doch wird unser brennendes Interesse an den Autoren, den Urhebern, nie erlöschen. Daran dürfte es liegen, dass noch immer keine Einigkeit darüber besteht, ob der Betrachtung des Werkes, des *Was,* der Vorrang zukommt vor der Betrachtung des *Von wem* und des *Für wen.* Rein literaturwissenschaftlich gesehen steht dies eigentlich außer Frage.

Historische Sichtweise

Literaturgeschichte

Die Frage, wo etwas über die Werke der Literatur zu lesen stünde, fand herkömmlich ihre Antwort in einer **Literaturgeschichte.** Die Frage nach der geschichtlichen Abfolge oder Entwicklung von

Literatur (im Gegensatz zur unverbundenen Würdigung einzelner Autoren) kam gegen Ende des 17. Jahrhunderts auf, eine Pilotenrolle gewann **Literaturgeschichtsschreibung** *(historiographie littéraire)* im 19. und frühen 20. Jahrhundert.[26] Werklexika wiederum, in denen man heute nachschlagen würde, existieren erst seit wenigen Jahrzehnten.[27] Die bekannteste Geschichte der französischen Literatur ist GUSTAVE LANSONS *„Histoire de la littérature française"* von 1894, in der von PAUL TRUFFAU überarbeiteten und ergänzten Fassung bis heute aufgelegt. In ihrem Vorwort verficht sie energisch die Unabhängigkeit der Literaturkritik von den übrigen Humanwissenschaften, deren „positiven" Wissensbeitrag sie deswegen nicht gering schätzt. Sie tritt ebenso energisch für die Ausrichtung der Literaturbetrachtung auf das individuelle Werk ein. Sie fordert schließlich den Literaturunterricht auf, von den Kompendien und Abrissen wegzukommen und jungen Leuten um ihrer inneren Bildung willen Geschmack an der Literatur selbst zu machen:

Celui-là sera un mauvais maître de littérature qui ne travaillera point surtout à développer chez les élèves le goût de la littérature, l'inclination à y chercher toute leur vie un énergique stimulant de la pensée en même temps qu'un délicat délassement de l'application technique; c'est là qu'il nous faut viser, et non à les fournir de réponses pour un jour d'examen.

Grenzen der Literaturgeschichtsschreibung

Literaturgeschichtsschreibung stößt bald an Grenzen. An eine innere und an eine äußere. Die **innere Grenze** liegt in der Anhäufung des Wissens durch jeden neu auftretenden Forscher, mit dem Ergebnis, dass die Kräfte des einzelnen überfordert sind, nicht zuletzt seit der Einbeziehung des Mittelalters, eben mit LANSON. Dem versucht die *historiographie littéraire* auf zwei Arten zu steuern: Sie verringert die Zeitspannen durch Unterteilung und legt beispielsweise eine Geschichte der Literatur nur des 17. Jahrhunderts vor;[28] oder sie vergrößert die Zahl der Mitarbeiter und bringt eine Literaturgeschichte als Gruppenarbeit heraus.[29]

---

24 Paul Valéry, *Cahiers,* ed. J. Robinson-Valéry, Bibl. de la Pléiade, t. II, Rubrik „Eros", p. 393 f. (dt. 1992).– Catherine Pozzi, *Journal,* 1987 (dt. 1995).

25 Vgl.Methodentafel S. 90

26 Die früheste 1844 von P. Nizard; sie hielt aber an dem von Voltaire und Laharpe aufgestellten Kanon fest. 1865 begannen die Benediktiner von Saint Maur ihre *Histoire littéraire de la France;* von den Mitgliedern des *Institut de France* fortgeführt, erreichte sie 1962 mit Band 39 das *quatorzième siècle!* – Die erste deutschsprachige von G. Groeber, 1902.

27 Eine Zusammenstellung in Kapitel 3, S. 38. – Das älteste, das Dictionnaire des lettres françaises, unter der Leitung von Kardinal Georges Grente, wurde 1936 beschlosen und erschien 1951.

28 Antoine Adam ist Verfasser einer fünfbändigen Histoire de la littérature française au XVIIe siècle (1949–52; Neudruck 1962).

29 In der Praxis heute fast nicht anders möglich: Queneau [Éd.] (1958); Pichois [Éd.] (1990–1996); Grimm [Hrsg.] (1994). – Eine Zusammenstellung von Einzelstudien bietet Heitmann (1975). – Zu den methodischen Fragen der Literaturgeschichtsschreibung: Wellek/Warren (1995; Kap. 19); Delfau/Roche (1977).

National-literatur	Die **äußere Grenze** verläuft dort, wo die Grenze einer National-literatur verläuft. Und diese ist durchlässig. Nationale Literatur-geschichtsschreibung ist ein Kind des nationalen Zeitalters. Aber wiederum wäre es ganz falsch, GUSTAVE LANSON des Nationalis-mus zu verdächtigen: Ihm wurde im Gegenteil von der nationali-stischen Rechten vorgeworfen, er verrate den französischen Geist und liefere die Studenten der neblig-dumpfen germanischen Wis-senschaft aus! Dabei steht völlig außer Zweifel, dass Frankreich im 19. Jahrhundert zahlreiche Einflüsse aus Deutschland aufge-nommen hatte: GOETHES *„Faust"*, SCHILLERS *„Wallenstein"*, E.TH. A. HOFFMANNS Erzählungen, HEINES Lyrik hatten ein vielfaches Echo gefunden, von BEETHOVENS und WAGNERS Musik, HEGELS, SCHOPEN-HAUERS und NIETZSCHES Philosophie ganz zu schweigen. Die Frage war nur, wie man sich dieses Einflusses methodisch vergewissern konnte.

Vergleichende Literatur-wissenschaft	Alle Nationalliteraturen sind in wechselndem Ausmaß Nehmen-de und Gebende. Frankreich hatte im Mittelalter den keltischen Sagenkreis um König ARTUS aufgesogen und die Epik um KARL DEN GROSSEN nach Italien ausgeführt. Im 16. Jahrhundert war es das Schuldnerland Italiens und seiner Renaissance geworden, im frühen 17. Jahrhundert bewunderte und beneidete es Spanien. Im Zeitalter des Absolutismus richteten sich alle Blicke auf Frank-reich, gegen Ende des *Ancien Régime* aber kamen starke Anregun-gen aus England. Dem großen Interesse am Deutschland der Ro-mantik folgte die Entdeckung des russischen Romans und des skandinavischen Theaters, auch die modische Begeisterung des Exotismus für Arabien oder Japan. In unserem Jahrhundert drängte erst Nordamerika herüber, später Lateinamerika; nicht zu vergessen die Frankophonie Afrikas und des kanadischen Que-bec. Ein weites Feld für die Untersuchungen der ***littérature com-parée,*** wie man diese einzelliteratur-übergreifenden Studien nennt, übrigens schon seit 1829, denn man wollte nicht zurück-stehen hinter der Vergleichenden Religionswissenschaft, der Ver-gleichenden Grammatik oder der Vergleichenden Anatomie, die damals aufkamen. Als Universitätsfach ist die **Vergleichende Literaturwissenschaft** oder **Komparatistik** allerdings erst seit dem frühen 20. Jahrhundert etabliert, in Frankreich stärker als in Deutschland, und sie weitete ihr Arbeitsfeld bald auch auf den Vergleich zwischen den Künsten aus: Musik, Malerei, Film.[30]

Am Rande dieses Feldes macht ihr heute die **Medienwissen-schaft** Konkurrenz, die ihre Arbeit unter die Frage stellt: „Formu-lieren oder Visualisieren?". |

Periodi-sierung	Wie lässt sich nun diese Geschichte untergliedern? Immerhin ha-ben wir es mit einem geschlagenen Jahrtausend französischer Literatur zu tun, seit jener *Vie de saint Léger* aus dem 10. Jahrhun-

dert, diesem – wie LANSON schrieb – „*mince filet de narration, naïve, limpide, presque plate et presque gracieuse en sa précision sèche*".[31]
Man hat etliche Möglichkeiten der Periodisierung:

■ Die Anlehnung an die Epochen der **Geistes- oder Mentalitäts-geschichte** *(histoire des idées)*. Das ist nahe liegend, aber nicht ganz unproblematisch. Humanismus, Rationalismus, Aufklärung, Positivismus oder Existentialismus bieten sich als übergeordnete Größen an und haben zweifellos den Ideenanteil der Literatur dieser Epochen geprägt. Die Gefahr dabei lag und liegt zum einen darin, dass die Literatur nur als Ideenträger verstanden und überdies in ein zeitliches Korsett gezwängt wird, das ihr nur unvollkommen entspricht, zum anderen dass die geistesgeschichtlichen Epochen ihrerseits (aus mangelnder Vertrautheit) als unverrückbare Größen hingestellt werden. Es gibt aber im Geistigen ebenso wenig wie im Gesellschaftlichen monolithische Epochen. Im Sinne der in Kap. 4 skizzierten *Erkenntnisfunktion* wäre es indessen töricht, der Literatur ihre hohe Aussagekraft für die Leitwerte einer Zeit abzusprechen. Man denke nur daran, wie weit die Merkmale eines Großteils der aktuellen europäischen Literatur: Zurücknahme, Gebrochenheit, Fragmentarismus, Illusionszerstörung, aber auch spielerische Beliebigkeit im Dienste eines leider notwendig gewordenen Leitwertes stehen müssen: dem Abbau des männlich-militärischen Leistungsprinzips.

■ Die Anlehnung an die Epochen der **Stilgeschichte**. Dies ist weit weniger problematisch. Die „wechselseitige Erhellung der Künste" ist, auch wenn sie einer verfeinerten Analyse nicht immer standhalten mag, gerade für das intuitive Erfassen des künstlerisch Wesentlichen von unschätzbarer Bedeutung, enthält doch das jeweils künstlerisch Wesentliche so gut wie immer auch epochenspezifische Züge. Ob Rokoko (französisch meist *Louis Quinze*) oder Impressionismus, Kubismus oder Surrealismus, vielfach wird man im Sprachgebilde Beziehungen zur Kunstwelt auffinden wollen: von MARIVAUX zu WATTEAU, von VERLAINE zu MONET, von REVERDY zu BRAQUE, von BRETON zu MAGRITTE. Darüber wird deutlich, dass französische Dichtung, vor allem Lyrik, in häufiger Symbiose mit der Malerei steht, deutsche Dichtung eher mit der Musik.

---

30 Bedeutende Komparatisten in Frankreich: F. Baldensperger, P. Van Tieghem, R. Etiemble, Cl. Pichois, P. Brunel; in USA: W. P. Friederich, R. Wellek, H. Remak; in Deutschland (wo Komparatistik häufig bei der Romanistik oder Slavistik angesiedelt ist) H. Rüdiger, K. Wais. Die Komparatistik wird besonders in kleineren Ländern wie Ungarn oder Holland betrieben. Der Streit um ihre Methoden (und ihre Daseinsberechtigung) füllt Bände.– Schmeling [Hrsg.] (1981); Brunel (1996).

31 Und so begann es mit dem Leben des Hl. Lüdger: „*Domine Deu devemps lauder/ Et a sos sanz honor porter*" (*Nous devons louer le Seigneur Dieu et porter honneur à ses saints*), nachzulesen etwa in der *Chrestomathie* [„nützliches Lernbuch", Anthologie] *de la littérature en ancien français* von Albert Henry.

■ Die Ausrichtung an **Generationen**. Dieser Einfall verbindet sich in Frankreich mit der *„Histoire de la littérature française de 1789 à nos jours"* von ALBERT THIBAUDET aus dem Jahre 1936. In der Tat legte die rasche Abfolge von Regimen und Revolutionen die Annahme gemeinsamer Erlebnisgrundlagen bei Altersgenossen nahe. MAURRAS, BENDA, GIDE, VALÉRY, CLAUDEL waren jung, als nach dem verlorenen Krieg gegen Preußen-Deutschland die III. Republik jung war; ARAGON, MICHAUX, BRETON, AUDIBERTI erlebten den Ersten Weltkrieg im Rekrutenalter. Den Schematismus einer solchen politischen Bedingtheit der Autoren wusste der Kritiker allerdings durch seine Ausrichtung auf das Physiologische und Organische in der Dichtung auszugleichen.

■ Eine Flucht aus den Schwierigkeiten jeder inhaltlichen Periodisierung stellt der Rückgriff auf **Jahrhundertzahlen** dar. Sie ist in Frankreich als Orientierungssystem sehr beliebt (man kann darin das Klischee vom kartesianischen Geist wieder finden), bis hinein in die Spezialisierung der Literaturforschung. Haben wir in unserer deutschen Germanistik die „Alte Abteilung", die „Neuere" und die „Neueste deutsche Literatur", so hat sich an französischen Universitäten eine gewisse Abschottung als *médiéviste, seizièmiste, dix-septièmiste, dix-huitièmiste* und *dix-neuvièmiste* ausgebildet (der *vingtiémiste* wird erst im nächsten Jahrhundert anerkannt sein). Entsprechend die Einteilung der Handbücher, der Vorlesungen etc. Jedem ist klar, dass dies ebenso nichts sagend wie praktisch ist.

Ergiebig wird die historische Forschung freilich erst, wenn man kleinere Einheiten ins Auge fasst, aus denen die Geschichte sich aufbaut.

Gattungsgeschichte

Da jedes Literaturwerk uns – wie im nächsten Kapitel näher ausgeführt wird *(s. S. 126)* – bei aller Individualität doch als zugehörig zu einer Gattung (oder Untergattung) begegnet, ist von dem Aufweis der **Entwicklung der Gattung** und dem Versuch, dem einzelnen Werk einen Platz darin anzuweisen, weiterer Aufschluss zu erwarten. Auch hier gibt es Gesamtdarstellungen einer Gattung und Beschränkung auf ein Land, auf eine Untergattung oder auf eine ausgewählte Periode. So haben wir die monumentale *„Theatergeschichte Europas"* von HEINZ KINDERMANN in 10 Bänden (1966–1974), *„Le Théâtre en France des origines à nos jours"*, hrsg. von ALAIN VIALA (1997), oder die als Lehrbuch konzipierte Abhandlung über die Tragödie in Frankreich, *„La Tragédie"*, von JACQUES MOREL (1964). Es gibt den von MICHEL JARRETY herausgegebenen Sammelband *„La Poésie française du Moyen Âge jusqu'à nos jours"* (1997), die große Abhandlung über das Sonett in allen Ländern Europas von WALTER MÖNCH (1955) oder die Untersuchung über eine französische Spezialität, das *Prosagedicht*, von SUZANNE BERNARD, *„Le Poème en prose de Baudelaire à nos jours"* (1959). Schließlich bietet sich zum Roman die *„Geschichte des französischen Romans"* von WINFRIED ENGLER (1982) an oder die *„Epochen des französischen Romans"* von FRITZ PETER KIRSCH (1986), zum Bauernroman die Studie von PAUL VERNOIS, *„Le Roman rustique de George Sand à Ramuz"* (1962) oder zu einer beliebten Gattung am Rande die *„Histoire de la bande dessinée"* von HENRI FILIPPINI (1980). Schließlich die kleinsten Einheiten:

Stoff

Ein literarischer *Stoff* ist eine inhaltliche Handlungsvorgabe realen oder imaginären Ursprungs, die an namentlich erwähnte Personen gebunden ist und über die Zeiten hinweg immer erneut zur Bearbeitung gereizt hat. Zahlreiche Stoffe sind mythischer Herkunft. In der Gegenwart hat man den Begriff **Mythos** im Sinne einer kollektiven Phantasietätigkeit auf jedes beliebige Ereignis ausgeweitet. Warum sollte, was für Troja galt, nicht auch für die *Résistance* gelten? Vorausgesetzt nur, es findet sich ein HOMER! Die bekanntesten Stoffe stammen aus der Bibel und der griechischen Antike; Stoffe französischen Ursprungs sind die Sagen um KARL DEN GROßEN, ROLAND und die HAIMONSKINDER, dann die RITTER DER TAFELRUNDE, ferner ABÄLARD und HELOISE, ROBERT DER TEUFEL, JEANNE D'ARC, MÉLUSINE, LUDWIG XI., die *Grande Révolution* usf.[32]

Motiv

Ein literarisches *Motiv* ist ein Handlungsmuster, wie es, unabhängig von individuellen Personen, häufig wiederkehrt, einfach weil es bestimmten intensiven Erlebnissituationen entspricht, seien sie wirklich oder erträumt. Es lässt sich abheben gegen die Verwendung des Begriffs in anderen Bereichen. Im psychologischen oder kriminologischen Bereich meint *Motiv* den Beweggrund für ein bestimmtes Handeln, den es herauszufinden gilt (frz. *mobile*). In der Musik meint *Motiv* meist eine Tonfolge, die mit einer bestimmten Handlung oder Stimmung verbunden ist. In der Malerei oder der Photographie meint es den Gegenstand, der zum Festhalten einlädt. *Eifersucht* also ist gewiss ein häufiges Motiv für schlimmes Handeln, aber zunächst noch kein literarisches Motiv. *Rache aus Eifersucht, Der düpierte Eifersüchtige* o. Ä. können zu einem solchen werden. Eine literarische Gattung, die durch und durch von Motiven bestimmt ist, haben wir im **Märchen** *(conte de fée)*. Eine Sonderbedeutung von Motiv ist die beigezogene, „figürlich" parallelisierte Gestalt, die selbst nicht ausdrücklich zum Thema gemacht wird, etwa das Christus-Motiv *(le motif du Christ)* oder das Napoleon-Motiv in VICTOR HUGOS *„Les Misérables"*.

Thema

Nicht leicht abzugrenzen ist das *Motiv* vom *Thema. Wildheit* etwa ist sicherlich kein *Motiv,* sondern ein *Thema;* das gleiche gilt für

---

32 Nachschlagewerke: Frenzel (1992a); Brunel [Éd.] (1994).

Edle Gesinnung. Zusammengefügt aber ergeben sie das Motiv des *Edlen Wilden,* womit der alte Traum gemeint ist, wie er in der französischen Dichtung von MONTAIGNE über ROUSSEAU zu CHATEAU-BRIAND besonders gerne gestaltet wurde, wonach der Naturmensch besser sein müsse als der Zivilisationsmensch. Andererseits ist es nicht abwegig, vom *bon sauvage* als einem *Thema* zu sprechen (im Französischen ist dies ohnehin der übliche Ausdruck: *le thème du bon sauvage).* Man sollte von *Motiv* sprechen, wo es Teil eines Ganzen ist und wo es eine Handlungskomponente aufweist. *Liebe* ist kein Motiv, wohl aber der *herkunftsbedingte Liebeskonflikt,* den etwa CHATEAUBRIANDS Maurenerzählung vom *„Letzten Abencerage"* gemeinsam hat mit *„Romeo und Julia".*[33] Grundsätzlich kann in der Literatur alles zum Thema werden, jedenfalls seit VICTOR HUGOS berühmtem Ausruf: *„Tout a droit de cité en poésie".* Man denke nur an das Thema *Paris* in der französischen Literatur, zu dem er selbst so mächtig beigetragen hat.[34] Es liegt auf der Hand, dass *Stoffe, Motive* und *Themen* wohl örtliche oder nationale Ursprünge haben, aber Grenzen eher mühelos überspringen und daher einen bevorzugten Gegenstand der Vergleichenden Literaturwissenschaft ausmachen. Völlig geläufig ist dies in der Märchenforschung.[35]

Topos

Die letzte Gruppe von kleinsten literarhistorischen Einheiten ist vielleicht die interessanteste, weil sie sich beim Gang durch die Geschichte so stark verändert hat und insofern den Gang der Geschichte selbst deutlich werden lässt. Der *Topos* (lat. *locus)* war ursprünglich Hilfsmittel für die Ausarbeitung von Reden, erlebte seine Glanzzeit bei seinem Eintritt in die Poesie allgemein, durchherrschte die *Sieben freien Künste* des Mittelalters, dominierte erst recht in der Poetik der Renaissance und bis ins 17. Jahrhundert, um sodann in dem Maß fraglich zu werden, wie die ganze Tradition fraglich wurde und wie *Originalität* (heute: *Innovation)* im Wert stieg. Aus dem *„Allgemeinplatz"* *(locus communis)* etwa in einer Trost- oder Grabrede, aber auch in Schilderungen der Frauenschönheit, der Landschaft oder der Seefahrt, wurde das *„Klischee",* die abgedroschene *platitude* oder *sottise* des bürgerlichen Zeitalters, im 19. Jahrhundert gerne zusammengestellt in einem *sottisier,* gipfelnd in FLAUBERTS *„Dictionnaire des idées reçues".* In dem Maß, wie man sich klar machen muss, dass die Verwendung des Wortes *Klischee* (cliché: Nachgebildetes, zu Deutsch *klitschen)* längst selbst ein Klischee ist, geraten wir in die Existenznöte des modernen Intellektuellen.[36]

Quellen

Bezogen auf ein bestimmtes Werk nennt man die inhaltlichen (manchmal auch die formalen) Elemente, die aus früheren Werken übernommen wurden, die **Quellen** und spricht von **Quellenforschung** *(recherche des sources).*[37] Eine statisch-enge Sicht sah allerdings das bezogene Element nur als hereingeschleppt wie ein antikes Säulenstück in einer mittelalterlichen Kirche. Solchem *sourcisme* trat aber schon bald die gesamthafte Würdigung der Integration des Elementes in ein neues Ganzes gegenüber. Hierfür hat sich seit JULIA KRISTEVA der Terminus **Intertextualität** eingebürgert (geprägt nach dem Muster *inter-national, inter-subjektiv*), der jeden Text als Ergebnis eines Produktionsvorganges versteht, bei dem andere Texte absorbiert und transformiert werden. Mit diesem Begriff tritt die historisch-diachronische Komponente zurück und weicht der Vorstellung einer Gleichzeitigkeit, in der die bezogenen Texte gleichsam kopräsent um das Lager stehen, auf dem das Neue geboren wird.

Systematische Sichtweise

Formal-ästhetik

In systematischer, zeitunabhängiger Sicht tritt der historischen Betrachtungweise die *formalästhetische* Betrachtungsweise von Literatur gegenüber. Natürlich gibt es im Streit der Methoden, im gelebten Leben der Forschung, Spannung und Wechsel zwischen ihnen. **Wechsel des Paradigmas**, wie man sagt. Es gab, im Verlauf unseres Jahrhunderts, auch reichlich Gründe für den Wechsel. Drei davon waren: Erschöpfung, Überzeichnung, Missbrauch.

1. Die positive historische Forschung war nach einer großen Zeit ein wenig müde geworden.
2. Sie hatte einen Erklärungsanspruch entwickelt, der zum Widerspruch nötigte: *Das Wesen von etwas sei erkannt, wenn ihr Werden erkannt sei* (was gewiss nicht ganz falsch war); oder in polemischer Verkürzung: *Quelle erkannt, Werk erklärt.*

---

33 Frenzels Nachschlagewerk (1992b), ebenso reichhaltig wie das Parallelwerk zu den *Stoffen*, hat eine sehr weite Auffassung von *Motiv*. Dass *Der verliebte Alte, Der überlegene Bettler* oder *Der weise Narr* Motive sind, überzeugt ohne weiteres. Hingegen *Das Duell, Die Stadt, Der Spieler* als *Motiv* zu bezeichnen, überzeugt nur in größeren Handlungszusammenhängen. Für sich genommen ist *Der Spieler* kein Motiv, ebenso wenig wie *Die Habsucht*. Es sind *Themen*.

34 Siehe dazu Citron (1961) und den schönen Vortrag von Minder (1965).

35 Thompson (1958). – Zur Thematologie in der Vergleichenden Literaturwissenschaft siehe bei M. Schmeling (Anm. 29). Das früher genannte Handbuch von H. und I. Daemmrich spricht unterschiedslos von Themen und Motiven (vgl. Kap. 5, S. 75).

36 Der Begründer der Toposforschung war Ernst Robert Curtius in seinem epochalen Werk *Europäische Literatur und lateinisches Mittelalter* (1948). Sein Verständnis wurde vielfach als zu statisch kritisiert. Vgl. P. Jehn, *Toposforschung*, 1972. Typische Allgemeinplätze der Gegenwart sind in der Politik der „historische Augenblick", in der Literaturwissenschaft der „Ansatz", in der Pädagogik der „Einstieg", in Seminarreferaten die Formel: „Das würde den Rahmen der vorliegenden Arbeit sprengen"; aber die Verwendung von „epochal" oder von „typisch" ist selbst stets klischeeverdächtig, am Ende jedes Wort.

37 Anders beim Historiker, für den als *Quelle* jedes Originaldokument gilt, aus dem er sein Geschichtsbild aufbaut.

3. Alles geschichtliche Denken war in die totalitären Denk- und Herrschaftsformen dieses Jahrhunderts verstrickt. So suchte man Entlastung bei der Formbetrachtung, der Kontemplation des *Schönen,* wie man im 18. Jahrhundert meist gesagt hatte, aus welcher Zeit nicht von ungefähr das Wort *Ästhetik* stammt.[38]

Form

Form ist das, was einer irgendwie gearteten *Substanz* Umrisse verleiht, diese Substanz in ihrem Fluss, ihrem Kontinuum unterbricht, sie daraus absondert und zu einem unverwechselbar Einmaligen macht. Es gibt aber zweierlei Form. Man kann sich die Verhältnisse am Beispiel des Schlüssels verdeutlichen. Aus dem endlosen Metall wird ein Stück herausgeschnitten und zum Instrument gemacht. Dies Instrument hat aber zwei Teile, zwei Funktionen. Es hat am einen Ende eine Form, den „Bart". Der soll einmalig sein, um nur in ein bestimmtes Schloss zu passen. Aber daran ist der Schlüssel nicht erkennbar (er soll es ja gar nicht sein). Erkennbar ist er meist an dem anderen Teil, dem Griff. Der Griff hat auch seinen Zweck, aber seine Form ist eher beliebig. Nur: sie ist dem Benutzer zugewandt. Der Griff hat eine **Gestaltform**, der Bart nur eine **Zweckform**. Form oder Gestalt sind auf Wahrnehmung angewiesen (das ist auch der ursprüngliche Sinn des griechischen Wortes *aisthanomai,* aus dem *ästhetisch* abgeleitet ist). Weil dies schwierig zu vermessen oder zu begrenzen ist, spricht man gerne und schnell von einem *Geheimnis* der Form. Das dürfte damit zusammenhängen, dass das Erkennen einer Form (und erst recht das Herstellen) ein ganzheitlicher seelischer Akt ist, bei dem nicht nur die Eigenschaften der Elemente eines Phänomens zusammengezählt, sondern auch alle Beziehungen oder Verhältnisse zwischen diesen Elementen wahrgenommen werden. Natürlich nur im Idealfall. In der konkreten Alltagswahrnehmung wird man, schon gar bei einem komplizierten oder ungewohnten Gebilde, von dieser Annahme der **Gestalttheorie** Abstriche machen müssen. Sicher kann man nicht alle Beziehungen auf einmal wahrnehmen. Vielmehr bedarf es einer Schulung im Lesenlernen der Form. Das ist eigentlich die vornehmste Aufgabe eines Lehrers. Ein Geheimnis bleibt, dass auch bei unvollkommener Wahrnehmung (und eine vollkommene gibt es gar nicht) ein *großer Eindruck* entstehen kann, wenn denn eine *große Form* dasteht.

Um in dieses Geheimnis einzudringen, hat die Tradition eine Anzahl bildhafter Vorstellungen entwickelt. Hier die wichtigsten davon:

Struktur

Alles, was dieses anspruchsvolle Verhältnis der Teile zum Ganzen, ausmacht, nennt man *Struktur.* Lat. *struere* heißt „bauen", und *Struktur* heißt „Aufbau", „Bauart", „Zusammenfügung". Eine Betrachtungsweise von Literatur, die das Werk ausschließlich oder vorrangig auf seine Bauweise, auf das Verhältnis seiner Bestandteile hin untersucht, heißt **strukturalistisch**. Allerdings wird diese Vorstellung (Metallbaukasten!) von einer statischen rasch zu einer dynamischen: Der Gedanke – oder das Bild – einer *Maschine* tritt hinzu, und man spricht vom Funktionieren, von der **Funktionsweise** *(fonctionnement)*. Dagegen wiederum tritt nicht selten gefühlsmäßiger Widerstand auf, und man bringt ein anderes, angenehmeres Bild zur Anwendung: den **Organismus**. Einfacher wird es dadurch nicht, und die Wissenschaftler fragen natürlich sofort zurück, ob nicht auch der Organismus eine Maschine sei.

Netz

Ein dritter, nach *Maschine* und *Organismus* nicht weniger interessanter Verbildlichungsvorschlag ist das **Gewebe**, das *Netz* (für Spötter gehört noch die *Masche* dazu). Die vollständige Verknüpfung einer Anzahl von Fäden zu einem widerstandsfähigen und zusammenhängenden Gebilde war in der Tat ein allzu verführerisches Verfahren, als dass man es nicht auch im übertragenen Sinne für das Handwerk der Dichtung gebrauchte. Lateinisch natürlich: *textum*, der **Text**.

Artikulation

Wo die Betrachtung der natürlichen Sprache zu normalen Verständigungszwecken gerne von *Artikulation* spricht (doppelte Artikulation – *double articulation* – von Lauten und Bedeutungen), verwendet sie offenkundig ein körperliches, ein „organizistisches" Bild.[39] Deswegen liegt es nahe, bei dichterisch vernetzten, zusätzlich strukturierten Sprachverwendungen auch von einer *dritten Artikulation* zu sprechen.

Strang

So redet man anschaulich von *Strophenformen*, von *Bauformen des Erzählens*, von *Dramenarchitektur*. Lyrisches Sprechen erfolgt eben nicht nur linear, Erzählen nicht nur einsträngig, ein Theaterdialog plätschert nicht nur dahin. Das Hinzutreten weiterer Dimensionen schwankt in diesem übertragenen Gebrauch immer charakteristisch zwischen Räumlichkeit und Zeitlichkeit. Die Lyrik wiederholt, die Epik sieht voraus und zurück (auch nach der Seite), die Dramatik knüpft Handlungsstränge. „Strang", „Verwicklung", „Intrige" (von lat. *intricare)* ist ein weiterer Bildbereich aus dem Handwerk, auf den wir zurückgreifen: diesmal aus der Seilerei.

Komposition

Schier unbegrenzt ist die Zahl der Erfindungen bei dieser „Bautätigkeit" und daher die Möglichkeit, Beobachtungen zu

---

38 Über die Verstrickung von deutschen Romanisten in den nationalsozialistischen Totalitarismus vgl. Hausmann (1993); als Zeugnis eines Betroffenen sei verwiesen auf das sehr bekannt gewordene *Tagebuch 1993–1945* des jüdischen Romanisten Victor Klemperer (1997),auch Verfasser von (bzw. Erfinder des ironischen Ausdrucks) *LTI (= Lingua Tertii Imperii),* 1957 (1996).
39 Lat. *articulus* ist Diminutiv von *artus –* „Glied", „Knöchel", „Gelenk"; griech. *arthros.*

machen. Überall haben wir es mit *Kompositionsarbeit* zu tun (lat. *componere* „zusammensetzen"), und suchen nach den inneren „Verstrebungen", ohne die kein Werk zusammenhalten kann.

Arbeitsfelder Nachstehend einige Arbeitsfelder, absichtlich ganz verschiedener Art:

- Sehr anregend hat das Buch der Holländers ANDRÉ JOLLES mit dem Titel *„Einfache Formen"* gewirkt, das schon 1929 erschienen ist.[40] Jolles untersucht die **Grundformen** von Legende, Sage, Rätsel, Spruch, Märchen oder Witz.
- Im so genannten **russischen Formalismus** wurden viele Versuche unternommen, die dichterische Sprache als eine „in ihrem ganzen phonetischen Gefüge durchgestaltete Sprache" von der Allgemeinsprache abzuheben.[41]
- Die Beschreibung der Erzählformen hat eine eigene Sparte hervorgebracht: die **Narratologie.** Dort geht es um die verschiedenen Instanzen des Erzählvorgangs, so um die Rolle des Erzählers, die *marques de la narrativité,* Zeit- und Raumbezüge und vor allem um die Grundunterscheidung eines nur abstrakt vorstellbaren Geschehensablaufs *versus* real gewählte Anlage der Geschichte mit ihren Vorgriffen, Rückblenden, Raffungen und Auslassungen, was französische Forscher (nicht einheitlich) mit den Ausdrücken histoire oder *fable* versus *discours* oder *récit* bezeichnen.[42]
- Fruchtbar war die Idee von UMBERTO ECO, dass es Werke mit **offener** und solche mit **geschlossener** Anlage gibt: eine brillante Übertragung des alten philosophischen Gegensatzes zwischen einer Auffassung des Kosmos als grenzenlos (DEMOKRIT) und als begrenzt (PARMENIDES).[43]
- Das Verhältnis von Einzelwerk zu Gesamtwerk eines Autors wird insbesondere dann aufschlussreich, wenn es sich – wie in der modernen Poesie häufig – um sehr individuelle, „dunkle" Redeweisen handelt. Die systematische Nutzung von Parallelstellen ist in Frankreich zu einer **thematischen Kritik** ausgebaut worden, die den imaginären Raum eines Werkes anhand von Schlüsselwörtern und thematischen Zentren vermisst. Angestoßen wurde die *crittique thématique* von den Untersuchungen des Philosophen GASTON BACHELARD zur *imagination matérielle* der Dichter. Ihr Vorgehen ist gleichsam paradigmatisch, das heißt von einer bestimmten Stelle des linearen Erzählfadens, des Dialogs oder der lyrischen Rede führt ihr Weg senkrecht nach oben oder unten zu anderen ähnlichen Textstellen. Dieser Aufweis einer Gesamtstruktur kann sehr erhellend sein, stößt jedoch unvermeidlich auf die Schwierigkeit, die aufgezeigten Strukturen wieder in die syntagmatische Ebene, das heißt den konkret gewählten Fortgang des Textes zu integrieren.[44]

Stil	Inbegriff aller werkbezogenen Betrachtung ist die **Stilkritik**. **Stil** meint ursprünglich *Handschrift*. Noch ursprünglicher *Griffel* zum Ritzen eines römischen Wachstäfelchens (mit einem flachen Ende zum Tilgen des Geschriebenen). Allezeit lag die übertragene Bedeutung nahe: persönliche Art und Weise. Daher *style de vie, avoir du style*. Stil ist, was den einzelnen Menschen heraushebt. Ohne Stil ist die Menschenwelt nicht denkbar. BUFFONS berühmtes Wort aus dem 18. Jahrhundert spitzt dies zu: *„le style c'est l'homme même"*.[45] Der Einwand, es gebe nicht nur Individualstil, es gebe auch Gruppenstil, Epochenstil, ist kein Einwand, denn hier ist Gruppe, Epoche gerade individuell aufgefasst. Es gibt Sprachstile und Stilsprachen, wie LEO SPITZER gesagt hat. Zweifellos ist ein Individualstil Teil eines Gruppenstils, auch wenn ein Individuum sich dagegen sträuben mag. Und natürlich ist Stilwandel (als Folge eines beständigen Bedürfnisses, sich vom Bestehenden abzusetzen) eine so starke und unausweichliche Erscheinung, dass man zögert, Stil überhaupt synchron zu betrachten.

Die *Stilistik* tut dies dennoch. Dieser didaktische Ausdruck ist übrigens in der deutschen Sprache entstanden, und zwar bei NOVALIS, Ende des 18. Jahrhunderts, in der Bedeutung *Theorie des Stils,* interessanterweise gleichzeitig mit dem Ende der Gültigkeit der seit der Antike gehandhabten Dreiteilung in *hohen, mittleren* und *niederen* Stil *(sublimis, mediocris, humilis)* und dem Beginn der Literaturtheorie. Ins Französische erst 1872 übernommen, meint er seither die wissenschaftliche Betrachtung des Stils, seiner Mittel und seiner Wirkungen, vornehmlich bei literarischen Werken. **Mittel** wären etwa Wortwahl und Wortbildung, Satzbau und Figuren; **Wirkungen** wären Verführung, Überraschung, Befremdung, Spannung, Einbeziehung: *un style qui vous entrerait dans l'idée comme un coup de stylet,* sagte FLAUBERT. Seit den Sechzigerjahren tritt die Bedeutung der Stilistik zurück zugunsten der **Poetik** und der **Semiotik**. Ein handwerkliches Training in Stilbeschreibung erscheint aber weiterhin unerlässlich. STENDHAL erklärte, sein Stilvorbild sei der *Code Civil*. VICTOR HUGOS Stilregister ist so virtuos, dass er schreiben kann wie VOLTAIRE oder auch wie – IONESCO. Die

(Randspalte: Stilistik)

---

40 Mehrfach wieder aufgelegt; nach dem Krieg von den französischen Strukturalisten entdeckt, 1972 ins Französische übersetzt.
41 Vgl. Erlich (1964:235).
42 Nach einigen Vorarbeiten in Deutschland wurde die Begrifflichkeit vor allem von den französischen Strukturalisten Roland Barthes, Tzvetan Todorov, Gérard Genette und Julien Greimas entwickelt. Vgl. die Artikel *Narrateur* und *Narration* von A. Rey im *Dictionnaire des littératures françaises*. Umfassend: Genette (1994).
43 Eco (1990); Klotz (1985).
44 Die Großmeister dieser Verfahren waren (mit Unterschieden) Georges Poulet und Jean-Pierre Richard.
45 Siehe dazu Gauger (1995: spez.Kap. 9 u. 10).

Rede des betrunkenen Studenten Grantaire (= Grand air, oder, als *rébus:* R) in *„Les Misérables"* ist eine *Etude* vom höchsten Schwierigkeitsgrad:

„J'ai soif. Mortels, je fais un rêve: que la tonne de Heidelberg ait une attaque d'apoplexie, et être de la douzaine de sangsues [Blutegel] *qu'on lui appliquera. Je voudrais boire. Je désire oublier la vie. La vie est une invention hideuse de je ne sais qui."* Und so über fast vier Seiten. Dagegen nimmt sich selbst der Meister der Stilvariationen, RAYMOND QUENEAU bescheiden aus.[46]

Bewertung

Stilbezeichnung und Stilbewertung gehen oft ineinander über: *Style noble, burlesque, nerveux, pur, dépouillé, administratif, publicitaire* usf., aber auch bei Epochenstilen: *baroque, précieux, romantique, symboliste („artiste").* Die delikate Frage zum Stil lautet: *Wie viel ist zuträglich?* (dies ist ihm mit dem *maquillage* gemeinsam). Die *simplicité* steht dem *surchargé* entgegen, das Natürliche dem Aufgesetzten.

Dissoziation

Stilphänomene erzeugen historisch-dialektisch Gegenphänomene, dissoziative Schreibverfahren, die sich dann im Sinne der oben erwähnten Intertextualität wieder synchron bestimmen lassen. Solange ein Text sich (wie in der Renaissance) auf einen anderen Text im Rahmen eines vorgegebenen Referenzsystems von Gattungen und Themen bezieht, spricht man von **Imitation.** Tut er dies in belustigender, in spottender oder satirischer Absicht gegenüber dem Text selbst, dessen Autor oder dessen Rezeption, so nennt man es **Parodie** oder **Travestie;** bei der Parodie bleibt die Stilhöhe konstant und wird der Inhalt degradiert, bei der **Travestie** verhält es sich umgekehrt. Werden nur Stilzüge imitiert, so nennt man es *pastiche* (berühmtes Beispiel: die FLAUBERT-*pastiches* durch PROUST).

Dissoziative Schreibverfahren

	Bezogener Text	
	Inhalt	Stil
Imitation	*konstant*	*konstant*
Parodie	*degradiert*	*konstant*
Travestie	*konstant*	*degradiert*
Pastiche	*indifferent*	*konstant*

Textgenese

Ein letzter, lehrreicher Sektor der werkbezogenen Betrachtung ist die **Entstehung** von Werken und die Geschichte ihrer Publikation, gewissermaßen eine diachrone Sonderabteilung innerhalb der Synchronie. Werke entstehen ja nicht in einem Wurf, es gibt zumeist mehrere Fassungen, handschriftliche oder gedruckte, und falls solche aus den Nachlässen der Autoren hervorgeholt und dokumentiert werden können, bieten sie ein faszinierendes Studium, genannt **Variantenstudium** oder *critique génétique.* Ein

besonders schönes Beispiel ist BALZAC, der auf den Druckfahnen seiner Romane nicht etwa nur Fehler korrigierte, sondern – zum Entsetzen seiner Verleger – in fieberhafter Eile änderte und weiterschrieb.[47]

3 Für wen wird geschrieben?[48]

Leserschaft

Die Antwort auf die dritte Leitfrage scheint diffus ausfallen zu müssen. Das Werk, einmal fertig gestellt, geht hinaus in die Welt, in das Reich, in dem der Zufall herrscht. Auf wen wird es treffen? Was wird aus ihm werden? Für PAUL VALÉRY ist es ein Tropfen Rotwein im Ozean:

J'ai, quelque jour, dans l'Océan,
(Mais je ne sais plus sous quels cieux),
Jeté, comme offrande au néant,
Tout un peu de vin précieux …

Qui voulut ta perte, ô liqueur?
J'obéis peut-être au devin?
Peut-être au souci de mon cœur,
Songeant au sang, versant le vin?

Sa transparence accoutumée
Après une rose fumée
Reprit aussi pure la mer …

Perdu ce vin, ivres les ondes! …
J'ai vu bondir dans l'air amer
Les figures les plus profondes …

Nie mehr wird der rote Tropfen er selbst sein …[49]

Das ästhetische Merkmal ist, wie dargestellt *(s. S. 112)*, auf Wahrnehmung angewiesen; es *ist* eigentlich nur, sofern es *wirkt*. Soweit ist der Leser eine Selbstverständlichkeit. Aber doch nur ein allgemeiner Irgendwer. Mit der gezielten Nachfrage nach dem *Für wen* kommen wir zurück in den je konkreten historischen Raum, den wir mit dem linken Flügel der Methodentafel verlassen hatten.

---

46 *„Les Misérables"*, Teil III, Buch 4, Kap. 4: *L'arrière-salle du café Musain.* – Zu Queneau vgl. unten, Kap. 7, S. 138

47 Dazu die genetische Untersuchung der *„Illusions perdues"* von Bernard (1955). – Als Übungsmaterial zur Lyrik: Wais (1963). – Methodisch: Bellemin-Noël (1972). – Der Aufbereitung von Nachlässen (frz. *legs*) widmen sich die Literaturarchive: in Deutschland vor allem das Schiller-Nationalarchiv in Marbach, in Frankreich das *Institut des Mémoires de l'Edition contemporaine.*

48 Vgl. Methodentafel *S. 90*

49 Paul Valéry, *Le vin profond;* aus *„Charmes"* (1922).

- Wirkt wirklich nur der Autor mit seinem Buch auf die Leserschaft? So fragt die **Literatursoziologie:** Wirkt nicht auch die Leserschaft über den Autor auf das Buch?
- Wirkt denn das Buch auf die Leserschaft immer in der gleichen Weise? So fragt die **Rezeptionsgeschichte:** Verändert sich nicht die Wirkung des Buches mit der sich verändernden Leserschaft?
- Muss sich das Buch wirklich im Angebot verlieren? So fragt die **literarische Marktforschung:** Lässt sich nicht, aus theoretischem und erst recht aus ökonomischem Interesse, verfolgen, in wessen Hände es gelangt?
- Warum lesen so wenige? Fragt die **Kulturpolitik:** Muss das Buch nicht verbreitet, unterstützt, steuerlich bevorzugt werden?
- Sollen wirklich alle alles lesen? Fragt die **Zensur:** Müssen nicht im Interesse der Leser, und sei es nur der jungen, Einschränkungen erfolgen?
- Was geschieht wirklich beim Lesen? So fragt schließlich die **Hermeneutik:** Können wir nicht genauer verstehen, was Verstehen bedeutet?

Historische Sichtweise

Leserforschung

Der Begriff *Leserforschung* lässt sich als zusammengesetzt aus *Lese-Forschung* und *Leser-Erforschung* präzisieren. Mit dieser Rückkehr in den historischen Raum treten unvermeidlich auch *Tendenzen* auf, ein Einsatz für eine bestimmte Sicht, ein Wille zu Beeinflussung, Veränderung, nicht ganz selten begleitet von einem Hang zu Überheblichkeit, Besserwisserei, Dogmatismus und Bevormundung. Manche Stimme eines Autors musste schon untergehen im Getöse der Exegeten, manche Reaktion eines Lesers verschwindet in den Statistiken der Meinungsforscher. „*Crois-tu donc*", so spricht GEORGE SAND einmal ihren Leser an, und man sollte nicht einfach darüber hinweggehen, „*que l'on soit toujours forcé de penser à toi, et que l'on n'écrive jamais pour soi-même?*". Aber gewiss, die Frage ähnelt jener anderen: Für wen schmückt man sich? ...[50]

Rezeption

Die Erforschung oder Aufzeichnung von Meinungen zur Literatur, griech. *Doxographie,* gab es bereits in der Antike. Und schon 1286 ist auch die Einsicht formuliert, wonach das Geschick eines Buches von der Auffassung des Lesers bestimmt ist: „*Pro captu lectoris habent sua fata libelli*" (TERENTIUS MAURUS). Ein Buch habe also ein Schicksal: *fatum* oder *fortuna*. Im Französischen sprach man lange Zeit von der *fortune* eines Buches oder Autors, bevor in den letzten Jahren der Ausdruck *réception* aufkam (zumindest in der Fachsprache: „*Le petit Robert*" verzeichnet ihn in der neuen Bedeutung noch nicht). Er kam aus dem Deutschen, dort wohl aus der

Juristensprache: *Rezeption,* Aufnahme, Übernahme (des römischen Rechts ins germanische Recht). Er fand seine Stütze in dem mittelalterlichen Merksatz: *„Quidquid recipitur, recipitur ad modum recipientis"* – „Was auch immer aufgenommen wird, es wird aufgenommen in der (Denk-)Weise des Aufnehmenden". In der sarkastischen Denkweise des Mephistopheles ausgedrückt: „Was ihr den Geist der Zeiten nennt / Es ist der Herren eigner Geist". Der **Rezipient** also tritt nun – jedenfalls im Wissenschaftsjargon – an die Stelle des Lesers (oder des Kritikers). Oft auch gleich der **Konsument**.[51]

La cour et la ville

Es gab Epochen in Literatur und Kunst, in denen der Schaffende, der Produzent, sich seines Publikums eher sicher sein konnte, wenn schon nicht seiner Reaktionen, so doch seiner Zusammensetzung. Dies trifft insbesondere für das französische 17. Jahrhundert zu, freilich beschränkt auf Paris. *La cour et la ville* lautete die Formel, die das tonangebende hauptstädtische Theater- und Lesepublikum umfasste, für welches ein CORNEILLE oder eine MADAME DE LAFAYETTE schrieben.[52] In relativ hohem Grad hat sich diese Sicherheit für die *capitale littéraire du monde* (wie es manchmal mit nur leichter Übertreibung heißt) bis heute erhalten. Turbulenzen in der Beziehung zwischen Autor und Publikum stellten sich insbesondere dann ein, wenn sich deren materielle Grundlagen stark veränderten. Dies gilt für die Zeit nach Erfindung des Buchdrucks, also für das 16. Jahrhundert, für die Zeit nach Einführung der allgemeinen Schulpflicht *(scolarité obligatoire),* also für das 19. Jahrhundert, und natürlich auch für unsere Zeit seit dem Aufkommen von Film, Funk und Fernsehen, aber auch von Schreibmaschine und Computer (Photokopierer nicht zu vergessen).[53]

Roman-feuilleton

Will man etwa ermessen, was die Ausweitung der Leserschaft im 19. Jahrhundert bedeutete, so gibt es keinen anschaulicheren Fall als die *„Mystères de Paris"* von EUGÈNE SUE, einen der erfolgreichsten *romans-feuilletons* aller Zeiten, der 1843 mit seinen Schilderungen der Pariser Elendsquartiere ein für den Autor ungeahntes Leserecho hervorrief. Man riss sich allwöchentlich die Fortsetzungen aus den Händen, auf den Dörfern mussten Pfarrer und Lehrer vorlesen, alle Welt nahm teil, man überschüttete den Autor mit Zuschriften. Eine davon, verfasst von einer gewissen MME MARIE, lautete folgendermaßen:

---

50 Zwei hervorragende allgemeine Essays: Hart Nibbrig (1983); Hentig (1990).

51 Es scheint, dass der erste, der das Begriffspaar *producteur/consommateur* aus der Ökonomie in die Kultur übertrug, Paul Valéry war. Walter Benjamin zeigte sich davon angetan. Beide ahnten wohl noch nicht so recht, wie weit sie ihrer Zeit voraus waren.

52 Von Erich Auerbach schon 1933 untersucht: Auerbach (1933).

53 Zur Medientheorie vgl. die Sammelbände von Bohn (1990) und Rötzer (1991).

C'est pour moi un grand bonneur de pouvoir epanché mon cœur comme je croi que les mistére sont la véritée même je voudrais pour les completter que mon istoir y soit aussis mais elle est afreuse elle donne dans la fausté la plus complete et je désirerais que le second jaque férand [Jacques Ferrand, der schurkische Notar] *soit conut mais dans un autre j'anre* [genre] *mais il me faudrais du courage pour le faire car j'antemps* [j'entends] *tout le monde qui dit il faudrais que les mistère soit achevez par tel chose et cest mons istoir la personne en question les li touts les jours veulies* [Veuillez] *Monsieur me pardonez cette liberte que je prend veulez me dire sil est biens enprudant* [imprudent].[54]

Aus der Überraschung wurde dieses Echo zu einem Idealfall der Rückkoppelung – der **Interaktion**, wie man gegenwärtig sagt – von Schreiber und Leser, den zu wiederholen sich seither das Marketing bemüht, jedenfalls eines, dem es nicht kurzsichtig nur um bloße Absatzzahlen geht.[55]

Historisch-soziologischer Ansatz

Sehr viel umfassender wurde die Verbindung zwischen Abnehmerschaft und Künstlertum von der historisch-soziologischen Theorie vor allem marxistischer Provenienz angesetzt. Phänomene des so genannten **Unterbaus**, also vor allem Ernährungsgrundlagen, Eigentums- und Produktionsverhältnisse, bestimmen demnach das Bewusstsein der Adressaten von Kunst und über dieses auch die Inhalte der künstlerischen Erzeugnisse. Man fragte, etwa mit den Worten von ERICH KÖHLER: „... wie sich objektiv bestimmbare Sachverhalte des ökonomisch-sozialen Unterbaus, der konkreten geschichtlichen Wirklichkeit, in Strukturelemente der Kunst verwandeln".[56] Um dem hier stets drohenden Schematismus von Ursache und Wirkung oder auch der „Widerspiegelungstheorie" zu entgehen, wie sie im so genannten Vulgärmarxismus herrschten, setzte man zahlreiche Vermittlungsschritte an und verbannte das Subjekt mit seinen individuellen Möglichkeiten wie auch den Zufall nicht gänzlich.

Rezeptionsästhetik

Als „Herausforderung" an die Literaturgeschichtsschreibung trug HANS ROBERT JAUSS seinen Gedanken vor, die „traditionelle Produktions- und Darstellungsästhetik in einer Rezeptions- und Wirkungsästhetik zu fundieren".[57] Die Bezeichnung *Rezeptionsästhetik*, die seither reichlich verwendet wurde (nicht selten auch als *draperie*), meint den Sachverhalt, dass ein gegebenes ästhetisches Werk nicht zu allen Zeiten und an allen Orten gleich aufgenommen wurde, sein ihm entgegengebrachtes Verständnis vielmehr jeweils von einer Reihe zeittypischer Anschauungen und Erwartungen vorgeprägt ist. Was ein wenig nach Binsenweisheit aussieht, hat doch durch systematische Anwendung das Augenmerk für die vielfachen Deutungsmöglichkeiten von Literatur, ihre Variablen wie ihre Invarianten, geschärft.

strakten Großgebilden wie „Klasse" oder „Nation", sondern in zunehmend sich verselbständigenden, aber dynamisch bleibenden **sozialen Feldern**. In beständigem Dialog mit anderen wissenschaftstheoretischen Richtungen (WEBER, CASSIRER, SARTRE, PANOFSKY[63]) angelegt, findet sie ihren Niederschlag in empirischen Untersuchungen, so etwa zu der Literatengruppe *L'art-pour-l'art* um THÉOPHILE GAUTIER (ästhetische Doktrin gegen Mitte des 19. Jahrhunderts, für die als alleiniges Ziel der Kunst ‚das Schöne' galt), zur Entstehung des modernen *Intellektuellen* im Umkreis der Dreyfus-Affäre (Spionage- und Justizskandal 1894–1906) oder der Gruppe um die Zeitschrift *Tel Quel,* die nach 1960 ein charakteristisches Ineinander von Literaturtheorie und Schreibpraxis betrieb.[64]

Methodenwertung

Die Konzepte der Intertextualität wie des Feldes, also der Strukturalismus wie die Soziologie, finden sich zusammen in der Bemühung, der Rolle des Autors, des schöpferischen Einzelnen, Grenzen anzuweisen. Zum Methodischen insgesamt ist zu sagen, dass wissenschaftlicher Umgang mit Literatur nicht ohne methodische Überlegung stattfinden kann. Manches methodische Werkzeug wurde indessen in den Händen Unberufener auch schon zu einem Macht- oder Unterdrückungsinstrument. *„Quand on n'a pas de caractère",* sagte ALBERT CAMUS bissig, *„il faut bien se donner une méthode".* Ganz Unrecht hatte er nicht. Insbesondere ist das Verstehen von Literatur keineswegs nur als methodisches Verstehen denkbar.

Hermeneutik

Die **Verstehensfrage** als solche wird – wie in Kap. 3 bereits erwähnt *(s. S. 27)* – meist *Hermeneutik* genannt und umgreift als philosophische und wissenschaftstheoretische Frage die Methodik. Ihre Grundfragen sind:
- Hat ein Text (nicht nur ein literarischer, auch ein religiöser, historischer oder juristischer) von sich aus einen eindeutigen Sinn?
- Wenn nicht: Wieweit müssen und dürfen andere Texte zu seinem Verständnis herangezogen werden?
- Welches ist der Anteil des Lesers am Vorgang des Verstehens (oder Missverstehens)?

---

60 Weitere Literatur zur Leserforschung: Clemens [Hrsg.] (1973); Picard [Éd.] (1987); Poulain [Éd.] (1988); Robine (1991: 183–209); [Éd.] (1993).
61 Goldmann (1955; dt. 1973).
62 Fischer (1981); Marquard/Stierle [Hrsg.] (1996); Hansen (1995).
63 Den Begriff *habitus* etwa übernimmt Bourdieu von dem Kunsthistoriker Erwin Panofsky, letztlich geht er auf Aristoteles zurück.
64 Aus souveräner Kenntnis und in verständlicher, nur der Sache verpflichteter Sprache (eine Seltenheit) orientiert über die gesamte Entwicklung der Literatursoziologie in Frankreich und Deutschland Joseph Jurt (1995).– Vgl. auch Pinto / Schultheis [Hrsg.] (1997).

- Wieweit kann Einfühlen, Erahnen, Erschließen reichen?
- Ist für Texte aller Zeiten die gleiche Art des Verstehens möglich oder angebracht, hat sich nicht in der Literatur vor allem des 20. Jahrhunderts manche Tendenz zur Sinnverweigerung gezeigt, die ihrerseits deutungsbedürftig ist?

Seit der Antike bekannt, wurden die hermeneutischen Fragen philosophisch von SCHLEIERMACHER, DILTHEY, NIETZSCHE, HEIDEGGER, GADAMER erörtert, einzelwissenschaftlich von SZONDI, JAUSS, RICŒUR, HIRSCH, ECO u. a.[65] Im Sprachgebrauch der Kritik deuten Ausdrücke wie *une lecture nouvelle, sa grille de lecture, diese Lesart, ein solches Deutungsmuster* oder *-raster* auf die Sensibilisierung für hermeneutische Fragen hin, aber zugleich auf die eingetretene Relativierung der Standpunkte.

Textkritik

Stellt die Hermeneutik in der Methodentafel etwas wie einen Überbau dar, so bedarf das Gebilde auch noch eines *Unterbaus,* einer *Predella,* wie der Fachausdruck lautet. Allem Verstehen muss nämlich etwas vorausgehen, was der Laie zumeist übersieht: die Sicherung der **Textgestalt.** Ein Text ist kaum je in eindeutiger Form überliefert. Von Anfang an, erst recht im Laufe der Jahrhunderte, kann viel mit ihm geschehen.

Er kann in mehreren von einander abweichenden handschriftlichen Fassungen *(versions)* vorliegen, er kann wegen mangelhafter Drucklegung oder aus inhaltlichen Gründen (Zensur!) von seinem Verfasser oder einer anderen Person überarbeitet und ein weiteres Mal zum Druck gebracht worden sein, ohne dass deutlich wäre, welche Fassung die richtige, die eigentliche oder gar die beste ist. In diesem Fall spricht man von **Entstehungsvarianten** (berühmte Beispiele: PASCALS *„Pensées",* bei denen die Anordnung unklar blieb, KAFKAS *„Prozess",* NIETZSCHES Nachlass, der angebliche „Wille zur Macht"). Der Text kann uns überhaupt nur in Abschriften von Kopisten vorliegen. In diesem Fall spricht man von **Überlieferungsvarianten.**

Die frühesten **Autographen,** also von einem Verfasser namentlich gezeichnete oder ihm eindeutig zuschreibbare Handschriften, haben wir in der französischen Literatur nicht vor dem 14. Jh. (von MOLIÈRES Theaterstücken haben wir keinen einzigen). Auch auf Büchern wird der Autorenname regelmäßig erst seit der Wende zum 16. Jh. aufgeführt; noch die *Inkunabeln* (die frühesten Drucke, „Wiegendrucke", bis zum Ende des 15. Jahrhunderts) nennen ihn nicht.

Die methodisch-philologische Disziplin *par excellence* ist daher die **Textkritik.** Sie bemüht sich ggf. um die Bestimmung des Autors *(attribution),* zielt auf Beseitigung von Textverderbnissen ab, ermittelt den Autorisationsgrad einer Handschrift, *kollationiert* (vergleicht) die Lesarten oder Varianten, stellt sie in einem kritischen *Apparat* zusammen, nimmt bei Lücken oder Zweifelsfällen *Konjekturen* (Vermutungen) vor und findet ihre Krönung in der *historisch-kritischen Edition* eines Werkes (die Ausgaben in der *Bibliothèque de la Pléiade* sind in der Regel „halbkritische" Ausgaben, d. h. sie enthalten eine *choix de variantes)*. Durch den elektronischen Hypertext haben sich hierfür ganz neue Möglichkeit aufgetan.

Textkritik erfordert höchste Sprach- und Sachkenntnis, spezielle Schulung (auch hier gibt es heftige methodische Kontroversen), philologischen Eros und einige Entsagung, denn geschätzt wird die Arbeit nur von Spezialisten, die mit Lob eher geizen.[66]

Methodenwissen

Welcher Art Wissen ist nun schließlich das methodische Wissen? Ein Schlüsselwissen zweifellos. Es trainiert eine Menge nützliche Fähigkeiten: Abstraktion, Denken in Zusammenhängen und Systemen, Erfassen von Beziehungen, Ursachen, Voraussetzungen, Argumentieren, Differenzieren, Adaptieren ... Gewiss fördert das Methodische auch die Steifheit, Umständlichkeit, *Pedanterie;* es schmeichelt einem Sicherheits- und Abstützungsbedürfnis: „Irrtum ausgeschlossen". Seine nobelste Seite ist wohl, dass es Handeln, normalerweise von Willensimpulsen getrieben, transparent macht. *Sage mir, was du vorhast, dann kann ich mich darauf einstellen.* Vielleicht darf man Methodenwissen auch Friedenswissen nennen. *„Je vous dirai franchement que je n'approuve point votre méthode",* sagt MOLIÈRES Possenfigur Sganarelle (1660) zu seinem skrupellosen Herrn. Er sagt nicht: *Ab mit dir in die Hölle.* Freilich war Sganarelle auch nur der Diener ...

---

65 Von einer „hermeneutischen Methode" zu sprechen, wie es manche tun, ist zumindest bedenklich: Es wäre wie „musikalische Geige" oder „tierisches Schaf". Als Einführung empfehlenswert: Kimmich (1996:17 f.)

66 Sehr kundige Einführung von F.-R. Hausmann in: Grimm/Hausmann/Miething(⁴1997). – Weiterhin: Chartier/Martin [Éds.] (1983 f.). – Eine Augenweide ist der Bildband *Les plus beaux manuscrits des poètes français,* Editions Robert Laffont 1991.

7

Literarische Gattungen

1 Prämissen

Spontane Wahrnehmung

Wie begegnet uns die Literatur? Wie nehmen wir sie wahr? Nicht anders als Menschen, Häuser oder Pflanzen: sehr stark unterschieden, und zwar noch *vor* jeglicher Überlegung und Benennung, durch einfache Sinneseindrücke, als *données immédiates de la conscience,* wie BERGSON sagte. Und von frühester Kindheit an der Mensch imstande, Ähnlichkeiten wieder zu erkennen, Merkmale zu verwerten, Zuordnungen vorzunehmen, also: zu klassifizieren. Dies ist ein Teil von Genuss oder Verdruss bei der Rezeption von Literatur. Die Artenfülle *affiziert* uns immer gleich zu Beginn, denn die Dichtkunst ist eine *Herzenszähmerin* von ganz besonderer Kraft.[1]

Einteilen

Verglichen mit der Botanik und der Zoologie ist die literarische Artenfülle bescheiden. Die Systematik in *Flora* und *Fauna* ordnet das Einzelwesen einer *Sorte,* dann, in wachsender Komplexität, einer *Rasse,* einer *Unterart,* einer *Art,* einer *Gattung,* einer *Familie,* einer *Ordnung,* einer *Klasse,* einem *Stamm,* einer *Reihe,* einer *Abteilung* und schließlich einem *Reich* zu.[2] Bei so viel Taxonomie kann Literatur nicht mithalten, geschweige denn bei der Menge. Als CARL V. LINNÉ im 18. Jh. sein *„Systema Naturae"* schuf, hatte er es mit rund 8500 Pflanzen- und 4200 Tierarten zu tun, heute sind etwa 300.000 Pflanzen- und über 1 Million Tierarten beschrieben und benannt. Doch der Ehrgeiz des Einteilens und Gliederns ist – gewiss mit Vorläufern – ebenfalls um diese Zeit aufgekommen, und es war niemand anders als GOETHE, der die meist als **Grundgattungen** bezeichneten „Reiche" **Epik**, **Lyrik** und **Dramatik** bewusst und nahezu verbindlich machte. Bezeichnenderweise nannte er sie „Naturformen" der Dichtung:
Es gibt nur drei echte Naturformen der Poesie: die klar erzählende, die enthusiastisch aufgeregte und die persönlich handelnde: Epos, Lyrik und Drama.

Und er fügt hinzu, diese drei Dichtweisen könnten „zusammen oder abgesondert wirken". Er selbst gibt ein willkommenes Beispiel dafür:
Im französischen Trauerspiel ist die Exposition episch, die Mitte dramatisch, und den fünften Akt, der leidenschaftlich und enthusiastisch ausläuft, kann man lyrisch nennen.[3]

Mischung

GOETHES Beispiel steht als Warnung vor allem Schematismus: Es gibt nicht das Lyrische, das Epische oder das Dramatische in Reinkultur. Wohl aber gibt es lyrische oder dramatische Abschnitte in einem epischen Werk, epische und lyrische Passagen in einem Drama, Episches und Dramatisches in der Lyrik. Das jeweils Dominante zählt. Prägnant hat dies WOLFGANG KAYSER ausgedrückt: *Wo uns etwas erzählt wird, da handelt es sich um Epik, wo verkleidete Menschen auf einem Schauplatz etwas agieren, um Dramatik, und wo ein Zustand empfunden und von einem „Ich" ausgesprochen wird, um Lyrik.*[4]

Wir haben stark lyrisch geprägtes Theater wie bei GARCÍA LORCA oder TSCHECHOW, episches Theater wie bei BRECHT, und tatsächlich extrem „dramatisches" Theater wie bei ALFIERI. Wir haben Untergattungen der Lyrik, die von sich aus stark erzählerisch sind, wie die germanische *Ballade* oder den spanischen *Romance*. Und wir haben Romane, die über weite Strecken dialogisch gehalten sind, wie etwas DIDEROTS *„Jacques le Fataliste"*.

Schrift

Ursprünglich dürften Gattungsfragen für das Publikum kaum aufgetreten sein, solange nämlich alle Poesie an Situationen gebunden war. Und nur für diese Bedingung gilt auch KAYSERS zitierte Definition. Wo auf gleich bleibend gehobenem Ton erzählt wurde, war es fraglos „Epik"; wo auf umgrenztem Raum in Verkleidung gehandelt wurde und am Ende alle Toten sich verbeugten, war es „Dramatik"; „Lyrik" aber war da, wo gesungen wurde, genauer: auf dem Musikinstrument *Lyra* begleitet, denn eine nur gesprochene Lyrik war nicht denkbar. Das änderte sich selbstredend mit der Schrift und dem Druck (auch dem Notendruck), und mit dem gewonnenen Reichtum an Aufbewahrtem geht, wie in der Kultur üblich, der Verlust der unmittelbaren Anschauung einher. Seit Poesie zu Literatur wurde, d. h. ihren Weg über das Papier zu unseren Augen nahm, ist diese Anschauung beeinträchtigt. Daher die Faszination des Seltengewordenen: der Erzählung *per memoriam*, der Rezitation, des Stegreiftheaters, all dessen, was improvisiert ist, und sei es auch nur zum Schein. Man sollte sich, zu gedeihlichem Umgang mit Literatur, diesen Genuss so häufig verschaffen wie irgend möglich, und sei es nur mittels Konserve: Videofilme, Sprechplatten (*disques parlés*, vorübergehend fast aus dem Handel verschwunden, aber als CD-ROM glücklicherweise zurückgekehrt).

---

1 So drückte man sich im 18. Jh. aus. Vgl. Osman (1997).

2 *Flora*, Gottheit der Vegetation, und *Fauna*, Waldgöttin, bildeten in der römischen Religion kein Paar. Die Bedeutung „Pflanzen"- bzw. „Tierreich" kommt erst im 18. Jh. auf.

3 Es lohnt, den ganzen Abschnitt aus den *Noten und Abhandlungen zum Westöstlichen Divan* nachzulesen, etwa in der Hamburger Ausgabe, dtv, Bd. 2, S. 187.

4 Kayser (1948; [20]1992:332).

☑ Induktive Gattungsbestimmung

Didaktische Vorentscheidung

Das weitaus meiste wird als Leseliteratur aufgenommen, und daran dürfte sich auch, aller Medienentwicklung zum Trotz, so bald nichts ändern. Um nun das eingangs erwähnte spontane Erfassen von Merkmalen *(s. S. 126)* ins Bewusstsein zu heben, sollen im Folgenden elf verschiedene Texte vorgeführt und dazu jeweils die Frage geklärt werden, was uns in den Stand setzt, sie einer Gattung oder Untergattung zuzuordnen, nicht viel anders, als wenn wir Musik aus dem Radio einordnen, mindestens in „E-Musik" („ernst") oder „U-Musik" („Unterhaltung"), sicherlich aber auch noch weiter in Kammermusik oder Jazz, in Barock oder Swing. Zur Vereinfachung sind in allen Fällen die Werkanfänge zitiert:

Epos

In alten Geschichten wird uns viel Wunderbares berichtet: von ruhmreichen Helden, von hartem Streit, von glücklichen Tagen und Festen, von Schmerz und Klage, vom Kampf tapferer Recken: Davon könnt auch ihr jetzt Wunderbares berichten hören.

Offensichtlich ist da jemand, der zu erzählen anhebt, und andere, die ihm zuhören sollen. Der Erzähler nennt sich nicht, bezieht sich auf Früheres, Überliefertes, holt weit aus, so dass er – wichtiges Merkmal für Zeit und Raum! – nicht nach ein paar Minuten, bzw. Seiten bereits zu Ende sein kann, sein Einsatz wäre sonst disproportioniert. Was er feierlich ankündigt, ist umfangreich und breit, liegt weit zurück, kollektive Schicksale im Auf und Ab der Zeiten, staunenswert das Ganze. Es handelt sich um ein **Epos** *(épopée)*, ein **Heldenepos**, ein **Versepos** (andere gibt es nicht), nur ist der Text hier in moderne deutsche Prosa übertragen, das Original beginnt: *Uns ist in alten mæren wunders vil geseit / von helden lobebæren, von grôzer arebeit.* – Das „Nibelungenlied" (um 1200 entstanden) ist, nach dem Voraufgang der antiken Epen, annähernd vergleichbar dem französischen „Rolandslied" (um 1100), dem spanischen „Cantar de mio Cid" (um 1140), dem englischen „Beowulf" (schon aus dem 8. Jh.), der isländischen „Edda" (13. Jh.).

Wenn man umgangssprachlich von „epischer Breite" sprechen kann, dann nur, weil es diese Gattung und diesen Gattungsnamen gibt (von griech. *to epos* – „das Gesagte"), die jedem mehr oder minder vertraut sind.

Das Wort „Epik" als Sammelbezeichnung für erzählende Texte, auch in Prosa, kam erst im 19. Jh. auf (frz. nur *poésie épique*). Im Unterschied zu den Italienern (BOIARDO, ARIOSTO, TASSO), den Portugiesen (CAMÕES) und den Engländern (MILTON) brachten die Franzosen außer einigen missglückten Versuchen in der Renaissance (RONSARD, *La Franciade*) keine Ependichtung hervor: „Les Français n'ont pas la tête épique". Im Roman machten sie dies reichlich wett.

Autobiographie/ Abenteuerroman

Ich bin geboren zu York im Jahre 1632, als Kind angesehener Leute (...) Ich hatte zwei ältere Brüder. Der eine von ihnen fiel (...) in der Schlacht bei Dünkirchen. Was aus dem jüngeren geworden ist, habe ich ebenso wenig in Erfahrung bringen können, als meine Eltern je Kenntnis von meinen eigenen Schicksalen erhalten haben.

Roman oder Autobiographie? Auf den ersten Blick ist beides möglich. Auf den zweiten Blick wird auffallen, dass der große Bogen vom Lebensanfang bis zum Zeitpunkt des Erzählens doch von sehr sicherer Hand geschlagen ist und die Erwähnung der Eltern, die ohne Kunde von den offensichtlich ungewöhnlichen Erlebnissen ihres Sohnes verstarben, in gefühlvoll klagendem Ton erfolgt. Falls je Autobiographie, dürfte hier kein Unerfahrener am Werk gewesen sein und keiner, der nur sein Leben aufschreiben wollte (banales Gesetz der Kunst: Ein Schauspieler geht nun einmal anders über die Straße als ein normaler Fußgänger, irgendwie auffälliger). **Fiktive Autobiographie** also wohl, ganz im Stile eines Abenteuerromans. – DANIEL DEFOES *„Robinson Crusoe"* (1719) ist ein Roman, die Formelhaftigkeit des Epos hat er längst hinter sich gelassen, er gibt sich als Wirklichkeit, doch er verrät eine Absicht (Aufrütteln, Bewegen, Bekehren) und verrät dadurch sich.

Epigramm, Distichon

Einem ist sie die hohe, die himmlische Göttin, dem andern
Eine tüchtige Kuh, die ihn mit Butter versorgt.

Diese Zeilen sind nicht nur der Anfang, sondern auch schon das Ende des Textes. Da steht die Rätselfrage *Was ist das, inhaltlich?* zwischen den Zeilen. Dass man lesen muss: *„Dem andern ist sie [die Gesuchte] eine tüchtige Kuh"*, ist rasch zu erschließen. Ebenso, dass die Zeilen rhythmisiert, also Verse sind. Der Zeilensprung *(Enjambement)* nach *„dem andern"*, welches dem Sinn nach eindeutig in die nächste Zeile gehört, wirkt gewagt. Aber der Gegensatz zwischen *„himmlischer Göttin"* und *„Melkkuh"* nicht anders: Das muß Spott sein, Satire.

GOETHE und SCHILLER hatten in den 1790-er Jahren manche hämische Kritik an ihrer beider Werke hinnehmen müssen. Um sich zu rächen, setzten sie sich zusammen und schrieben eine Anzahl Spottverse auf ihre Gegner. Sie sollten möglichst kurz und beißend sein. Dazu bot sich von alters her das **Epigramm** an, am wirksamsten in der Form eines **Distichons** oder mehrerer Distichen, Strophen aus nur zwei Versen, wie sie schon der römische Satiriker MARTIAL verwendet hatte. Ihm entnahmen sie auch den Titel: *Xenien,* griechisch für „Gastgeschenke". Diese Bonbons freilich waren mit Essig gefüllt. Die Überschrift für das zitierte lautet *Die Wissenschaft.* Ein weiteres Beispiel: *Amor als Schulkollege:*

Was das entsetzlichste sei von allen entsetzlichen Dingen?
Ein Pedant, den es jückt, locker und lose zu sein.

Hier hat sich also eine antike Kleingattung formal wie inhaltlich neu beleben lassen. Im Französischen haben wir (vom 15. bis zum 19. Jh.) zahllose Epigramme, jedoch nicht in Distichon-Form, weil sich diese in französischer Metrik nur sehr unvollkommen nachahmen lässt.[5] Hier noch ein Beispiel von VOLTAIRE, in Achtsilbern:

L'autre jour au fond d'un vallon
Un serpent piqua Jean Fréron.
Que pensez-vous qu'il arriva?
Ce fut le serpent qui creva.

Man mag Schwierigkeiten haben, das Beißende, Spöttische, Satirische gefühlsmäßig mit dem Lyrischen in Einklang zu bringen. Doch die Formel war absichtlich weit gefasst: *„Wo ein Zustand empfunden und von einem ‚Ich' ausgesprochen wird"* ... Empörung, Wut, Rachegelüste sind zweifellos auch Zustände *(états d'âme)*, wenn auch keine noblen.

Tragödie

Le dessein en est pris: je pars, cher Théramène,
Et quitte le séjour de l'aimable Trézène.

Auch nur zwei Zeilen, aber mit Handlung, voraufgegangener wie folgender, aufgeladen. Alles spricht von Willenskampf, Getriebenheit, Entscheidungsnot. Ein Entschluss ist gefasst, aber offensichtlich unter Zwang: Wer verlässt schon gerne einen angenehmen Aufenthalt? Was muss sich nicht ereignet haben, damit einer sich so heftig davon losreißt? Der Eingangsvers mit seiner äußerst schroffen Zäsur in der Mitte suggeriert Härte und Anspannung, der zweite Wehmut über den Abschied von einem Ort, an dem man hing. Das kann nicht gut weitergehen, das wird mit Sicherheit schlimm enden. Die beiden französisierten griechischen Namen (THERAMENOS und der Ort TROIZEN) tun ein übriges: alles deutet auf **Tragödie**.

RACINES *„Phèdre"* (1676) mit ihren klanglich vollendeten Alexandrinerpaaren ist weit entfernt vom frühgriechischen rituellen „Bocksgesang" (griech. *tragos* + *oide)*, aber auch von EURIPIDES' *„Hippolytos"* und SENECAS *„Phaedra"*, deren Aufbau sie übernimmt. An die Stelle des Verderben bringenden Konflikts göttlicher Mächte ist die übermächtige Liebesleidenschaft getreten, die Hippolyte (er spricht diese Eingangsverse) aus politischen Gründen gegenüber seinem Vater Thésée schuldig werden lässt, die aber vor allem seine Stiefmutter Phèdre dazu treibt, ihre ehebrecherische Schuld auf den von ihr begehrten Stiefsohn abzuwälzen, welcher am Ende – in Thérämènes berühmtem *récit* geschildert – von Meeresmonstern zu Tode geschleift wird. Geblieben ist die in ARISTOTELES' *„Poetik"* festgehaltene „kathartische" (reinigende) Wirkung der Tragödie durch „Mitleid" und „Furcht" oder besser durch „Jammer " und „Schaudern".[6]

Komödie

– *Tians, Jacqueline, t'as une himeur qui me fâche. Pargué! encore faut-il dire queuque parole d'amiquié aux gens.*

– *Mais qu'est-ce qu'il te faut donc? Tu me veux pour ta femme; eh bien! est-ce que je recule à cela?*
– *Bon! Qu'est-ce que ça dit? Est-ce que toutes les filles n'aimont pas à devenir la femme d'un homme?*
– *Tredame! c'est donc un oisiau bien rare qu'un homme pour en être si envieuse?*
– *Hé! là, là, je parle en discourant; je savons bien que l'oisiau n'est pas rare.*

Ein etwas tölpelhafter Pierre, der sich mit seiner – oder noch nicht seiner – höchst aufgeweckten Jacqueline ein voreheliches Geplänkel liefert, noch dazu in einem stark ländlich gefärbten Idiom, das kann nur Komödie sein. *„La Surprise de l'amour"* von MARIVAUX (1722) gestaltet die Liebesthematik in einem fein gestuften Register von Ironie und Melancholie. Das Personal ist dem Alltagsmilieu entnommen, im Gegensatz zur Tragödie, die gekrönten Häuptern vorbehalten ist und aus der Unterschicht nur Vertraute (*confidents*, wie Théramène) zulässt – eine in Poetiken der Renaissance formulierte Trennung („Ständeklausel"), die im französischen Theater sehr strikt beachtet wurde (anders in Spanien).

Lexikoneintrag

Meer: Die Wassermasse auf der Erde, die räumlich zusammenhängt und einen Salzgehalt bestimmter Zusammensetzung aufweist.

Hier handelt es sich offensichtlich um eine **Wörterbuchdefinition.** Das Beispiel steht für eine nicht-literarische Gattung, die bestimmte Konventionen wie Objektivität, Sachbezogenheit, Informationsdichte, Allgemeinverständlichkeit repräsentiert. Meist spricht man hierbei nicht von Gattung, sondern von *Textsorte* oder *Texttype* (dazu weiter unten, S. 137). Allerdings sind Wörterbuchdefinitionen durchaus nicht unverrückbar und verbindlich; vielmehr stehen sie unter perspektivischen oder ideologischen Bedingungen, die meist nicht genannt sind oder nicht wahrgenommen werden. Als kleines Schulbeispiel sei nur eine andere Definition von „Meer" angeführt: *Vaste étendue d'eau salée qui couvre une grande partie de la surface du globe (*„Le Petit Robert"*).* Der deutsche *Definient* sieht Masse, wo der französische Fläche sieht; der eine steht im Geiste offenkundig nicht an derselben Stelle wie der andere. Erinnert sei daran, dass die großen Wörterbücher und Enzyklopädien der Aufklärung zwar ein Ideal der Objektivität anstrebten, gerade in Frankreich aber sehr persönlich ausgerichtet waren:

---

5 Näheres dazu in Kapitel 8. – Ein Beispiel aus den (1997 von Walter Hofmann vollständig übertragenen) Epigrammen von Martial: „Was musst du, wenn du rezitierst, ein Halstuch tragen? / Solch Tüchlein sollen *wir* uns um die Ohren schlagen!". – Satirische Gedichte in distichon-ähnlichen Strophen hat André Chénier in seinen *„Jambes"* (1794) geschrieben.
6 Aristoteles (1982:19)

das „Dictionnaire historique et critique" von Pierre Bayle (1696), das „Dictionnaire philosophique portatif" von Voltaire (1764, später sogar „La Raison par l'aphabet" betitelt) und natürlich die große „Encyclopédie" von Diderot und d'Alembert (1751–1780).

Die Definition von „Meer" ist hier um des Kontrastes zum folgenden Text willen angeführt:

Lyrik

Homme libre, toujours tu chériras la mer!
La mer est ton miroir; tu contemples ton âme
Dans le déroulement infini de sa lame,
Et ton esprit n'est pas un gouffre moins amer.

Auch hier ist „Meer" definiert, doch ist es bezogen auf jemanden, der das Meer nicht ansieht, sondern der *kontempliert*, nachdenklich betrachtet und feststellt: Das Meer ist mein Spiegel. Und wie er sich diesen „Meeresspiegel" nun vorhält, sieht er weiter, dass er in sich einen Abgrund birgt, der nicht weniger „bitter" ist als der des Meeres. Das Meer ist also nicht mehr es selbst, es ist zu einem *Bild* geworden,[7] zu einem Zeichen für einen Zustand eines Menschen, ja vielleicht für *den* Zustand des Menschen, jedenfalls dessen, der hier „frei" genannt wird und offenbar die „Freiheit der Meere" sich ebenso zugehörig fühlt wie die Abgründigkeit des Meeres.

Solche Meditation könnte auch in einem Drama geschehen. Bei Claudel wäre dies denkbar (abgesehen vom verwendeten Vers: Er gebraucht keine Alexandriner). Doch selbst wenn dem so wäre, würden wir wohl sagen, die Stelle sei **Lyrik**, und wir würden uns nicht daran stoßen, dass diesmal kein Ich sich ausspricht, sondern ein Du sich anspricht.

Charles Baudelaires Gedicht „L'Homme et la mer", 1852 veröffentlicht, 1857 als vierzehntes Gedicht in die Sammlung der „Fleurs du Mal" aufgenommen, hält über viermal vier Verse hinweg die Ineinssetzung von Mensch und Meer aufrecht, doch immer im Zeichen von Kampf, Untergang, Abgrund und Tod, so dass die Anrede an den freien Menschen (die Erstfassung trug ihn sogar im Titel: „L'Homme libre et la mer") als eine wahrhaft bittere, ja tragische Ironie erscheinen muss.[8]

Roman

Vers le milieu du mois de juillet de l'année 1838, une de ces voitures nouvellement mises en circulation sur les places de Paris et nommées des milords cheminait, rue de l'Université, portant un gros homme de taille moyenne, en uniforme de capitaine de la garde nationale.

Wer so mit Erzählen anhebt, kann unmöglich nach ein paar Seiten schon wieder aufhören: Der Anfang wäre – wie im Beispiel „Epos" – disproportioniert. Hier wird ein ganzer Weltausschnitt genau in Zeit und Raum situiert, für den ins Auge gefassten Leser in seiner unmittelbaren Gegenwart und Nachbarschaft; alles dient dem Ziel, Übersicht herzustellen und das Bekannte *(„une de ces voitures")* zu ordnen. Dies will ein **Roman**.

Der klassische Romananfang, der sich seinem Schauplatz von oben her nähert, ist seither in unzähligen Filmen nachgeahmt worden: die ersten Sequenzen aus der Vogelperspektive gedreht (Hubschrauber!), die folgenden in sukzessive vergrößertem Bildausschnitt, bis zum Auftritt der ersten Personen (später wurde dieser Typus abgelöst von dem – heute meist üblichen – Einsatz beim Detail, dessen Zugehörigkeit erst nach und nach deutlich wird). Für BALZAC und seine *„Comédie humaine"* war dies ein Programm: Wie früher schon erwähnt, hatte BALZAC erklärt, er wolle „der WALTER SCOTT seiner Gegenwart" sein. Er wollte also, was dem Autor von *„Ivanhoe"* mit seinen historischen Romanen zum Erfolg verholfen hatte, auf seine eigene Zeit, die nach-napoleonische Epoche mit ihren Wirren, übertragen und dem gewaltigen gesellschaftlichen Orientierungsbedürfnis, das darin entstanden war, entgegenkommen. *„La Cousine Bette"* von 1846 (dt. *„Tante Lisbeth")*, dem das Beispiel entnommen ist, gehört in die Untergruppe der *„Parents pauvres"*, diese zur Gruppe der *„Scènes de la vie parisienne"*, alles angeordnet unter dem Dach der *„Menschlichen Komödie"*, dieser literarischen Gegen- oder besser Zweitwelt (in Erinnerung an DANTES *„Göttliche Komödie")*, in der Tausende von *personnages fictifs* mit den *personnages de la vie réelle* rivalisieren.

Novelle

Dans les premiers jours du mois d'octobre 181*, le colonel Sir Thomas Nevil, Irlandais, officier distingué de l'armée anglaise, descendit avec sa fille à l'hôtel Beauveau, à Marseille, au retour d'un voyage en Italie.

Im Vergleich zum vorigen Beispiel lässt sich an diesem Text wohl gut verdeutlichen, was man das *Tempo* einer Erzählung nennen kann, gewissermaßen die Menge der erfolgten Information in einer gegebenen Zeiteinheit. Auch hier haben wir die genaue Orts- und (nur leicht verwischt) auch Zeitangabe, dazu aber erfahren wir auf engstem Raum bereits sehr viel über die *actants,* die handelnden Personen. In diesem Tempo wird man nicht Hunderte von Seiten weiterfahren können, das verhält sich wie Sprint zu Dauerlauf. Der Bereich dieser gedrängten, raschen Erzählung, in der wenig Raum ist für Beschreibungen, Handlungsverästelungen oder Reflexionen, war von alters die **Novelle**, bevor ihn sich im 20. Jh., aus Amerika kommend, die Kurzgeschichte eroberte. Wenn *„Colomba"*, Novelle von PROSPER MÉRIMÉ (1840), einen recht großen Umfang hat (die Scheidung von Roman und Novelle nach dem Seitenumfang vorzunehmen, ist kaum sinnvoll), so ist der wichtigste Grund dafür wohl darin zu suchen, dass die moderne Novelle, wie sie im 19. Jh. in allen europäischen

---

7 Vgl. Kap. 9, gegen Ende.
8 Auf deutsch sei die ebenso präzise wie poetische Übersetzung von Monika Fahrenbach-Wachendorff empfohlen (vgl. S. 57, Anm. 7).

Literaturen wieder aufkam, auf die Rahmenerzählung verzichte-
te, die der urpünglichen Novelle nach Art BOCCACCIOS (14. bis
16. Jh.) zur Sinnorientierung gedient hatte, und diesen Rahmen
wenn nötig in die Novelle hereinholte.

**Kriminal-
roman**

*Vendredi 7 novembre. Concarneau est désert. L'horloge lumineuse de
la vieille ville, qu'on aperçoit au-dessus des remparts, marque onze
heures moins cinq. C'est le plein de la marée et une tempête du sud-
ouest fait s'entrechoquer les barques dans le port. Le vent s'engouffre
dans les rues, où l'on voit parfois des bouts de papier filer à toute allu-
re au ras du sol.*

Der Ort ist genau genannt: ein altes befestigtes Fischerstädt-
chen in der Bretagne. Allerdings ist die Zeit nur scheinbar bekannt: Freitag, 7. November. Das Jahr interessiert offensichtlich
nicht, vermutlich Gegenwart. Viel wichtiger ist die November-
stimmung. Und die Uhrzeit, die die Leuchtzeiger der Turmuhr erkennen lassen (in „Großaufnahme"): Fünf vor elf in der Nacht.
Nichts und niemand zu sehen. Papierfetzen im Wind. Am Hafen
nur das Krachen von Bootswänden. Wozu sollte all dies Belang-
lose erzählt sein? Im Allerbanalsten muss und wird sich etwas er-
eignen.

GEORGES SIMENONS **Kriminalroman** „Le Chien jaune" (1931) ist
mit diesem Anfang ein „Klassiker" geworden, d. h. er hat Formen
und Tonlagen gefunden, die in beständiger Nachahmung und
Abwandlung ein Bezugspunkt blieben. Auf Seite 2 schon ist da
ein Betrunkener, der beim Versuch, sich eine Zigarette anzuzün-
den, plötzlich rückwärts torkelt und im Rinnstein liegen bleibt.
Ein herrenloser gelber Hund beschnüffelt den Toten ... Eine Ko-
kaingeschichte. Bemerkenswert an diesem „polard" ist unter anderem, wie viel „Romantisches" er noch enthält: Korruptheit der
Bürgerschicht, Unschuld der Armen, Reinheit der Liebe eines Bar-
mädchens, Rache für weit zurückliegendes Unrecht ... Und Maigret, der den Fall aufklärt, ist kein kombinierender Indiziendetek-
tiv, sondern ein sehr geduldiger Seelenergründer.

Essay

*Les jeux sont innombrables et de multiples espèces: jeux de société,
d'adresse, de hasard, jeux de plein air, de patience, de construction etc.
Malgré cette diversité presque infinie et avec une remarquable
constance, le mot jeu appelle les mêmes idées d'aisance, de risque ou
d'habileté. Surtout, il entraîne immanquablement une atmosphère
de délassement ou de divertissement. Il repose et il amuse.*

Ein Thema, das Spiel, wird gedanklich umkreist, seine Vielfalt
wird dargetan, die damit verbundene Atmosphäre, seine Verbindung zu uns wird skizziert, ohne dass ein „wir" genannt wäre,
eine Spielerfigur aufträte oder sonst etwas Dramatisches oder
Narratives geschähe. Und doch ist dies offenkundig kein Sach-
text, keine Mitteilung, denn dafür enthält er zu viel Persönliches,

zu viele Adjektive und Adverbien: *„immanquablement"* usw. Das kann nur die lockerste, die gemischteste unter den Prosaformen sein: der **Essay** (frz. *essai),* der „Versuch" (von lat. *exagium* – „Abwägen"), den man den „Zentauren unter den Gattungen" genannt hat. Angesiedelt zwischen kritischer Studie, journalistischem Artikel, Akademierede, Sachbuch oder Traktat, will er die Begriffssprache der Wissenschaft eher meiden, ist auf Lesbarkeit und Brillanz angelegt, kennt jedoch seine eigene Strenge. Nach Vorformen in der Antike, etwa der Diatribe (kritische Untersuchung eines allgemeinen Themas in freier Form, häufig dialogisiert), ist sein Schöpfer in der Moderne MICHEL DE MONTAIGNE (16. Jh.), VOLTAIRE oder DIDEROT waren bedeutende Essayisten.

Das Beispiel stammt aus *„Les jeux et les hommes"* (1967), einem der großen Essays von ROGER CAILLOIS.

Fazit

Zweierlei sollte deutlich geworden sein:
1. Jeder literarische Text ist zu einem wesentlichen Teil durch die Zugehörigkeit zu einer Gattung bestimmt, deren Merkmale das Verständnis des Wortsinns unterstützen.
2. Das Wesentliche einer Gattung, ihre Stimmung, ihr Ton, ihre Intention, existiert sowohl innerhalb als auch außerhalb der Literatur. Die Bezeichnung dafür verdanken wir jedoch nur der Existenz dieser literarischen Gattung.

3 Gattungsbezeichnungen

Die Gattungen werfen eine Fülle von Fragen auf, die – historisch gesehen – mit ihrer Entstehung, ihrer Entwicklung, ihrem Untergang und (das ist das Interessanteste, was sie von den Naturgattungen unterscheidet) ihrer Wiederbelebung zu tun haben und die sich – systematisch gesehen – aus ihrer Vielgestaltigkeit, Durchlässigkeit, und Kombinierbarkeit ergeben. Es ist dies sicher eines der reichhaltigsten Arbeitsfelder der Literatur- (und Kultur-) wissenschaft überhaupt. Daher im Folgenden in knapper Form wenigstens die wichtigsten Benennungen und Bereiche.

Tonlagen

Tonlagen, die in einem weiteren oder engeren Sinn eine Gattungszugehörigkeit ausmachen:

Außer dem schon genannten Tragischen, Komischen und Epischen: das Romanhafte *(romanesque),* das Balladeske, das Idyllische, Bukolische, Arkadische (was zur Schäferdichtung gehört), das Heroische und das Satirische, das Sublime und das Triviale, das Parabolische (Gleichnishafte), das Groteske (aus der römischen *pittura grottesca),* das Absurde u. a.

Phantastik

Ist das Phantastische eine eigene Gattung? Oder nur eine „künstlerische Kategorie"? Zweifellos finden wir zahlreiche phantastisch zu nennende Elemente wie Erscheinungen, Verwandlungen, Vergrößerungen, Verkleinerungen, denen gemeinsam ist, dass sie die Naturgesetze außer Acht lassen bzw. vom Prinzip der Wirklichkeitsnachahmung (Mimesis) abweichen. Wir haben Werke, vor allem der erzählenden Literatur, die ganz überwiegend von solchen Elementen bestimmt sind, und gewiss nicht nur die Märchen *(contes de fée):* bei CHARLES NODIER, THÉOPHILE GAUTIER, GÉRARD DE NERVAL, allesamt Adepten E. TH. A. HOFFMANNS; nicht zu vergessen den Illuminismus, sogar bei BALZAC. Reinheit ist auch hier kaum denkbar: Sie wäre bald ermüdend, eben weil für niemanden mehr verbindlich. Andererseits: Gibt es reine Mimesis? Das hieße ja, dass es reine Wirklichkeit gäbe: eine wahrhaft phantastische Annahme! Jedes Werk ist eine Geburt der Phantasie: Können wir uns darauf einlassen, die Grenze zwischen Phantasie und Phantastik durch die Naturgesetze ziehen zu lassen, die doch ihrerseits soviel Unwahrscheinliches enthalten? OVIDS *„Metamorphosen"*, DANTES Unterweltwanderung, das *merveilleux* der Gralsromane, RABELAIS' Riesen, VICTOR HUGOS kosmische Visionen, die bizarre Welt der Surrealisten: alles in ihrer Art „Phantasmagorien", öffentlich dargestellte Phantasmen (von griech. *agoreuo* – „vor Leuten sprechen"). Doch wo die Grenze ziehen? Alles Literarische zeichnet doch wohl ein Phantasieüberschuss aus *(excédent d'imagination),* aus dessen mehr oder minder großer Spannung zum Tatsächlichen oder tatsächlich Möglichen es lebt.[9]

Dramatik

Zur Dramatik seien hier die geschichtlich entwickelten **Varietäten** der Bühnenpraxis zusammengestellt:

Tragödie, Komödie, Satyrspiel, Geistliches Drama, Passionsspiel, Fastnachtsspiel, Fronleichnamsspiel (span. *auto sacramental*), Lehrstück, Historiendrama, Bürgerliches Trauerspiel, Commedia dell'Arte (Aussprache: komédia delarte), Rührstück, Barockes Theater, Romantisches Theater, Symbolistisches Theater, Salonstück, Boulevardkomödie, Kriminalstück, Puppenspiel, Musical, Grusical u. a.

Spezielle französische Varianten:
Farces, Soties (Narrenspiele, Schwänke), *Miracles, Mystères, Moralités* (geistliche Spiele des Mittelalters), *Drame (“genre moyen“* des 18. Jhs.), *Mélodrame, Vaudeville* (volkstümlich).

Roman

Die Vielfalt der Gattung „Roman" findet sich in der Literaturwissenschaft strukturiert, und zwar als:
■ **Typisierungen**
– Auktoriale Erzählhaltung, Ich-Erzählhaltung, Personale Erzählhaltung (nach FRANZ STANZEL)
– Geschehnis-Roman, Figuren-Roman, Raum-Roman (nach WOLFGANG KAYSER)

- **Klassifizierungen**, mit folgenden Kriterien:
  - Stoff oder Inhalt: Artusroman, Schelmenroman *(Roman picaresque)*, Abenteuerroman, Reiseroman, Künstlerroman, Science fiction
  - Äußere Gestalt: Briefroman (ROUSSEAU, *„La Nouvelle Héloïse")*, Dialogroman
  - Geistige Schematik: Bildungsroman *(Roman d'éducation, d'initiation)*; historischer, psychologischer, existentialistischer Roman, *Roman objectal („Nouveau roman"*, Robbe-Grillet u. a.)
  - Ton oder Stimmung: Empfindsam, satirisch, humoristisch, phantastisch
  - Gesellschaftliche Zuordnung: Höfischer Roman, Ritterroman, Bürgerlicher Roman, Bauernroman *(Roman rustique)*, Proletarischer Roman

Lyrik

Die verschiedenen Formen der Lyrik werden im nächsten Kapitel behandelt *(s. S. 153).*[10]

4 Texttypologie

Kategorien

Angesichts der Fülle der Erscheinungsformen und unter Berücksichtigung der Tatsache, dass sich bei Texten, die nicht zur Literatur zählen (Gebrauchs- oder Zwecktexte, Fachtexte), ähnliche Klassifizierungsfragen stellen, hat man es unternommen, auf den nächsthöheren Abstraktionsebenen **Texttypen** oder **Textsorten** zusammenzustellen, bei deren Beschreibung Gattungsmerkmale und Stilmerkmale zusammenkommen (bzw. die Begriffe „Gattung" und „Stil" gar nicht mehr bemüht werden). Dazu ein Beispiel:

Typ 1: *Als ich eines Nachts wegen Lärms nicht schlafen konnte, steckte ich mir Ohropax in die Ohren. Anfangs war es kaum besser, denn ich hörte nun meinen eigenen Atem.*
Dieser Darstellungstyp lässt sich bezeichnen als **narrativ – erfahrungsnah**.

Typ 2: *Wenn du, um Geräusche von außen zu mildern, dir Wachs in die Ohren steckst, so hörst du dein eigenes Atmen verstärkt.*
Derselbe Inhalt, nun aber **deskriptiv – erfahrungsbereinigt**.

Typ 3: *Wer sich die Ohren verstopft, der hört sich selber nur um so stärker.*
Noch einmal dasselbe, diesmal moralistisch – sentenzenhaft (mit pessimistischem Unterton).

---

9 Vgl. Todorov (1970).
10 Weiterführende Literatur zur Gattungsfrage: Hirsch Jr. (1972: Kap.3); Raible (1980:320–349); Schaeffer (1988).

„Stilübung"	Es ist deutlich, dass damit auch jeweils eine andere Kommunikationsform gewählt ist, mit der man seine Erfahrung oder Erkenntnis beklagt, auf Distanz bringt oder anderen zur Warnung sagt. Viele, aber wohl nicht unbegrenzt viele weitere Typen sind jeweils denkbar. Ein Meister in diesen Variationen über ein eigenes Thema, das selbst zu einem kleinen *Genre* wurde, war RAYMOND QUENEAU (1903–1976) mit seinen vielbewunderten *„Exercices de style"* (1947), in denen er in einem *tour de force* die total belanglose Geschichte eines Fahrgasts der Pariser Autobuslinie S in nicht weniger als neunundneunzig Varianten erzählte: „subjektiv", „geometrisch", „offiziell", „traumhaft", „ungeschickt", „unverschämt" usw. Also eine systematische, aber humorvolle Widerlegung des alten BUFFON'schen Theorems, wonach der Stil der Mensch selbst sei, aber auch eine beunruhigende Vorwegnahme des nachmals „postmodern" genannten Zeitalters.
Parodie	Da kein Texttyp ohne Parodie bleiben sollte, sei noch dieser Spaß eines unbekannten Verfassers wiedergegeben, der zur Frankfurter Buchmesse 1997 sich eine Zusammenarbeit eines bekannten Frankfurter Intellektuellen-Verlags und einer ebenso bekannten deutschen Handelskette ausdachte:

Vielversprechend klingt der Titel von T. M.s neuem Essay: „Die Syntax der Bohrung – Zur Psychoanalyse des Heimwerkers". In dem von den beiden Unternehmen gemeinsam herausgegebenen Prospekt heißt es dazu „T. M. führt anhand der Krankengeschichte seines Stiefvaters, des Spreizdübel-Erfinders F., den Nachweis, wie eng der Zusammenhang von Triebsublimierung und Kreativität sein kann. Am Beispiel des Dübelns als ,Volksbewegung' kommt T. M. zum Begriff der ,imitierten Sublimierung'. Am Ende des Werks steht ein theoretischer Exkurs, der erkenntnistheoretische Neufundierungen anvisiert: der Wiederholungszwang des Bohrens erweist sich als ein Surrogat für ein ,Kopf-durch-die-Wand-Stoßen', das auf systematisch-verzerrte Weise für eine Hermeneutik des unbegriffenen Anderen einstehen soll."

KAPITEL Versdichtung

❶ Prämissen

Integrativer Ansatz

Drei komplexe Aspekte spielen in diesem Kapitel zusammen:
Medialer Aspekt: Versdichtung hat mit Musik und mit Tanz zu tun.
Poetologischer Aspekt: Der französische Vers ist sehr verschieden vom deutschen.
Soziokultureller Aspekt: Beide Verse sind aus der Mode.

Bewegung

Musik und Dichtung wurden nach antiker mythischer Vorstellung von Apollo gleichzeitig erfunden. In beiden ist Nachahmung von Körperbewegung. Sie entspricht dem jugendlichen Bewegungsdrang, wo er – nach dem Strampeln – eine Ordnung nicht mehr verschmäht. Damit aber Freude an der Bewegung mitteilbar wird, bedarf es eines Gleichmaßes: die Griechen nannten es **Rhythmus.** Der Rhythmus ist – nach dem Balgen – die erste gemeinsame Aktion des Menschenjungen – aber bereits zivilisiert, *konzertiert.* Denn Rhythmus ist die Ordnung der Bewegung, so PLATON (*Nomoi* 664e). Im Rhythmus finden sich die Körper, springen Empfindungen über, aber auf Abstand; Rhythmus ist für die Vitalität Entfesselung und Bindung, ist Ansporn und Regel. Wie soll man schriftlich vom Tanzen und Springen handeln?

Sprache

Insofern Dichtung rhythmisches Sprechen ist, fußt es auf den lautlichen Gegebenheiten der Sprache, in der es erfolgt. Eine Sprache mit starken Silbenakzenten wie die deutsche oder russische wird anders rhythmisieren als eine mit gleichschwebender Akzentuierung wie die japanische oder eine zur Betonung am Ende des phonetischen Wortes neigende *(oxytonische)* wie die französische. Wenn Vokaleinsatz mit Knacklaut *(coup de glotte, glottal stop)* erfolgt wie im Deutschen (wenigstens im Norddeutschen: 'eine 'alte 'Eiche ...), wird die Wortabfolge anders empfunden werden als bei einer raschen, meist unterbrechungsfreien *chaîne parlée.* Der Vers ist ein Wort – das konnte nur ein Franzose sagen (es war MALLARMÉ). Wo zahlreiche Wörter einen zarten vokalischen Halblaut enthalten, der in vielen Positionen vom Verschlucktwerden bedroht ist, trotz seiner Zartheit aber unablässig zwischen maskulin und feminin zu differenzieren hat, da wird dieser den delikaten Punkt in der Lautabfolge darstellen, den andere Sprachen nicht kennen, nur schwer erfassen und noch schwerer wiedergeben können.

Die Versdichtung war am Anfang, sie erlebte den Aufstieg der Prosa, ohne dass ihre Stellung darunter gelitten hätte. Vor hundert Jahren aber, nach reichlich tausend Jahren Geschichte, begann sie, gewissermaßen nach einem üppigen herbstlichen Leuchten, abzusterben. Übrigens in allen zivilisatorisch vergleichbaren Ländern gleichzeitig. Woran dies lag, ist eines der großen Rätsel der Kulturentwicklung; ob es endgültig ist, vermag wohl niemand zu sagen. Fast trägt also der Umgang mit Versdichtung, mit **gebundener Rede**, schon die Züge einer Geheimüberlieferung. Dabei sind die Bibliotheken voll mit Wissen darüber, aber in Bibliotheken wird nun einmal nicht getanzt.[1] Um die mehrfachen Barrieren zu überwinden, bedarf es also zunächst einer theoretischen Hinführung, einer *deduktiven Kognitivierung*, wie die Pädagogen sagen, bedarf es danach freilich vieler Zeit des praktischen Hörens und Messens. **Metrik** ist die Wissenschaft der Maße und des Messens.

Zunächst einiges zum Rhythmus als objektiver Erscheinung. Da gibt es zunächst die planetarischen Rhythmen der Himmelskörper mit ihren Auswirkungen auf die Rhythmen auf der Erde: Tages- und Nachtrhythmus *(rythme nycthéméral)*, Meeresrhythmus, Jahresrhythmus; weiterhin die biologischen Rhythmen, den Fortpflanzungs-, den Herzrhythmus (Systole, Diastole). Diesen Verwendungen ist gemeinsam die Wiederkehr der gleichen Erscheinung in regelmäßigen Zeitabständen. Besser würde man dies Takt nennen. Beim Rhythmus in der Menschenkultur liegen die Dinge nämlich anders. Hier ist Rhythmus keine substantielle zeitliche Entität, sondern ein Verhältnis, eine Relation zwischen einem Substrat und einer Handlung, einem **Rhythmisierten** (griech. *rhythmizómenon)* und einem **Rhythmisierenden** (griech. *rhythmízon).* Dem Musiker ist dies völlig geläufig: Er hat einen Takt, der längere Zeit gleich bleibt, zwischen zwei und sechs Schlägen in einer Zeiteinheit; und er hat einen **Rhythmus** (im engeren Sinn), der sich von Takt zu Takt oder von Taktgruppe zu Taktgruppe ändert. Das verhält sich, rein analogisch, wie Schema zu Variation, oder wie System zu Rede in der Linguistik, oder auch wie Anatomie zu Physiologie. Ohne *rhythmizómenon* (Takt) hätte das *rhythmízon* (punktierte Noten, Synkopen etc.) keinen Halt, ohne das *rhythmízon* wäre das *rhythmizómenon* leblos, monoton, maschinell. Daher die Konsterniertheit mancher beim Hören des völlig entrhythmisierten, maschinengleichen Schlagzeugs in einigen Varianten der Popmusik, die mitten im Hochtechnologiezeitalter vorkulturell wirkt, nicht zuletzt im Vergleich zur uneinholbaren rhythmischen Komplexität afrikanischer Trommelkünstler, bei der der Europäer meist gar nicht in der Lage ist, ein *rhythmizómenon* überhaupt auszumachen.

Beim Vers nun ist dies Spannungsverhältnis von „System" und „Rede" grundlegend. Bestandteil des „Systems" ist der Verstyp: Er wird vorgängig gewählt, ist traditionsbestimmt und oft auch gattungsabhängig (Beispiel der 12-silbige Vers, genannt Alexandriner). Zur „Rede" gehört dann der Rhythmus als die einmalige, individuelle Ausgestaltung, für die es eine zwar nicht unendliche, aber doch recht hohe Zahl von möglichen Varianten gibt.[2] Zwischen den beiden lässt sich auch eine „Norm" ausmachen, ein Usus: die Mittelzäsur mit der durch sie bewirkten Betonung auf der sechsten Silbe und Einteilung in 2 Halbverse *(hémistiches)*. Das musste nicht so sein, hat sich aber eingebürgert; historisch markiert interessanterweise die Vernachlässigung dieses Normelements im 19. Jh. den Beginn der Auflösung des ganzen Verses.

Dieses System nun ist, wie eingangs erwähnt, im Französischen (Romanischen) sehr verschieden vom Deutschen (Germanischen). Nachstehend also zunächst die Gegebenheiten des französischen Versbaus (man sagt auch: der **Prosodie**), in Abhebung gegen den lateinischen und den deutschen.

2 Verssysteme

Latein

Die lateinische Metrik ist aufgebaut auf dem Gegensatz zwischen langen und kurzen Silben (der auch phonologisch relevant ist: *pŏpulus* ‚Volk'; *pōpulus* ‚Pappel'). Man spricht hier daher von einem **quantitierenden** System. Zum Zwecke der regelmäßigen Reihung wurden die Silben in Gruppen von zwei oder drei Silben (selten vier) zusammengefasst, den sog. **Versfüßen** oder **Metren**, in denen jeweils eine „Hebung" neben einer oder zwei (selten drei) „Senkungen" steht. Da alles mehr oder minder vom griechischen System beeinflusst war, tragen sie Bezeichnungen griechischen Ursprungs:

- Iambus (. –)
- Trochäus (– .)
- Anapäst (.. –)
- Daktylus (– ..).

Ein Vers baut sich (mit kleinen Varianten) aus einer gleich bleibenden Zahl solcher Versfüße oder Metren auf. Beispiel: der (daktylische) Hexameter, ein aus sechs Daktylen zusammengesetzter Vers (das Wort „daktylisch" kann dabei wegfallen, weil keine anderen Metren in sechsfacher Reihung üblich waren):

Quàdrupedànte putrèm sonitù quatit ùngula càmpum

---

1 Preminger [Ed.] (1965); Benveniste (1966:327–335); Seidel (1976); Meschonnic (1982).
2 Mathematiker haben versucht, sie zu ermitteln: Vgl. den Mathematiker unter den Poeten, Roubaud (1988).

„Mit vierfüßigem Schall schlägt die Klaue den lockeren Boden": ein berühmter Vers aus Vergils „Aeneis" (VIII, 596), der „lautmalend" (in *harmonie imitative)* die Eile des Rittes nachahmt; in R. A. Schröders rhythmischer Übersetzung:

Schüttert und stampft, viertaktigen Hufschlags, brüchige Schollen unter Nutzung der von der Norm gewährten Lizenz, einige der Daktylen durch den Spondeus mit zwei langen Silben zu ersetzen (hier: *„stampft, / vier"* ...); der sechste Fuß ist ohnehin immer zweisilbig. Von den sechs „Hebungen" fallen in diesem Beispiel zwei nicht mit dem Wortakzent zusammen: *pútrem, sónitu;* der Wortakzent auf *quátit* wird, da die Silbe kurz ist, wie eine „Senkung" gemessen.

Deutsch

Die deutsche (germanische) Metrik ist aufgebaut auf dem Gegensatz zwischen betonten und unbetonten Silben. Man spricht hier von einem **dynamisch-akzentuierenden** System. Auch der deutsche Vers baut sich in der Mehrzahl der Fälle aus Versfüßen auf, weshalb er auch zur Nachahmung der antiken Verse gut geeignet war, wofern man nur aus „Hebungen" betonte Silben, aus „Senkungen" unbetonte Silben zu machen bereit war. Da in den nicht-antikisierenden Versen aber die Zahl der unbetonten Silben freier ist, entscheidet im Ergebnis für den deutschen Vers die Zahl der Betonungen. Da für „Betonung" gerne der dem Griechischen entlehnte Ausdruck „Hebung" *(arsis)* verwendet wird, spricht man etwa vom *vierhebigen Iambus:*

Wie kómmt's, dass, géht erst áuf die Néige
die Flásche, stéts das létzte Glás
am líebenswürdigstén sich zéige?

So ein gemütvoller Poet aus dem vorigen Jahrhundert, dessen Namen die Höflichkeit besser verschweigt ... Systemgemäß hat jeder der drei Verse vier Betonungen, rhythmisch individuell realisiert werden – völlig korrekt – im ersten Vers nur drei, im zweiten Vers alle vier, im dritten schließlich nur zwei.

Französisch

Die französische (romanische) Metrik ist hingegen nicht auf einem regelmäßigen Wechsel von betonten und unbetonten Silben und auch nicht auf einer gleich bleibenden Zahl von Hebungen aufgebaut. Konstitutiv ist vielmehr ausschließlich die Silbenzahl: Man spricht daher von einem **numerischen** Prinzip *(numérisme).* Im Bewusstsein des Dichtenden, des Vortragenden und des Hörenden gibt es also nur eine Zahlengestalt, darüber hinaus wird lediglich eine „Takt"-markierung mit der festen Tonstelle auf der letzten Silbe (-e nicht mitgezählt) geboten, bei längeren Versen mit einer zweiten Tonstelle im Innern (Zäsur). Diese Art der **Skandierung** *(scansion)* ist für Nichtfranzosen zunächst schwer aufzunehmen (man orientiere sich etwa daran, wie man eine Anzahl Glockenschläge, die einem ans Ohr gedrungen sind, durch Ausrichten der

Aufmerksamkeit nachträglich ins Bewusstsein heben kann), wie umgekehrt akzentuierende Verse für Franzosen, auch wenn sie Deutsch gut beherrschen, schwer aufzunehmen sind. Das erfordert Einübung, ganz wie das Erlernen eines anspruchsvollen Tanzes.

Zusammenfassung

(Griechisch-) Lateinisches System:	**quantitierend**
(Germanisch-) Deutsches System:	**dynamisch-akzentuierend**
(Romanisch-) Französisches System:	**numerisch**

Metrum

Es gibt im französischen Vers kein Metrum, das in regelmäßiger Abfolge und festgelegter Anzahl für die Versart konstitutiv wäre; wohl aber spricht man beim real geschaffenen Vers von einem *mètre* als einer Gruppe von Silben, die gemäß den Wortakzenten zustandekommt (diese fallen im Französischen auf die Schlusssilbe, bei längeren Wörtern kann ein Nebenakzent auftreten), eine gewisse Geschlossenheit aufweist, (weshalb man am Ende von einer *coupe* spricht, einem schwachen Einschnitt) und durch Wiederholung diesen Vers rhythmisch gliedert, aber bereits im folgenden Vers wieder anders sein kann. Und tatsächlich zumeist auch anders ist, es sei denn, es handelte sich um einen Kinderreim wie diesen:

> *Úne poúle súr un múr*
> *quí picótait dú pain dúr*
> *pícotí, pícotá*
> *lèv' la queúe et puís s'en vá.*

der mit seinen viermal vier „Hebungen" sich fast germanisch ausnimmt, was sich aber nur dadurch erklärt, dass die Kinder beim Abzählen einen solchen Rhythmus brauchen, den sie mit dem Arm unterstützen können (tatsächlich findet sich in älteren deutschen Metriken die Behauptung, der französische Vers sei durchweg aus Iamben aufgebaut – eine Absurdität).

Der Normalvers klingt etwa folgendermaßen:

> *Les stances avec grâce apprirent à tomber,*
> *Et le vers sur le vers n'osa plus enjamber.*

In diesen beiden Versen aus BOILEAUS „Art poétique" (Gesang I, Vers 138), die die graziöse, harmonische Kadenz („tomber") und die Vermeidung zu häufiger Zeilensprünge (enjambements) loben, was seit Beginn des 17. Jhs. durch Malherbe zur Gepflogenheit geworden war, hat der erste diesen Rhythmus:

x x́ x x x x́ / x x́ x x x x́

und der zweite einen nicht weniger symmetrisch-harmonischen, aber verschiedenen:

x x x́ x x x́ / x x x́ x x x́

Der deutsche Vers, gebunden an seinen *Fuß*, kann einen solchen Rhythmuswechsel schlechterdings nicht mitmachen, und daher kann er ihn, streng genommen, auch nicht nachmachen: **Gren-**

zen der Übersetzbarkeit deuten sich an. In solchen Fällen muss man sich mit Näherungsverfahren zufrieden geben. Um wie viel mehr erst bei einem rhythmischen Tausendkünstler wie La Fontaine, etwa in der Fabel vom Hasen und der Schildkröte:

Il partit comme un trait; mais les élans qu'il fit
Furent vains: la Tortue arriva la première.

Der erste Halbvers schießt von *pártit* ab tatsächlich los wie ein Pfeil, von keinerlei schwerem Ton mehr behindert; der zweite mit seinen zwei Akzenten auf den Silben 10 und 12 *(élans qu'il fit)* deutet schon eine Verlangsamung an, die ersten drei Silben des folgenden aber, die alle drei einen Akzent bekommen dürfen: *Fú – rént váins* (jawohl: auch das *-rent* kann, völlig unüblich, zur komischen Wirkung einen Akzent bekommen), mimen trefflich das Innehalten des frustrierten Schnellläufers, die danach erforderlich gewordene Zäsur tut ein übriges; die verbleibenden neun Silben aber sagen mit ihren drei anapästischen Gruppen (unbekümmert um die obligate Mittelzäsur) sehr beredt, was unweigerlich eintreten musste: gegen die Schildkröte war einfach nicht anzukommen ...

Silbenzählung

Wenn der Vers nur auf der Silbenzahl beruht, muss man wissen, wie die Silben gezählt werden. Das ist nicht immer eindeutig.

■ Kommen **im Wortinnern Vokale** nebeneinander zu stehen, so zählen sie als
– **zwei Silben**, wenn sie ursprünglich, d. h. im lateinischen Etymon, zwei verschiedenen Silben angehört haben. Bsp.: „*cru-el*" (<lat. *crudelis*); sie zählen als
– **eine Silbe**, wenn sie aus einer Silbe hervorgegangen sind. Bsp.: „*bien*" (< *bene*).
■ Das **unbetonte** *-e* (*e muet* oder *e caduc*) wird am Versende nicht mitgezählt. So haben in dem Couplet:

La cérémonie faite /
Chacun s'en fut coucher

(aus dem beliebten Liedchen „*Malbrouck s'en va-t-en guerre*") beide Verse sechs Silben. Im Versinnern jedoch, und zwar im Wortkörper wie am Wortende, wird es stets gezählt, wenn es zwischen zwei Konsonanten steht. Bsp.: *sout-e-nir, enn-e-mi* oder in dem Couplet:

Sur la plus haute branche /
Le rossignol chanta,

wo das Wort *haute* zweisilbig gezählt wird.
Steht das *-e* hingegen vor einem Vokal, so wird es nicht gezählt. Bsp.: *Madame à sa tour monte* hat sechs Silben (Knacklaut vermeiden: [madamasaturmõnt^e]!).

Steht nach einem -e ein weiterer Konsonant, etwa ein Plural-s, so ist es nur logisch, dass dieser gesprochen werden muss: *Des brunes et des blondes [dɛbrünᵉzedɛblõndᵉ]*, sonst würde eine Silbe fehlen.

Beim konkreten Vortrag, etwa auf der Bühne, kommt es sehr auf das allgemeine Tempo und auf die Bedeutung der Stelle an, ob das „stumme" -e deutlich oder weniger deutlich hörbar wird; angedeutet sollte es auf jeden Fall werden.

Das delikate -e

Die zuvor zum unbetonten -e vorgestellten Gegebenheiten sollte man nicht als lästigen Zwang missinterpretieren, den man besser gleich abgeschüttelt hätte, sondern vielmehr als einen Bereich der **Sprachkultur** verstehen, in dem sich vielfältige und nuancierte Ausdrucksabsichten verwirklichen lassen. Gerade weil das schwache -e die delikate Stelle in jedem französischen Vers ausmacht und weil keine andere Literatursprache, auch keine der anderen romanischen Sprachen, etwas Vergleichbares aufzuweisen hat, muss man das subtile Spiel von Regelfindung, Regelerfüllung und Regelübertretung, das sich hierbei manifestiert, als eine französische Besonderheit schätzen lernen. Es waren zu aller Zeit *Spielregeln,* keine Verhaltensvorschriften.

Hiat-vermeidung

Auch die so genannte **Regel der Hiatvermeidung** war nichts als ein gemeinschaftlich empfundener sprachlicher Reizwert. Man empfand das Nebeneinander von vokalischem Auslaut und vokalischem Anlaut des folgenden Wortes als störend, weil dabei gewissermaßen der Mund offen bleiben musste, dies übrigens in Übereinstimmung mit den antiken und den romanischen Sprachen. Es widerstrebt ja selbst dem deutschen, jedenfalls dem süddeutschen Sprachempfinden, zu sprechen: „Ich ertrage es nicht länger", weshalb denn der Schwabe SCHILLER das erste der beiden e elidierte: „Nein, ich ertrag' es länger nicht". Im französischen Vers vermied man allezeit eine Verbindung wie *„le génie immortel"*, wohl weil man die beiden i-Laute nicht gut verschleifen, sie aber auch nicht gut getrennt sprechen kann. *„Les génies immortels"* hingegen lässt sich mittels des gebundenen s anstandslos sprechen.

Elision, Verschleifung: Gerade weil sich alle diese Gepflogenheiten – man sollte es sich besser abgewöhnen, von „Regeln" zu sprechen – aus den allgemeinen Aussprachegewohnheiten bzw. aus volkstümlicher Poesie nach und nach ergeben hatten, ließ sich zu allen Zeiten damit auch wieder spielerisch umgehen, konnte „falsch" und „richtig" zu ebenso scherzhaften wie unnachahmlichen Wirkungen eingesetzt werden. Bestes Beispiel noch einmal (s. o.) das *„Malbrouck s'en va-t-en guerre"* mit seinen komischen Überkorrektheiten aus vermeintlicher Ignoranz, seiner augenzwinkernden Tölpelei, über die man sich in Frankreich heute noch amüsieren kann:

Il reviendra-z-à Pâques,
Ou à la Trinité

„*Il reviendra à Pâques*" kann man nun einmal in einem französischen Vers nicht unterbringen. So hat man wie in komischer Verzweiflung ein Bindungs-s eingeschoben. Damit war allen Anforderungen an Korrektheit genügt, mehr als genügt, was einem das moralische Recht gab, sich gleich im nächsten Vers vorbeizubenehmen mit einem – nun wirklich dicken – Hiat: „*Ou a ...*" Noch ein weiteres Beispiel dazu:

Je l'ai vu porté-z-en terre
Par quatre-z-officiers.

Man bedenke: Es geht um Hochwichtiges aus Politik und Zeitgeschichte (MARLBROUGH war ein Vorfahre von WINSTON CHURCHILL), und es war das Lied einer Frau vom Lande, die sich bei Hofe um den Posten einer Amme bewarb; ihr Name: Mme Poitrine ...

Je n'en dis pas davantage,
Car en voilà-z-assez![3]

Unerreichter Meister in solchen Wirkungen war später GEORGES BRASSENS: „*Les bascul' de leur socl', bouscule leur vertu*" (*Pénélope*).[4]

dt.	frz.	griech./lat.	Bedeutung	Beispiele
Dihärese	*diérèse*	Dihairesis	„Auseinander-ziehung"	*ami-able, se fi-er, nati-on, odi-eux, li-en*
Synhärese	*synérèse*	Synhairesis	„Zusammen-ziehung"	*diable, fier* („stolz") *ennui, rien*
Hiat	*hiatus*	Hiatus	„Gähnen", „Klaffen"	*et il vient; tu es*

3 Zäsur und Enjambement

Zäsur

Ein weiteres wichtiges Mittel zur rhythmischen Untergliederung des Verses ist die Zäsur (*césure*, von lat. *caedere* „einschneiden"), die im französischen Vers wegen des Fehlens von Versfüßen eine größere Rolle spielt als im deutschen. Sie fällt zusammen mit dem Ende von syntaktischen Einheiten (Syntagmen).

■ In längeren Versen ist sie eine Normerscheinung, was bedeutet, dass der Satzbau sich hier nach der Zäsurstelle richtet.
■ Daneben sind aber auch fakultative Zäsuren möglich, dann richtet sich umgekehrt die Zäsur nach dem Satzbau.
■ Oder die Zäsur kann ganz wegfallen.

Im Zehnsilbler etwa (*décasyllabe*), der seit dem 16. Jahrhundert vom Alexandriner immer an den Rand gedrängt war, sind Zäsuren nach der 4. oder nach der 6. Silbe üblich:

Sous le Pont Mirabeau / coule la Seine
Et nos amours, / faut-il qu'il m'en souvienne
La joie venait toujours après la peine.[5]

In RONSARDS hübscher Idylle *„La Salade"* herrscht idyllische Freiheit:

Lave ta main, / blanche, gaillarde et nette,
Trace mes pas, / apporte une serviette:
Allons cueillir la salade, et faisons
Part à nos ans des fruits de la saison.

Wer in Vers drei aus Schematismus eine Zäsur einziehen wollte, hätte das syntaktische Band zerschnitten. RONSARD scheut sich auch nicht, eine neue Vierergruppe über das Versende hinweg entstehen zu lassen: *et faisons part / à nos ans ...* (*Nun wollen wir uns auf unsere alten Tage mal ein paar schöne Früchte gönnen ...,* der Tod ist nicht weit).

| Enjambe-ment |

Für den Alexandriner formuliert BOILEAU die Verhältnisse einprägsam. Zwar hebt er ausdrücklich hervor, dass der Rhythmus etwas ist, was beim Leser Gefallen erregen soll. Doch die RONSARD'schen Freiheiten erregen bei ihm keinen Gefallen mehr (für „Rhythmus" sagt er *cadence,* gemeint ist das Verhältnis von Satz und Vers, insbesondere am Versende):

N'offrez rien au Lecteur que ce qui peut lui plaire.
Ayez pour la cadence une oreille sévère.
Que toujours dans vos vers, le sens coupant les mots,
Suspende l'hémistiche, en marque le repos.[6]

Durch die Zurückdrängung des Enjambements gewinnt die Mittelzäsur als Variationsinstrument noch an Bedeutung. In den Händen großer Verskomponisten ist es keineswegs gleichgültig, ob die Zäsur nach einer Silbe ohne oder mit -e erfolgt, also ob es sich um eine „männliche" oder eine „weibliche" Zäsur handelt.[7]

---

3 Der hüpfende Anapäst *„da-van-tage",* der eine Silbe zuviel in den Vers bringt *(Hypermeter),* war im Volkslied sehr beliebt. – Der ganze Liedtext mit (annähernder) Übersetzung in: *Französische Dichtung* Bd. 2: (1990:156).

4 Georges Brassens, *Poèmes et Chansons,* 1973), S.130. – In Übersetzungen bleibt das Bild, das man sich von Brassens machen kann, notwendig holzschnitthaft.

5 Erstfassung des *Pont Mirabeau,* bevor Apollinaire aus Vers 2 zwei Kurzverse machte (siehe Kap. 5, S. 73)

6 „Immer soll in eueren Alexandrinern der Sinn, indem er bei den Worten einen Einschnitt vornimmt, den Vers auf der Hälfte unterbrechen und für sie (die Alexandriner) dort einen Ruhepunkt markieren." *Art poétique* (1774), Chant I, 103–106.

7 Ob diese Terminologie ein Gegenstand von *Gender studies* (Kap. 6, S. 102) sein kann, mag hier offen bleiben. Immerhin wird die knappe, schroffe, kurz angebundene Art mit dem Männlichen, die weichere wie *langage, coche* sind, die nicht weibliches Genus haben, dass die Adjektive *propre, rouge* beide Genera, und Verbformen wie *sache, tende* gar kein Genus haben. Zu berücksichtigen auch, dass gemäß der *alternance de la rime* (s. u.) männliche und weibliche Reime in strikter Parität vorkommen. Allerdings ist die Terminologie aufs Französische beschränkt: Im Deutschen heißen „männliche" Wörter wie *Band* „stumpf", „weibliche" wie *Bande* „klingend". – Vgl. Chevrier (1998).

Aus Gründen der Silbenzahl ist ein Wort auf -*e* in der Zäsur nur möglich, wenn das nächstfolgende Wort, das erste des zweiten Hemistichs, mit Vokal einsetzt. Dann aber ist der Charakter des Verses deutlich anders, er „fühlt sich anders an", weicher. CORNEILLE wusste sehr wohl, warum er den Monolog eines willensstarken Mannes, der im Kerker Versuchungen ausgesetzt ist, mit einer solchen Zäsur (und einem Adjektiv mit sehr starker Dihärese) beginnen lässt:

Source délicieuse en misères féconde,
Que voulez-vous de moi, flatteuses voluptés?

um wenige Verse später Verwünschung und Aufbegehren gegen einen römischen Tyrannen dagegenzusetzen:

Tigre altéré de sang, Décie impitoyable.[8]

Was den Einsatz des Enjambements angeht, so hat dies, mehr noch als bei den anderen Mitteln der Versgestaltung, mit **Ökonomie** zu tun. Wer sich viel Zeilensprung erlaubt, entgliedert seinen Vers zunehmend, im Extrem bis zur Unkenntlichkeit. Wer es nur ganz selten tut, kann damit um so stärkere Wirkung erzielen. Wie RACINE an einer berühmten Stelle die Beunruhigung über einen nächtlichen Traum komponiert:

Je jouissais en paix du fruit de ma sagesse;
Mais un trouble importun vient, depuis quelques jours,
De mes prospérités interrompre le cours.
Un songe (me devrais-je inquiéter d'un songe!)
Entretient dans mon cœur un chagrin qui le ronge:
Je l'évite partout, partout il me poursuit.[9]

Un songe: Dieser äußerst ungewöhnliche Einschnitt nach der dritten Silbe – fast kommt er einem Abbruch des Sprechens gleich – und das anschließende, unter Verzicht auf Mittelzäsur neun Silben umfassende *aparté* (beiseite Gesprochene) öffnen der dramatischen Rolle ungeahnten Darstellungsraum.

Gegen Ende des 19. Jhs. wird VERLAINE einen ungeradzahligen, vor allem neunsilbigen Vers pflegen, dessen besondere Musikalität er gerade durch Fernhalten jeglicher Zäsur anstrebt:

De la musique avant toute chose,
Et pour cela préfère l'Impair.[10]

Poetische Wirkungen

Das Verhältnis von Satzbau und Versbau ist also diejenige Dimension, in der sich rhythmisches Geschehen tatsächlich erfüllt. Versmitte und Versende sind dabei naturgemäß herausgehobene Stellen. Ist der einmal gewählte Verstyp die zu rhythmisierende „Materie", so der jeweils hinzutretende Satz der „Geist", beispielsweise die Wiederholung von *partout* um die Mittelzäsur in RACINES Vers. Die Mittelzäsur gehört, wie gesagt, in den Bereich der **Versnorm**, die Endzäsur zum **Verssystem**. Abweichungen vom System wiegen naturgemäß schwerer als Abweichungen von der Norm. Ein Satz, der das Versende überspringt, ist also auffälliger, bedarf stärker der Rechtfertigung, um plausibel zu sein, als einer, der nur die Mittelzäsur überspringt. Da ein Satzschluss mit Punkt an jedem Versende binnen kurzem zu Monotonie führen würde, ist ein Überschreiten des Versendes in der Praxis aber gar nicht zu vermeiden. Daher ist es nicht sinnvoll, jedes Mal von Enjambement zu sprechen, wenn das Satzende nicht mit dem Versende zusammenfällt. Es gibt Zeilensprünge von ganz unterschiedlicher Stärke, und ob ein Sprung als stärker oder schwächer empfunden wird, hängt davon ab, welche Wortkategorien dabei getrennt werden. Als Beispiel für ein ganz unauffälliges Fortführen des Satzes im nachfolgenden Vers kann der Übergang von Vers 2 auf 3 in der oben zitierten Passage aus RACINE dienen: Niemand wird nach *jours* einen tieferen Einschnitt verspüren (oder vermissen), obwohl der Satz nicht zu Ende ist. Als Gegenbeispiel hier ein Auszug aus MALLARMÉS *„Nachmittag eines Faun"*, in dem rhythmische und klangliche Elemente in höchster Verfeinerung den Vers an die Grenzen seiner Ausdrucksfähigkeit tragen:

> *Autre que ce doux rien par leur lèvre ébruité,*
> *Le baiser, qui tout bas des perfides assure,*
> *Mon sein, vierge de preuve, atteste une morsure*   40
> *Mystérieuse, due à quelque auguste dent;*
> *Mais, bast! arcane tel élut pour confident*
> *Le jonc vaste et jumeau dont vers l'azur on joue:*
> *Qui, détournant à soi le trouble de la joue*
> *Rêve, dans un solo long, que nous amusions*   45
> *La beauté d'alentour par des confusions*
> *Fausses entre elle-même et notre chant crédule;*
> *Et de faire aussi haut que l'amour se module*
> *Evanouir du songe ordinaire de dos*
> *Ou de flanc pur suivis avec mes regards clos,*   50
> *Une sonore, vaine et monotone ligne.*[11]

---

8 Die Stanzen des Polyeucte aus dem 4. Akt der Märtyrertragödie gleichen Namens (1643) gehören zu den schönsten Partien der französischen Literatur.

9 Jean Racine, *Athalie* (1691) II, 5; V. 484–489.

10 Paul Verlaine, *Art poétique*, aus der Sammlung *Jadis et Naguère* (1874).

11 Stéphane Mallarmé, *L'Après-midi d'un faune* (1876; von Debussy vertont). Die Stelle malt die erotische Träumerei des Fauns, die überführt wird in eine Träumerei über die Kunst, hier die Musik, symbolisiert durch die in V. 43 genannte Doppelflöte aus Schilfrohr. Die beiden Hauptgedanken: „geheimnisvoller Biss" (40/41) und „trügerische Verwirrung" (46/47) sind jeweils durch ein starkes Enjambement „instrumentiert"; Trennnung von Adjektiv und Substantiv ist die stärkste Form des Enjambement.

4 Der Reim

Assonanz

Jede gebundene Dichtung hat Rhythmus, der Rhythmus macht die gebundene Dichtung aus. Der Reim (Endreim) ist demgegenüber von nachgeordneter Bedeutung. Zwar kennen viele Völker eine Dichtung mit Gleichklang am Versende *(Homoioteleuton)*, unerlässlich ist er gleichwohl nicht: Die gesamte antike Dichtung kam ohne ihn aus. Die altfranzösische Dichtung verfuhr zunächst nach dem Prinzip der Assonanz. „Assonanz" bedeutet „Gleichklang", der nur in der Übereinstimmung des Tonvokals am Versende besteht. Assonanz war die vorherrschende Auslautform der Verse vom 8. bis zum 11. Jahrhundert. Versgruppen mit gleichem Assonanzvokal bezeichnet man als *Laisse.* Beispiel:

> As porz d'Espaigne en est passét Rollant
> Sur Veillantif, sun bun cheval curant
> Portet ses armes, mult li sunt avenanz.[12]

Entwicklung

Der **Vollreim** tritt zuerst in der lateinischen Dichtung des Mittelalters auf, gelangt von dort im 11./12. Jh. in die provenzalische und im Laufe des 12. Jh. in die nordfranzösische Dichtung.[13]
Er erfüllt zunächst zwei ganz unterschiedliche Funktionen:
- eine mnemotechnische, als Gedächtnisstütze für das Auswendiglernen,
- eine architektonische, als Bauprinzip für komplizierte Strophenformen, wie sie gerade die altprovenzalische Dichtung pflegte.

Seit dem 15./16. Jh. setzt sich der regelmäßige Wechsel von männlichen und weiblichen Reimschlüssen *(s. S. 147)* durch, vor allem auf dem Theater. MALHERBE macht im 17. Jh. die *alternance de la rime* (zwei männliche, zwei weibliche Reime) zur Auflage und empfiehlt Schlichtheit bei den Reimwörtern. Im 19. Jh. setzt eine Polemik um den Reim ein. MUSSET macht sich über die *chevilles,* die „Füllsel" lustig, die die Dichter in die Nähe der Schreiner brächten (*cheville* bedeutet auch „Zapfen", „Dübel") und kündigt damit den stillen Konsens auf, wonach das Reimen zum „Handwerk" des Dichtens gehörte. Er spottet über diejenigen, die ihren Ehrgeiz darein setzten, den Reim durch einen weiteren Buchstaben anzureichern, noch bevor die „reichen Reime" zum Programm der so genannten *Parnassiens* um THÉOPHILE GAUTIER erhoben wurden.

Das *poème en prose* seit ALOYSIUS BERTRAND (1842) und der unter dem mächtigen Impuls RIMBAUDS geborene *vers libre* der Symbolisten schütteln den „Reimzwang" ab. Während HUGO, aber auch BAUDELAIRE den Reim nahezu unverändert weiterpflegen, MALLARMÉ ihn – wie im oben gegebenen Beispiel ersichtlich – mit höchster Kostbarkeit auslegt *(amusions – confusions),* klagt VERLAINE in seinem *„Art poétique"* über die *torts de la rime, (...) qui son-*

ne creux et faux sous la lime, was nicht bedeutet, dass er auf den Reim verzichtet hätte.

Diesen Schritt vollziehen nachdrücklich die beiden vielleicht bedeutendsten Lyriker des frühen 20. Jahrhunderts: CLAUDEL und SAINT-JOHN PERSE. CLAUDEL orientiert sich am Bibelvers *(verset)*, geißelt dabei sarkastisch das numerische Prinzip (als ob es poetisch sei, bis zwölf zu zählen ...) und möchte die Länge des menschlichen Atemzugs als Maß des Verses nehmen:

Mon Dieu qui connaissez chaque homme avant qu'il ne naisse par
[son nom,
Souvenez-vous de moi alors que j'étais caché dans la fissure de la
[montagne (...)[14]

Der Langvers von SAINT-JOHNE Perse ähnelt auf den ersten Blick dem Vers des von ihm verehrten CLAUDEL, verbannt jedoch nicht wie dieser alle Silbenzählung, sondern stellt eine Erweiterung und Kombination der großen syllabischen Versmaße der französischen Tradition dar:

A nulles rives dédiée, à nulles pages confiée la pure amorce de ce
[chant ...
D'autres saisissent dans les temples la corne peinte des autels.[15]

Langes Altern

Die Agonie des Reimes freilich zieht sich hin, niemand wird es wagen, ihn für tot zu erklären, die „vieillesse d'Alexandre" ist immer wieder in prächtiges Abendrot getaucht. Es gab noch in diesem Jahrhundert den feierlichen und den ironischen, den volkstümlichen und den akrobatischen Reim.[16] Im Chanson herrscht ohnehin der Reim vor.[17] Auch Mischformen „gereimt" / „ungereimt" treten auf, wie die Alexandriner von YVES BONNEFOY auf die Stimme der großen Altistin KATHLEEN FERRIER:

---

12 *La Chanson de Roland,* V. 1152. In der Übersetzung von Joseph Bédier: „Aux ports d'Espagne [Pyrenäenübergänge] Roland passe sur Veillantif, son cheval bien courant. Il a revêtu ses armes, qui bien le parent."

13 Ein fränkisches Wort *rim – „Reihe" – (das vorgesetzte Sternchen – Asterisk – zeigt an: die Form ist philologisch erschlossen, also nicht belegt) wurde ins Französische übernommen *(la rime)* und von dort ins Deutsche entlehnt. Die englische Schreibweise *rhyme* ist eine pseudogelehrte Variante von *rime,* die auf der irrigen Annahme einer Verwandtschaft mit dem Wort *Rhythmus* beruht. Tatsächlich ist fränkisch *rim* mit griech. *arithmos* - „Zahl" urverwandt; *rhythmos* bedeutet „fließen".

14 Paul Claudel, *Cinq grandes odes,* Ode 2: L'Esprit de l'eau (1906).

15 Saint-John Perse, *Exil II* (1942).

16 Nicht sehr viel anders in Deutschland: Wolf Biermann erzielt (in der Nachfolge Brechts) große Wirkungen mit einfachen Reimen: „Das Schlimmste war nicht an unsern Tyrannen / Die rotgetünchte Tyrannei / Das Schlimmste waren dabei wir selber / All unsre Feigheit und Kriecherei". Peter Rühmkorf reimt (in der Nachfolge Heines) akrobatisch „who-is-who" auf „Blindekuh" und „wunderbar" auf „Radar".

17 Wie dichtet doch Herbert Grönemeyer mit reichem Reim? „Oh, Männer sind so verletzlich, / Männer sind auf dieser Welt einfach unersetzlich" ... Zum französischen *Chanson* vgl. Brunschwig (1996); Rieger [Éd.] (1988).

Je célèbre la voix mêlée de couleur grise
Qui hésite aux lointains du chant qui s'est perdu
Comme si au delà de toute forme pure
Tremblât un autre chant et le seul absolu.[18]

Und der mit allen poetischen Wassern gewaschene RAYMOND QUENEAU schrieb noch vor nicht allzu langer Zeit ein stark surreal verformtes Märchen über die Entstehung des Sonetts und wählte als Form dazu natürlich ... ein **Sonett**, ein (nahezu) regelmäßig gereimtes:

Invraisemblables Sornettes de sodomites convertis
Iliavait[19] *une fois un vers de douze pieds*
Qui se sentant trop seul cherchait un acolyte
Il n'alla pas plus loin que le bout de son nez
Et trouva le copain qu'il voulait tout de suite

Ils firent connaissance et tous deux étonnés
Qu'ils eussent en commun la rime sodomite
Contents un peu jaloux ils s'étaient accordés
Pour juger la rencontre un peu hermaphrodite

Le temps passa De deux ne devenant pas trois
Une astuce leur vint: la rime féminine
Puis d'autres: la césure et l'hiatus bien sournois

Il n'y eut plus de borne à tout ce feu grégeois
Multipliant sans fin prouesses comme exploits
Ils firent du sonnet la suprême combine

Sonnet licencieux, im doppelten Sinne des Wortes. LUDWIG HARIG hat es recht ansprechend verdeutscht (die hübsche Lautfrotzelei *sonnet / sornette* konnte auch er nicht retten):

UNWAHRSCHEINLICHE FLAUSEN BEKEHRTER SODOMITEN
Es war einmal ein Vers, zwölf Füß hat er gezählt,
der hat aus Einsamkeit sich nen Kumpan erwählt,
er ging nicht weiter als zu seiner Nasenspitzen,
fand den gesuchten Kerl dort auf der Stelle sitzen.

Sie machten sich bekannt und gafften ganz gemein,
denn ihrer beider Reim war fraglos sodomitisch,
zufrieden, neidisch, doch sie kamen überein
und fanden ihren Treff nen Schuss hermaphroditisch.

Die Zeit verging. Die zwei, sie wurden niemals drei,
den femininen Reim erfanden sie als Kniff,
dann andre: die Zäsur und den Hiatuspfiff.

Und dieses Feuerwerk war schrankenlos und frei,
sie steigerten von Sieg zu Sieg die Überwindung
und schufen im Sonett die äußerste Verbindung.[20]

Nach der Zahl der übereinstimmenden Lautelemente (Phoneme) unterscheidet man vier Stufen (vereinfachtes Schema; die deutschen Entsprechungen sind nur Näherungen):

Bezeichnung	Reimelemente	Beispiel
Rime faible	nur die Tonvokale	*trois / sournois, vue / tue*
Stumpfer Reim	nur die letzte Silbe	*sah / nah, liegt / siegt*
Rime suffisante	Tonvokal und folgender Konsonant	*tord / mort*
Klingender Reim zweisilbig	Tonsilbe + unbetonte Silbe	*Morgen / Sorgen*
Rime riche	Drei Phoneme	*cheval / rival, tordu / perdu*
Dreisilbiger Reim	Tonsilbe + zwei unbetonte Silben	*schreitende / gleitende*
Rime léonine	Vier Phoneme	*astre / désastre*
Viersilbiger Reim	Tonsilbe + drei unbetonte Silben	*Reinigungen / Peinigungen*[21]

Reimanordnung

Fortgesetzter Reim	*rime continue*	aaaa, bbbb, cccc
Paarreim	*rime plate*	aa, *bb*, cc, *dd* (meist alternierend weiblich/männlich)
Kreuzreim	*rime croisée*	abab, cdcd
Umschlingender Reim	*rime embrassée*	abba, cddc

5 Strophen und Strophenformen

Sonett

Licencieux (oder *irrégulier*) ist QUENEAUS oben zitiertes Sonett, weil es in den Quartetten *(quatrains)* abab cdcd gereimt ist, ferner weil die Terzinen *(tercets)* nur auf zwei statt auf drei Reimen laufen.

---

18 Yves Bonnefoy, *Hier régnant désert* (1958). Der Hiat „*Qui hésite*" in Vers 2 und im Gegenstz dazu der *Subjonctif II* „*tremblât*" in Vers 4 deuten auf eine gewisse Unsicherheit im Umgang mit den „Erbgesetzen" hin.

19 Tatsächlich so geschrieben.

20 „*Suprême combine*" ist noch ein wenig unverschämter ... Original und Übersetzung in: Französische Dichtung Bd. 4: (1990:300).

21 Die so beliebten deutschen Schüttelreime („Dieweil er mit dem Drachen rang / Gifthauch aus dessen Rachen drang") haben ihre würdige französische Entsprechung in den *contrepéteries,* nur sind diese gern zugleich auch *grivoiseries* und damit zumeist weniger bieder. Reiche Sammlung dazu Gagnière (1996) („Les *n*ouilles *c*uisent au *j*us de *c*ane" – lautes Aussprechen nach Konsonantentausch streng verboten!). Unerschöpflich Martin (1986).

Das regelmäßige Sonett *(le sonnet régulier)* reimt <u>abba abba ccd ede</u> oder <u>ccd eed</u>. Um 1230 in Sizilien entstanden (die Italiener bauten die Terzinen gerne <u>cdc dcd</u>), in ganz Europa verbreitet, seit dem 16. Jh. in Frankreich, seit dem 17. Jh. in Deutschland, ist dieses vierzehnzeilige Gebilde (es können durchaus auch kürzere Verse verwendet werden) mit seinen nun fast achthundert Jahren wohl die dauerhafteste Kunstform, die wir überhaupt kennen. Lediglich die Engländer erlaubten sich seit dem Elisabethanischen Zeitalter (16. Jh.) eine Sonderform <u>abab cdcd efef gg</u>, die MALLARMÉ (er war Englischlehrer) nachahmte.

Seine Langlebigkeit verdankt das Sonett sicher auch dem Umstand, dass es reine Form ist und jeden beliebigen Inhalt aufnehmen kann, der überhaupt in 14 Versen Platz findet (wo nicht, hat man **Sonettenkränze** angelegt, die ein narratives oder allgemein progressives Element entfalten können). Es gibt keinen Ton, kein Ethos, keine Thematik, die man spezifisch „sonettisch" nennen könnte (nicht einmal Liebe), wie man „elegisch" oder „balladesk" mit spezifischen Bedeutungen sagt.

Bei anderen festen Formen finden wir die charakteristische Grenzverwischung zwischen Form und Gattung wieder, damit Einschränkung und Festlegung der Inhalte, damit aber – Inhalte sind eine unruhige Masse – Abhängigkeit von wechselnden Einstellungen.

Einschnitt

Den einschneidendsten Wandel in der Formgeschichte hat 1549 DU BELLAY bewirkt, als er mit dem Ungestüm seiner 27 Jahre den zeitgenössischen Dichter aufforderte:

Lis donc et relis premièrement (ô Poète futur), feuillette de main nocturne et journelle les exemplaires grecs et latins: puis me laisse toutes ces vieilles poésies françaises (...) comme rondeaux, ballades, virelais, chants royaux, chansons et autres telles épiceries qui corrompent le goût de notre langue.[22]

Der *épiceries* („Krämereien") war er überdrüssig, weil die von ihm genannten mittelalterlichen Formen in der Spätzeit der **Rhétoriqueurs** (Meistersinger) im 15. Jh. zu Reimbasteleien erstarrt waren. Im Namen der Freiheit der Poesie forderte er, sich an den antiken Formen: Ode, Elegie und Epigramm zu inspirieren.

Dem stand aber sowohl der Unterschied der prosodischen Systeme als auch die veränderte poetische Praxis im Weg.

Ode

In der Ode ahmte man zunächst die griechischen Chorlieder nach. Die dreigegliederte Form *Strophe – Antistrophe – Epode* verlor sich jedoch nach RONSARD ab Mitte des 16. Jh. bald, wohl weil sie ihren eigentlichen „Sitz im Leben", das Theater, nicht wieder fand. CHÉNIER, LECONTE DE LISLE oder VALÉRY nannten Ode eine Strophe aus zumeist zehn Versen *(le dizain)* mit preisendem, feierlichem Inhalt.

Epigramm	Beim Epigramm sahen wir im vorigen Kapitel (anlässlich der *Xenien* GOETHES und SCHILLERS, S. 129) bereits, dass auch sie ihre Form ändern mussten, um ihren Geist beibehalten zu können.
Elegie	Bei der Elegie ist dies am deutlichsten. Die Nachahmung des elegischen Distichons, wie es OVID, TIBULL oder PROPERZ gepflegt hatten, scheiterte trotz intensiver Bemühungen. Als sei ein geheimes Bedauern davon zurückgeblieben, hat man sehr viel später die heterometrischen Strophen LAMARTINES in *„Le Lac"* (1820) und VICTOR HUGOS in *„A Villequier"* (1844, s. S. 52) als *strophes élégiaques* bezeichnet. In der Tat verdienen die Halbverse am Ende jedes *quatrain* mit ihrem schmerzlichen Einschnitt, elegisch genannt zu werden. Bei LAMARTINE spricht der Dichter zum See (dem *Lac du Bourget):*

> *Regarde! Je viens seul m'assoir sur cette pierre*
> *Où tu la vis s'asseoir!*

Eine feste Gattungsform mit der Bezeichnung *Elegie* indessen ist in Frankreich nicht entstanden.

Form	Wäre eine Gattungsform „Elegie" in Frankreich entstanden, ist es kaum anzunehmen, dass ein LAMARTINE oder ein HUGO sich ihrer nach fast drei Jahrhunderten noch hätten bedienen wollen. Größere Formen hatten, jedenfalls im Frankreich der Neuzeit, kaum mehr Aussicht auf längeren Bestand. Fast alle die von DU BELLAY geschmähten mittelalterlichen Formen sind früher oder später aus einem historisierenden oder antiklassischen oder folkloristischen Impuls heraus einmal wieder belebt worden, vor allem im 19. Jahrhundert. Stabiliert hat sich keine davon, weder die **Ballade** VILLONS (ursprünglich ein Tanzlied, das mit der nordischen *ballade romantique* SCHILLERS oder FONTANES nichts zu tun hat), noch das **Rondeau** nach Art von CHARLES D'ORLÉANS, noch das **Virelai** („Trällerlied") nach Art von GUILLAUME MACHAUT, weswegen wir sie hier auch nicht im Detail vorstellen wollen. Wenn die Substanz der Dichtung das Leben ist, so ist die Form das Gedächtnis. Man weiß, wie kapriziös sich dieses gerne benimmt ... Die Elegie ist tot: Es lebe das Elegische! In einem jüngst erschienen *„Essai sur la relation lyrique"* schreibt JEAN-MICHEL MAULPOIX: *„Passionnément élégiaque, la poésie française contemporaine est «élégie» de la poésie même".*[23]

Das Leben der „festen" Formen in all ihrer gattungsmäßigen und geschichtlichen Unfestigkeit zu studieren, ihrer Hinfälligkeit und Wiederbelebbarkeit, dürfte in jedem Fall eine selten ergiebige Schule der „Kulturtechnik" sein.[24]

---

22 Joachim Du Bellay, *Deffence et Illustration de la langue françoyse*, II, 4.
23 Maulpoix (1998). – Roubaud (1998) hat *Ballade* und *Chant royal* gründlich erforscht.
24 Die wichtigsten französischen Metriken: Baehr (1970); Deloffre (1973); Elwert (1978); Aquien (1993); Mazaleyrat (1995).
Zur Lyrik: Hinterhäuser [Hrsg.] (1975); Janik [Hrsg.] (1987); Jarrety [Hrsg.] (1997). Zu den Formen: Knörrich (1992).

KAPITEL 9 Rhetorik

1 Hinführung

Aufhänger

Zu Winterbeginn sah man unlängst auf französischen Reklametafeln Folgendes: *„Publicité D*** du 13 au 25 octobre Festival des frileuses.* Die Mitte des *Panneau* nahm ein mit nicht zu knappen *Dessous* angetanes Mädchen ein. Darunter stand zu lesen: *„Pour celles qui n'ont pas froid aux yeux"*.

Wenn Rhetorik uns heute in erster Linie im Bereich der öffentlichen Werbung begegnet, so hat das damit zu tun, dass sie immer schon mit Öffentlichkeit zu tun hatte, und seit Öffentlichkeit, zum Guten wie zum Schlechten, immer stärker mit Markt identisch geworden ist, dort ihr Hauptbetätigungsfeld gefunden hat: Sie will mit sprachlichen Mitteln auf den Partner einwirken, ihn beeinflussen. Dazu ist heute neben die sprachliche eine visuelle „Rhetorik" getreten.

Persuasion

Ein *Persuasionsvorgang* also: jemanden *überreden,* mit all den Konnotationen, die das deutsche Wort erzeugen kann, mit Worten überhäufen, überschütten ... Nein, genau das nicht, denn die Wirkung wird sein, dass man sich abwendet, und dann ist die sprachliche Zielhandlung misslungen. Jemanden in der Weise bereden, dass er sich überzeugt fühlt, nicht überredet. Der zentrale Begriff alles Rhetorischen ist das *Treffende,* das **durch Angemessenheit Wirkende,** lat. *aptum,* griech. *prepon.* Zunächst eine völlig moralneutrale Größe, möchte man denken, hat man auch oft gedacht, ganz so ehern und unerbittlich wie gewisse Marktgesetze im Geiste MACHIAVELLIS: Was zählt, ist der Erfolg. Wenn da nicht doch die menschliche Natur wäre, die sich gegen dergleichen scheinbar Ehernes immer wieder zur Wehr setzt. *„Prends l'éloquence et tords-lui son cou"* – so ingrimmig sagte es VERLAINE.[1]

Ironie

Aus dem Beispiel des Aufhängers oben soll zunächst *Festival des Frileuses* aufgenommen werden; es handelt sich um eine **Hyperbel,** eine Figur der Übertreibung, denn mit *Festival* ist lediglich so etwas wie „Einkaufswoche" gemeint, doch das versteht heute jede(r) ohne nachzudenken, rein kontextuell, vor wenigen Jahrzehnten hätten es die Leute wohl noch wörtlich, *„sensu proprio",* aufgefasst und sich womöglich auf etwas ganz Falsches eingestellt. Freilich: *Festival für Fröstelnde?* Gemeint ist: Es kommen gute Zeiten für weibliche Wesen, die leicht frieren, wir sind im Oktober usw. Was aber meint *„Pour celles qui n'ont pas froid aux yeux"?* Die Idiomatik *n'avoir pas froid aux yeux* bedeutet: „keine Angst haben".[2] Das ist als solches nicht rhetorisch. Wo liegt das Rhetorische? Es liegt einmal in der feinen *„allusio"*, der Anspielung von *froid* auf *frileux*, einer kleinen, fast schon poetischen Meisterleistung; zum andern aber in der Überschrift: *„Publicité D*** "*. Die Firma D*** hat bisher bekanntermaßen nur Erzeugnisse für ältere Damen hergestellt, sie will nun offensichtlich eine Marktinitiative in Richtung jüngerer Käuferinnen starten und ihnen suggerieren, sie seien gewiss – wir leben in raffinierten Zeiten und gut geheizten Räumen – so mutig, den Winter über auch mal den Oma-look zu riskieren! Ein klarer Fall von **ironia,** von Ersetzung des Gedankens durch einen anderen Gedanken, der zum gemeinten Gedanken im Gegensatzverhältnis steht. Natürlich nennt die Firma auf dem Plakat ihren vollen Namen: Wenn wir dies hier nicht tun und stattdessen *** setzen, so ist dies eine Art graphischer *Aposiopese* oder *Praeteritio*, ein Verschweigen oder Übergehen des Gemeinten, was im übrigen eine vielgepflegte Form im 18. Jh. war.

2 Geschichte

Sozio-kulturelle Entwicklung

Der Ursprung der Rhetorik ist die Rede in der **Öffentlichkeit.** *Rhetor,* lat. *orator* war derjenige, der auf der politischen Tribüne oder vor Gericht (was anfänglich gar nicht getrennt war) eine Sache vertrat, seine Sache oder die eines anderen.[3] Da das in Rom auf dem *forum* geschah, spricht man von *forensischer* Rhetorik.

Mit dem Christentum gelangte die Rhetorik auf die Kanzel, ein folgenschwerer Schritt, hatte doch Gottesdienst bis dahin im wesentlichen in rituellen Formeln bestanden, denen nunmehr in Gestalt der Predigt ein dynamisches Element gegenübertrat: Die Spannung zwischen Liturgie und Kanzelrede durchzieht denn auch die Kirchengeschichte, nicht zuletzt in der Auseinandersetzung zwischen Katholizismus und Protestantismus. Denn Rede bringt notwendig ein argumentatives oder wenigstens ein deliberatives Moment mit sich, also etwas, das ins Offene, Unvorhergesehene, Freie weist. Der Liturg (wörtlich: der den Dienst am Volk verrichtet) steht am Altar und verrichtet die immer gleichen Gesten, sprachliche wie nicht-sprachliche; der Prediger steht erhöht,

---

1 Paul Verlaine, *Art poétique* (1874), Vers 21.
2 Das Wesentliche an den idiomatischen Redewendungen, den *„expressions figées"* (die als solche nicht zur Literaturwissenschaft gehören) ist, dass sie nicht in ihre semantischen Bestandteile aufgelöst werden können. Man kann nicht einmal sagen: **J'ai froid aux yeux*. Um die Herkunft bemühen sich zahlreiche Werke: Gottschalk, Duneton etc.
3 Das *h* nach dem *R*, das die europäischen Sprachen mit etymologisierender Schreibweise – englisch, französisch, deutsch – bewahrt haben, erklärt sich aus der griechischen Schreibung ρ mit „spiritus lenis". Über das Grundwort *eiro* – „reden" ist es mit lat. *verbum* und dt.„Wort" urverwandt.

spricht in die Weite des Raumes und nützt die Macht des Wortes (lat. pronuntiatio) und der körperlichen Wirkung (lat. actio).

Von den drei traditionellen Momenten der Rhetorik: *docere* („belehren"), *delectare* („erfreuen") und *movere,* ist das letzte, das Bewegen oder Jemanden-zu-etwas-Bewegen, sicherlich das beachtlichste oder auch bedenklichste, je nachdem, ob der, der es einsetzt, zur Versöhnung oder zum Kreuzzug aufruft.

Von der Kanzel ist die Beredsamkeit, die *Eloquenz,* um vieles verstärkt, dann wieder in die weltliche Arena gestiegen: Nach der antiken und der christlichen Rhetorik gab es eine Rhetorik des **Humanismus,** des **Barock** (sicherlich die am meisten ausgebaute), der **Aufklärung,** der **Revolution,** des **Nationalismus,** des **Internationalismus** und – gegen alle Widerstände, nicht zuletzt den Überdruss an allem Rhetorischen – auch des **demokratischen Republikanismus.**

Das enge **Verhältnis zur Macht** ist dem Rhetorischen geblieben, mit all der ihm anhaftenden Ambiguität: im richtigen „Munde" eingesetzt steht Rhetorik im Dienste der Freiheit, und das heißt zunächst immer der Gewaltfreiheit, ist der alle Mal bessere Ersatz für Gewaltanwendung; im falschen „Munde" kann sie die Massen zur Gewalt „agitieren", wie LENIN, MUSSOLINI, GOEBBELS oder HITLER es vorgemacht haben, wobei die Historiker entscheiden müssen, ob die öffentliche Agitation oder die geheimen Beschlüsse das Schlimmere waren. Im verkleinerten Maßstab des Alltags wiederholt sich die Ambiguität: Die „langen Reden", insbesondere die „Sonntagsreden" können lästig sein, Begrüßungs- oder Hochzeitsreden sind zumeist erwünscht, das Fehlen einer Grabrede kann den Tod im wahren Sinn des Wortes trostlos machen.

Gender?

Rhetorik geht also immer die ganze Gesellschaft an. Wo die Beredsamkeit insgesamt unterentwickelt ist, oder aber sehr ungleich entwickelt ist, steht es zumeist auch schlecht um die *res publica* als ganze. Und wo eine bestimmte Gruppe sich unzureichend artikuliert, ist ebenfalls Schieflage angesagt. Woran immer es liegen mag, dass Frauen auch in freien Gesellschaften in sehr viel größerem Ausmaß als Männer Scheu davor empfinden, öffentlich das Wort zu ergreifen – hier wäre sicher ein offenes Feld für bewusstseinsfördernde Studien und entsprechende Schritte in die Praxis. Die *Gender-Rhetorik* steckt noch in den Anfängen.

3 Systematisierung

Strukturen und Regeln

Bereits in römischer Zeit setzte die systematisch-begriffliche Erfassung all dessen, was die Rhetorik umfasste, ein, und zwar zu Ausbildungszwecken. Dies wiederum war weitgehend eine Domäne der Griechen, von denen viele, eben wegen des Verlusts der politischen Freiheit in ihrem Lande, sich in die Dienste der siegreichen Römer begaben und als Rhetoriklehrer ihr Brot verdienten. Horaz hat dies in einem berühmten Vers verdichtet:

Graecia capta ferum victorem cepit et artis intulit agresti Latio.[4]

Der bedeutendste Rhetoriklehrer war allerdings dann doch ein Römer (aus Spanien): MARCUS FABIUS QUINTILIANUS, der in den siebziger Jahren des ersten Jahrhunderts nach Christus an eine der damals gegründeten öffentlichen Rhetorikschulen berufen und damit zum ersten staatlich besoldeten „Professor" Europas wurde (die Bezeichnung ist allerdings erst später aufgekommen). QUINTILIAN war es, der die Ausbildung zum Redner an einem Modell ausrichtete, nämlich an CICERO, und damit das Prinzip der *Imitatio* (‚Nachahmung', ‚Nacheiferung') in das literarische Leben einbrachte. Bezeichnenderweise wurde er bald auch Prinzenerzieher. Durch ihn wurde das System der antiken Rhetorik zu einem umfassenden Lehrprogramm ausgebaut, die Rhetorikschulen damit zu Vorläufern unserer Universitäten. Herkömmlich umfasst dieses System fünf Teile:

Auffindung des Stoffes	*inventio*	
Einteilung der Rede	*dispositio*	
Wortwahl („Stil")	***elocutio***	(→ Figurenlehre)
Einprägen (‚Gedächtnis')	*memoria*	
Vortrag	*pronuntiatio*	

Ausbildungskonzepte

In seinem wichtigsten erhaltenen Werk, der *„Institutio oratoria"*, das im Jahre 95 erschien, im 15. Jahrhundert in St. Gallen wieder entdeckt und 1470 gedruckt herausgegeben wurde, entwarf QUINTILIAN darüber hinaus ein Studienmodell für die „Grundstufe", das Grammatik, Geometrie und Musik enthielt, ja schließlich, wiederum in Ausrichtung an CICERO, ein ganzes Erziehungsideal des Redners. In wechselnden Formen wurde dies prägend für die Schulausbildung des gesamten Abendlandes; noch gegen Ende des vorigen Jahrhunderts hieß die Abschlussklasse des französischen Gymnasiums *Rhétorique* (später dann *première,* bzw. *„philo",* bzw. *terminale),* und selbst der deutsche Schulaufsatz kennt noch die *Stoffsammlung,* die *Gliederung* und die *sprachliche Formulierung* (leider kaum mehr Gedächtnis- und Sprechübungen).

Literarische Rhetorik

Hier nun der letzte Schritt hin zur Literatur: Im 10. Buch seiner *„Institutio"* gibt QUINTILIAN eine Übersicht über die griechischen und römischen Literaturwerke, die der Redner studieren solle, um

---

4 Horaz, *Epistulae* 2, 1, 156. „Griechenland, das doch erobert worden war, hat den unzivilisierten Sieger seinerseits erobert und im unterentwickelten Latium die Künste eingeführt."

seinen „Stil" zu schulen. Genau hier, bei der *elocutio,* ist daher der Ansatzpunkt für die literarische Rhetorik, die sich in der Folgezeit entwickelt hat und die neben Fragen der **Wortwahl** und des **Prosarhythmus** (die sog. *Klauseln,* rhythmisierte Satzschlüsse) in erster Linie die **Figurenlehre** behandelt. Ansatzpunkt auch für die Auseinanderentwicklung von Theorie und Praxis, mündete doch die immer genauere begriffliche Analyse des *figürlichen* Sprechens im Laufe der Jahrhunderte in eine **linguistische Text-theorie**, während dem gegenüber die Bemühung um eine lebendige Praxis insbesondere der politischen Rede stand.

In Deutschland inkarniert sich dieser Gegensatz exemplarisch in dem größten gelehrten Kenner der Überlieferung, dem Romanisten Heinrich Lausberg, und dem bedeutendsten Anreger politisch-praktischer Rhetorik in unserer Zeit, dem Altphilologen Walter Jens. Während der eine uns ein beeindruckendes *„Handbuch der literarischen Rhetorik"* mit Hunderten von Termini (von *Accumulatio* über *Enthymema* und *Iucunditas* bis *Prolepsis* und *Zeugma)* und Beispielen dazu aus sieben Literaturen gegeben hat, das außerhalb der Zeiten steht, sich in seinem Ordnungsbemühen freilich sehr komplex verästelt, hat der andere mit seinem persönlichen Engagement als Redner zu wirken gesucht.[5]

Tropen

In Frankreich, dessen Kultur zu allen Zeiten stärker rhetorisiert war als die anderer Völker, können wir exemplarisch einen ähnlichen Gegensatz festhalten. Auf dem Höhepunkt der *Bataille romantique,* bei der in den zwanziger Jahren des 19. Jahrhundert Anhänger und Gegner der (tatsächlich zur Doktrin erstarrten) klassischen Literaturanschauung aneinander gerieten, ritt Victor Hugo eine gewaltige Verbalattacke gegen die *Académie Française* als Hüterin der *tropes,* der rhetorischen Figuren (früher auch *Tropen* genannt, von griech. *tropos* „Wendung"):

> *Et sur l'académie, aïeule et douairière,*
> *Cachant sous ses jupons les tropes effarés, [...]*
> *Je fis souffler un vent révolutionnaire.*

Auch das ist Rhetorik, aber eben romantische, die sich auch nicht scheut, beim Polemisieren gegen die *Tropen* selber solche zu verwenden: die *Personifizierung (Allegorisierung)* einer unbelebten Institution, die *Prolepsis* (logische Vorwegnahme) bei den „erschrockenen Tropen" (auch das Wort *ré-vo-lu-ti-o-naire,* das sechssilbig den ganzen Halbvers ausfüllt, ist nicht eben unrhetorisch).

Fast gleichzeitig, also in einer Epoche, in der der Rhetorik im herkömmlichen Verständnis tatsächlich der Wind ins Gesicht blies, veröffentlichte, wenig beachtet, Pierre Fontanier sein großes Werk *„Les figures du discours. Manuel classique pour l'etude des tropes",* ein grundgelehrtes Buch über, wie er sagt, *„ces merveilleux artifices du langage de la parole",* das nicht nur eine Fülle

von Einsichten enthält, sondern noch dazu gut lesbar ist. Erst in unserem Jahrhundert hat Gérard Genette, der virtuoseste Figurendeuter der neueren Kritik, der selbst drei Bände mit Untersuchungen unter dem Titel *„Figures"* herausgebracht hat, ihm Gerechtigkeit widerfahren lassen.[6]

Rhetorik und Poesie

Diese Figuren, diese Wendungen, Verschiebungen, diese zahllosen, oft so schwer auslotbaren Verfahren des uneigentlichen Sprechens, mit denen der Mensch seiner eigenen Sprache und damit sich selbst gleichsam immer ein wenig voraus ist, bilden das Scharnier zwischen Poesie und Rhetorik. Ohne dass durch sie indessen der Gegensatz zwischen Poesie und Rhetorik aufgehoben wäre. Denn hierbei ist die Poesie das Originäre, die Rhetorik dagegen die Abnehmerin, Nutznießerin. Die wahrhaft schöpferischen *Tropen* kommen aus der Dichtung, sie sind nicht steuerbar, nicht einsetzbar, aber einige, wie das berühmte „unzählige Lächeln des Meeres" (AISCHYLOS) überdauern die Jahrtausende. Die Rhetorik guckt sich etwas davon ab, aber eben weil sie im Augenblick und nur im Augenblick wirken will und muss, ist ihre Einstellung dazu eine andere. Zweckform und Gestaltform haben nun einmal ein verschiedenes Verhältnis zur Zeit. Und als wollte die Sprache der Lyrik, der *lyrisme,* der sich aus dem Begehren und Sehnen speist, nicht aus dem Erkennen, sich auch hier treu bleiben und sich selbst immer weiter voraus sein, scheint er zur Gegenwart alles daran zu setzen, sich nicht mehr einholen zu lassen, keine auflösbaren Figuren mehr zu bieten, kein „Uneigentliches", das sich noch auf ein „Eigentliches" rückführen ließe.

ARTHUR RIMBAUD:

Ce Charme! il prit âme et corps,
Et dispersa tous efforts.

Que comprendre à ma parole?
Il fait qu'elle fuie et vole!

Ô saisons, ô châteaux!

Pathos

Eng verwandt mit dem Rhetorischen ist der Begriff *Pathos,* mit dem sich die Vorstellung vom Aufpeitschen der Gefühle, Anheizen der Atmosphäre, „Stimmungsmache" durch tremolierende Intonation, heftig bewegte Mimik und Gestik verbindet. Wort und Erscheinung werden von vielen als unangenehm, ja abstoßend empfunden. Schon STENDHAL schrieb: *L'avocat général faisait du pa-*

---

5 Lausberg (³1990); die Kurzfassung für die Hausbibliothek: Lausberg (¹⁰1990). – Am Tübinger Lehrstuhl für Rhetorik von Walter Jens, dem ersten und einzigen nach langer Zeit in Deutschland eingerichteten, entsteht unter der Leitung seines Nachfolgers seit 1992 auch ein großes wissenschaftliches Nachschlagewerk in moderner Konzeption, das *„Historische Wörterbuch der Rhetorik",* hg. v. G. Ueding.
6 Pierre Fontanier, *Les Figures du discours* (1821/1827), Introduction par Gérard Genette, 1968.

thos sur la barbarie du crime. Daran ist die Schulrhetorik nicht unschuldig, die den Einsatz der Leidenschaften zum Bestandteil ihres Systems erklärte. „Diese Affektstufe ist besonders als akuter Handlungsimpuls zwecks parteigünstiger Fällung des Urteilsspruchs brauchbar", wie es in Lausbergs unübertroffen akademischer Diktion heißt.[7] Daher die Rede vom hohlen, falschen oder aufgesetzten Pathos. Auch hier bezog aber die Rhetorik die Impulse oder die Vorbilder aus der Poesie, vor allem der dramatischen: „Schaudern" und „Jammer" beim Betrachter zu erregen, war das Ziel der Tragödie.[8] *Pathos* bedeutet im Griechischen „Erleiden", „Erleben", „Seelenstimmung" oder „Leidenschaft", also eigentlich Gefühlsleben im weitesten Sinn. Da das Gefühlsleben aber nun einmal wechselhaft ist, verlangt es bald nach dem pathetischen Ausdruck, bald zieht es sich davon zurück.

Das Französische kennt übrigens aus derselben Wurzel zwei Ausdrücke (**Dubletten**): *le pathos* und *le pathétique,* von denen der erste gleichsam die schlechte, die inakzeptable, der zweite die gute, die akzeptable Gefühlsaussprache meint. Kein Zufall, dass dieser zweite Ausdruck sich bei Rousseau findet: *„Pour tempérer les douleurs de l'absence, nous nous écrivons des lettres d'un pathétique à faire fendre les rochers".* Es ist offenkundig, dass nichts die Individuen, aber auch die Epochen so schroff trennt wie die Einstellung zum Pathos. Unsere Zeit hat in vielen, längst nicht in allen Bereichen eine Neigung zum „Kühlen", möglichst auf Englisch, die einhergeht mit einer Empfindlichkeit für Pathos, die oft gefühlsfeindlich wirkt. Gleichzeitig sind viele vom *Flamenco* hingerissen, dem pathetischsten Stil, den Europa kennt. Eine für die meisten wohl unangenehme Überraschung erwartet uns, wenn wir die Originalaufnahme des *„Pont Mirabeau"* von Apollinaire gesprochen hören: extrem vibrierendes Tremolo. Das war vor 1918.[9] Man muss sagen, es ist ein Glück, dass mit der schriftlichen Aufzeichnung der Poesie nicht auch ihre *pronuntiatio* festliegt: So bleibt sie offen für jeweils neues, zeitgebundenes oder zeitgeborenes **Pathosempfinden.** Jede Rezeptionsgeschichte muss dem Rechnung tragen.

4 Figurenlehre

Auswahl

Aus dem großen Arsenal der *Figuren* sollen zum Schluss ein Dutzend vorgeführt werden, die sich mit etwas Kühnheit als die wichtigsten bezeichnen lassen und vielleicht zum „festen Bestand" gehören sollten. Bei den beiden ersten, **Metapher** und **Metonymie,** lässt sich dies ohne Zweifel sagen: Sie sind – Gérard Genette hat es an Proust meisterhaft gezeigt – am Ursprung der Erzählung, wenn auch nicht in gleichem Maße beteiligt, sie sind in

Sigmund Freuds Traumkategorien *Verdichtung* und *Verschiebung* zu erkennen, sie sind am Ursprung der Veränderung der Welt durch den Menschen.

Gruppierung

Wir ordnen sie in drei sehr traditionelle Gruppen:
- **Wortfiguren** *(figurae elocutionis),*
- **Satzfiguren** *(S. 165),*
- **Sinn-** oder **Gedankenfiguren** *(S. 165).*

Die beiden letzteren können beide auf lateinisch *figurae sententiae* heißen, Hinweis darauf, dass jeder Argumentationstheoretiker oder Logiker bei jeder dieser Gruppierungen leicht Unstimmigkeiten finden kann; es ist wie bei allem, was das menschliche Gehirn ersinnt: Um es eindeutig abzubilden, bedürfte es eines solch immensen Apparateaufwands, dass das Abzubildende darunter erstickte.

1 Wortfiguren

Metapher
(Métaphore)

„Übertragung", Ersetzung der „eigentlichen" Bezeichnung *(mot propre)* für etwas durch eine „uneigentliche" *(impropre)*, die zu ihr in einem Verhältnis der *Ähnlichkeit* steht *(rapport de similitude).* Syntaktisch auch als gekürzter Vergleich aufzufassen (Vergleich ohne *wie).* Daher „Verdichtung". In der Zeichentheorie **ikonisch** genannt. Beispiele:

1. **Sprachüblich:** *Tischbein, Seminar* (= „Pflanzstätte", „Baumschule"), *Fels in der Brandung, lodernd vor Zorn; pied de table, séminaire („pépinière"), rocher dans la tempête, fumant de colère.*
2. **Poetische Metapher** herkömmlicher Art:
   Mit krummgeschliffenen Worten
   Drohten sie mir die Brust zu spalten. (HEINRICH HEINE)
   Et trop vidé la coupe
   D'ingratitude. (CHARLES PÉGUY: „Und allzu oft geleert / Des Undanks Kelch")
3. **„Kühne" Metapher:**
   Ach, gäb er mir zurück die alte Trauer,
   die einst mein Herz so zauberschwer umfing (GOTTFRIED BENN: Der Zauber – bzw. die Trauer – ist wie ein schweres Gewand).
   Soleil cou coupé (APOLLINAIRE: Die rot aufgehende Morgensonne lässt den Nachtschwärmer an einen durchschlagenen Hals denken)

---

7 Lausberg (1963:37).
8 Vgl. Kap. 7, S. 130.
9 Collection Adès. Vgl. oben Kap. 5, S. 73.

Metonymie (*Métonymie*)	„Namensvertauschung", Ersetzung der eigentlichen Bezeichnung für etwas durch eine uneigentliche, die zu ihr in einem Verhältnis der *räumlichen Nähe* steht *(rapport de contiguïté)*: Ursache für Wirkung oder umgekehrt, Gefäß für Inhalt, Zeichen für Bezeichnetes, Besitzer für Besitz etc. Daher „Verschiebung". In der Zeichentheorie **indiziell** genannt. Beispiele: 1. **Sprachüblich:** *Er lebt von seiner Kunst* (= vom Erlös der Produkte); *Wir trinken noch ein Gläschen; Washington lehnt ab.* 2. **Poetische Metonymie** herkömmlicher Art: *Frau Hilde gab den Tod ihm mit* *In einem giftigen Becher Wein* (EDUARD MÖRIKE) *„Celle dont la fureur poursuivit votre enfance"* (RACINE: Die dir mit ihrer Rachsucht schon nachstellte, als du noch Kind warst) 3. **„Kühne" Metonymie:** *... ist wie ein Tanz von Kraft um eine Mitte,* *in der betäubt ein großer Wille steht* (RILKE) *Ta chevelure d'orange* (ELUARD: Dein orangefarbenes Haar)[10]
Synekdoche (*Synecdoque*)	„Das Miterfasste", eine **Sonderform der Metonymie.** Gemeint ist hier die Setzung eines Teils für das Ganze, ***pars pro toto***, oder umgekehrt, ***totum pro parte**. Kopfarbeiter – Handarbeiter.* Statt von Verschiebung kann man auch von Einschließung sprechen *(figure d'inclusion)*. Wer von Figuren in rhetorischer Hinsicht spricht, muss auch vom **Figurenmissbrauch** sprechen, der darin besteht, an die Wahrheit einer metaphorischen oder metonymischen Ersetzung zu glauben. Schlimme Beispiele: *Blut* für „Abstammung", „Rasse"; *Verwurzelung* für „gewohnten Lebensort". Daher die Schmähwörter: „Entwurzelte!", auch auf Französisch: *„Les Déracinés"* (Titel eines Romans von MAURICE BARRÈS, 1922). Ist der Mensch denn ein Baum? Ganz ähnlich das Wort „radikal", das ja bedeutet: „mit der Wurzel", „mit Stumpf und Stiel", und das häufig vollkommen sinnentleert verwendet wird (das „radikal Andere").
Antonomasie (*Antonomase*)	„Gegennennung", eine Umschreibung *(périphrase)* eines Eigennamens durch bestimmte Einzelzüge seines Trägers. Auch: Ersetzung eines *nomen proprium* durch ein *nomen genericum* oder umgekehrt: *Der Prophet aus Galiläa, der eiserne Kanzler, der Wüstenfuchs, le roi Soleil, le Corse* (= NAPOLEON), *tu seras un Obélix.*
Euphemismus (*Euphémisme*)	„Gutreden", verhüllende Umschreibung einer unangenehmen, anstößigen oder Unheil bringenden Sache (Tabu) durch einen mildernden oder beschönigenden Ausdruck: *Entschlafen, Luzifer;* im Deutschen vielfach mittels Fremdwörtern: *transpirieren, Exodus;* mit Ironie untermischt: *einen Kopf kürzer machen; décéder, belle-mère; Voilà les bontés familières dont vous m'avez toujours honoré* (Figaro zum Grafen, der ihn beschimpft hat, in BEAUMARCHAIS' *„Barbier de Séville"*).

2 Satzfiguren

Anakoluth *(Anacoluthe)*	„Nicht-Folge", Bruch der Satzkonstruktion zur Erhöhung der Expressivität (kann gesprochene Sprache imitieren): *Le nez de Cléopâtre, s'il eût été plus court, la face du monde aurait changé* (PASCAL).
Asyndeton *(Asyndète)*	Satzbau ohne verknüpfende Bindewörter: *Alles rennet, rettet, flüchtet* (SCHILLER). *Ils abordent sans peur, ils ancrent, ils descendent* (CORNEILLE).
Chiasmus *(Chiasme[11])*	Kreuzstellung von Satzgliedern (nach dem griech. Buchstaben *chi:* χ). *Blanc bonnet et bonnet blanc* („Jacke wie Hose"); *Le malheur est un tremplin pour les forts, pour les faibles un abîme.*
Ellipse	„Auslassung", Weglassen eines aus dem Zusammenhang leicht ergänzbaren Wortes aus Gründen der Straffung, Beschleunigung: *Le soleil éclaire le jour, et la lune ( ) la nuit.* Berühmt ist diese Ellipse aus RACINES „Andromaque": *Je l'aimais inconstant, qu'eussé-je fait fidèle?* (Ich liebte ihn trotz seiner Unbeständigkeit; wie hätte ich ihn nicht erst geliebt, wäre er treu gewesen?).

3 Gedankenfiguren

Antithese *(Antithèse)*	Zusammentreffen entgegengesetzter Begriffe im Satz: *Et monté sur le faîte, il aspire à descendre.*
Katachrese *(Catachrèse)*	„Missbrauch", zunächst Nutzung einer Bezeichnung als Notbehelf für etwas, das noch keine Bezeichnung hat, insofern häufig nur der negative Aspekt der Metapher (*Tischbein, Windmühlenflügel, rittlings;* sämtliche Bezeichnungen für die Zeugungsorgane [vgl. Kap. 5, S. 77, Anm. 6]); sodann auch Verstoß gegen den richtigen Gebrauch von Bildern, Vermengung nicht zusammengehöriger Sach- oder Bildbereiche, oft unfreiwillig komisch: *Jemanden an den Rand des Bettelstabs bringen, Das schlägt dem Fass die Krone ins Gesicht; Le char de l'État navigue sur un volcan.* Kann bei großen Dichtern von unerwarteter Wirkung sein. *Der Dichter muss, will er nicht seine Klarsicht trüben, seinen Adler verbläuen, schonungslos, wie seinen Frosch* (RENÉ CHAR).
Oxymoron	„Spitz-stumpf", Nebeneinander von Begriffen mit gegensätzlichem Inhalt: *Beredtes Schweigen; une douce violence; Cette obscure clarté qui tombe des étoiles* (CORNEILLE).

---

10 Der in Kap. 1, S. 12 zitierte Text von Proust ist ein Beispiel für die subtile Geburt der Erzählung durch metonymische Verschiebung, wie sie Gérard Genette aufgezeigt hat.
11 Gesprochen: [kjasm^e]

5 Verwandte Begriffe

Allegorie

Belebung eines Gedankens oder Begriffs in Gestalt einer (traditionell meist weiblichen) Figur, bisweilen mit festen Attributen: *Mnemosyne* – „Gedächtnis"; *Lethe* – „Vergessen". Personifizierungen der Tugenden und Laster, der Freiheit, Gerechtigkeit (mit Augenbinde, Waage oder Schwert), besonders im späten Mittelalter und in der Barockzeit gepflegt; im 19. Jh. gern individuell neugeprägt: *L'innocence n'a que faire d'être altesse. Elle est aussi auguste déguenillée que fleurdelysée* (VICTOR HUGO [Die *Unschuld* ist in Lumpen ebenso unantastbar wie im Königsgewand]). Im Französischen oft mit Majuskel: *Le Travail se réveille; le Regret souriant* (BAUDELAIRE).

Bild

Zur Veranschaulichung, Verdeutlichung, Verstärkung betriebene Ineinssetzung (oft ähnlich der Metapher): *Horch, wie die Nacht sich muldet und höhlt* (RILKE); *Tes yeux sont la citerne où boivent mes ennuis; Et ton esprit n'est pas un gouffre moins amer* (BAUDELAIRE)[12]

Emblem

Allgemein: konventionelles Zeichen für ... (ähnlich dem SYMBOL): Die mit Rutenbündeln *(fasces)* umwickelte Axt der römischen Liktoren – Emblem der Macht (hineingedeutet in *fascismo*). Im Besonderen: Kombination von Bild und (zumeist kurzem, sentenzhaftem) Text zur zugleich visuellen und sprachlichen Illustration einer moralischen Anschauung. Beliebt in Humanismus und Barock (verbreitetes Emblembuch des Italieners ALCIATO).

Gleichnis

a) Die **biblischen** Gleichnisreden JESU (frz. *paraboles):* „Ich bin der Weinstock, ihr seid die Reben".
b) **Episches** Gleichnis (frz. *similitude):* Der Veranschaulichung des Ungewöhnlichen dienender, mit Einzelzügen ausgeführter Vergleich eines Handlungsvorgangs mit einem Element der Lebenswirklichkeit. Seit HOMER obligater Bestandteil des Epos. Meist mit „Wie ... so auch" („*comme ... ainsi*") aufgebaut.
In VICTOR HUGOS Roman *„Les Misérables"* erstreckt sich ein Gleichnis über ein ganzes Kapitel: *„La mer, c'est l'immense misère"* (I, 2, 8).

Pointe

Französische Entsprechung des italienischen *concetto* (span. *concepto)* als Inbegriff der Barockästhetik *(„esthétique de la pointe")* im Zeichen des ingeniösen sprachlichen Einfalls *(acutezza).* Noch beim frühen CORNEILLE, als Rodrigue bei Chimène mit dem Schwert eindringt, mit dem er ihren Vater getötet hat: *Ah! quelle cruauté, qui tout en un jour tue / Le père par le fer, la fille par la vue!.* Von der Sprache der Werbung immer aufs neue bemüht: *S'envoler, ça donne des ailes!*

Symbol

Verweiszusammenhang, ursprünglich magisch-religiöser Natur, zwischen einem Gegenstand und einer abstrakten Bedeutung.

Aus älterer Zeit meist von kollektiver Verbindlichkeit: Ring →
„Treue"; Zypresse → „Totenreich".[13] Aus neuerer Zeit von individueller, oft diffuser, nur bis zu einem gewissen Grad verallge-
meinerbarer Bedeutung: Gewächshaus → „zeichenhaft-atmo-
sphärischer Ort für ein Daseinsempfinden". Der magische
Charakter wird wieder zur Geltung gebracht in Freuds Traumdeutung, etwa als unbewusste Sexualsymbolik.

Allegorie und Symbol sind weitläufige Untersuchungsgegen-
stände der Vergleichenden Religionswissenschaft.[14]

---

12 Vgl. Kap. 7. S. 132
13 Zusammenstellung bei Morier ([2]1985).
14 Göttert (1981); Garde-Tamine (1996); Dupriez (1984; *La Clef des procédés:* http://tornade.er.umon-
    treal.ca/allegre/infoDEF/1litt.html); Mazaleyrat / Molinié (1989).

Übersicht
nach Jahrhunderten

Jahreszahlen geben nicht Lebenszeiten,
sondern Schaffensperioden an

MITTELALTER (*MOYEN AGE*)

5e siècle: Mérovingiens	751 Carolingiens	987 Capétiens	1328 Valois

Littérature d'*Oc*

1100–1300 (Guerres albigeoises: 1203–1229)

Trobadors: Guillaume IX, Bernart de Ventadorn, Bertran de Born, Arnaut Daniel
(*Trobar clus–trobar leu*)

Littérature d'*Oïl*

880 (*Cantilène de Sainte Eulalie*) – fin XVe siècle.

Dialectes: Francique, Champenois, Normand, Picard, Anglo-Normand et autres

Chanson de geste

Matière de Charlemagne" (12e–15e siècle) *Chanson de Roland* 1100

Roman courtois

a) „Matière de Bretagne" (cycle breton du Roi Artus et des chevaliers de la Table ronde)

- Chrétien de Troyes: *Érec* 1165, *Cligès* 1170, *Lancelot* 1170, *Yvain* 1175, *Perceval* 1190.
- Thomas d'Angeleterre: *Tristan* 1180
- Berol: *Tristan* 1180
- (Gottfried von Strassburg: *Tristan und Isolde* 1210)

b) „Roman antique" (Antikisierender Roman) 12e siècle

- *Roman d'Alexandre, Roman de Thèbes, Roman d'Énéas, Roman de Troie*

c) „Roman byzantin"

- *Flore et Blancheflore* 1170; *Aucassin et Nicolette* (ca. 1200)

Poésie lyrique

- Chrétien de Troyes 1165–90; Conon de Béthune 1190–1219; Rutebeuf 1260–1285;
- Guillaume de Machaut (Chants Royaux, lais, dits, motets) 1327–1377;
- Eustache Deschamps 1370–1407;
- Christine de Pisan (poésie lyrique et didactique) 1390–1429; Charles d'Orléans 1432–1458;
- François Villon: *Le lais* („Kleines Testament") 1456, *Le Testament* 1461.

Théâtre

- Mystères; Miracles; Farces (*Maître Pathelin*, 15ième s.)
  Le Jeu de la Feuillée (plus ancienne comédie française) 1276
- Marie de France: *Les lais* (à rattacher au cycle arthurien) 1189
- *Le Roman de Renart* (épopée d'animaux, satirique; plusieurs auteurs) 1165–1250
- *Le Roman de la rose* (rêve allégorique)
  1ère partie: Guillaume de Lorris 1237, 2ème partie: Jean de Meung 1275
- Christine de Pisan: *La Cité des Dames* (traité allégorique sur la condition féminine)

Les Chroniqueurs

- Villehardouin: *La Conquête de Constantinople* 1207–1213
- Joinville: *Des saintes paroles et bon faits de Saint Louis* 1305–1309
- Froissart: *Chroniques de France, d'Angleterre et des pays voisins* 1370
- Commynes: *Mémoires* 1489–1498

DAS 16. JAHRHUNDERT

Louis XII	1515 François Ier	1547 Henri II	1560 Charles IX	1574 Henri III	1589 Henri IV (Bourbons)

1526 Campagne d'Italie		1562 Début des guerres de religion	1572 La Saint-Barthélemy	1598 Edit de Nantes

RENAISSANCE	HUMANISME	CALVINISME	CONTRERÉFORME

JEAN CALVIN, *Institutio christiana*, 1536

Poésie lyrique
- CLÉMENT MAROT 1526–44

a) L'école lyonnaise:
- MAURICE SCÈVE: *Délie* 1544
- PERNETTE DU GUILLET: *Rimes* 1545
- LOUISE LABÉ: *Elégies et Sonnets* 1556

b) Le groupe de la Pléïade:
- PIERRE DE RONSARD: *Odes* 1550, *Amours* 1556, *Sonnets pour Hélène* 1578
- JOCHAIM DU BELLAY: *Deffence et illustration de la langue françoise* 1549, *Les Antiquités de Rome* 1558, *Les Regrets* 1558
- DES AUTELS
- ANTOINE DE BAÏF
- JODELLE
- PELETIER DU MANS
- LA PÉRUSE
- PONTUS DE TYARD

Prose
- FRANÇOIS RABELAIS: *Pantagruel* 1532, *Gargantua* 1534, *Le tiers livre* 1546, *Le quart livre* 1552, *Le cinquième livre* 1564
- MARGUERITE D'ANGOULÊME: *L'Heptameron* (Nouvelles) 1558
- MICHEL DE MONTAIGNE: *Les Essais* 1572–1595
- GUILLAUME DU BARTAS: *La semaine ou Création du monde* (Epopée biblique) 1572–78
- AGRIPPA D'AUBIGNÉ: *Les Tragiques* (Epopée sur les guerres de religion) 1577–89

DAS 17. JAHRHUNDERT

1610	Louis XIII	1643	Louis XIV	(>1715)

| Assassinat d'Henri IV | Régence de Marie de Médicis Richelieu 1624–42 | Régence d'Anne d'Autriche Mazarin1643–61 | La Fronde 1649–1652 | Révocation de l'Édit de Nantes 1685 |

Poésie

- MALHERBE 1605–26
- THÉOPHILE DE VIAU 1615–26
- SAINT-AMANT 1628–54

La Préciosité (ca. 1620-1655)

- „Chambre bleue" de l'Hôtel de Rambouillet
- Salons de Mme DE SABLÉ
- Mlle DE MONTPENSIEUR
- Mlle DE SCUDÉRY

Théâtre

- CORNEILLE: L'Illusion comique 1636, Le Cid 1637, Horace 1640, Cinna 1642, Polyeucte 1643, Rodogune 1645, Nicomède 1651, Tite et Bérénice 1670
- RACINE: Andromaque 1667, Britannicus 1669, Bérénice 1670, Bajazet 1672, Phèdre 1677, Athalie 1691
- MOLIÈRE: Les précieuses ridicules 1659, L'École des femmes 1662, Tartuffe 1664 (1669), Don Juan 1665, Le Misanthrope 1666, L'Avare 1668, Le Bourgeois gentilhomme 1670, Le Malade imaginaire 1673
- ROTROU: Le véritable Saint Genest 1645

Roman

- HONORÉ D'URFÉ: L'Astrée (roman pastoral) 160713, 1633
- CHARLES SOREL: Francion 1623, 1633
- PAUL SCARRON: Le Roman comique 1651, 1657
- MADAME DE LAFAYETTE: La Princesse de Clève 1678

Philosophie

- DESCARTES: Discours de la méthode 1637, Méditations 1641, Passions de l'âme 1649
- PASCAL: Lettres provinciales 1656, Les Pensées 1669

Le Libertinisme („Freidenker")

- LA MOTHE LE VAYER
- GASSENDI
- CYRANO DE BERGERAC: Voyage dans la lune 1657
- SAINT-EVREMOND
- Madame DE SÉVIGNÉ: Correspondance 1644–1696 (publiée dès 1697)
- LA ROCHEFOUCAULD: Réflexions 1664
- BOILEAU: Satires 1668; L'Art poétique 1674
- LAFONTAINE: Fables 1668–1678; Contes 1665–1685
- Cardinal DE RETZ: Mémoires (rédigées vers 1677, publiées en 1717)
- FONTENELLE: Entretiens sur la pluralité des mondes 1686
- BOSSUET: Sermons, Oraisons funèbres 1687; Discours sur l'Histoire universelle 1681
- La Bruyère: Les Caractères 1688
- PERRAULT: Parallèle des Anciens et des Modernes 1688; Contes de ma mère l'Oye 1695
- FÉNELON: Les Aventures de Télémaque 1699

DAS 18. JAHRHUNDERT

1715 Régence	1723 Louis XV	1774 Louis XVI	1789 Révolution	1799 Napoléon

Philippe d'Orléans   Girondins, Jacobins, Terreur, Directoire   18 Brumaire

Auteurs des „Lumières" (Aufklärer)

1689-1755

- MONTESQUIEU: *Lettres persanes* 1721, *L'Esprit des lois* 1748

1694-1778

- VOLTAIRE: *Lettres philosophiques* 1734, *Essai sur les moeurs* 1756, *Traité sur la Tolérance* (affaire Calas) 1763, *Dictionnaire philosophique* 1764

1712-1778

- ROUSSEAU: *Discours sur les Sciences et les Arts* 1750, *Discours sur l'origine de l'inégalité* 1755, *Lettre à d'Alembert sur les Spectacles* 1758, *Le Contrat social* 1762, *Emile* 1762

1713-1784

- DIDEROT: *Lettres sur les Aveugles* 1749, *Le Rêve de d'Alembert* 1769 (publ. en 1831), *Le Paradoxe sur le comédien* 1773 (publ. en 1830) *L'Encyclopédie:* 1751–1780 dirigée par DIDEROT, avec la collaboration de D'ALEMBERT, D'HOLBACH et d'autres

Théâtre

- LESAGE: *Turcaret* 1709

1688-1763

- MARIVAUX: *La double inconstance* 1723, *Le Jeu de l'amour et du hasard* 1730, *Les fausses confidences* 1737
- VOLTAIRE: *Zaïre* 1732 (tragédie)

1732-1799

- BEAUMARCHAIS: *Le Barbier de Séville* 1775, *Le Mariage de Figaro* 1784

Roman

- LESAGE: *Le Diable boiteux* 1707, *Gil Blas* 1715–1735
- ABBÉ PRÉVOST: *Manon Lescaut* 1731
- MARIVAUX: *Le Paysan parvenu* 1736, *La Vie de Marianne* 1741
- VOLTAIRE: *Zadig* 1748; *Micromégas* 1752, *Candide* 1759, *L'ingénu* 1767 (Contes philosophiques)
- ROUSSEAU: *La Nouvelle Héloïse* 1762 (roman épistolaire)
- DIDEROT: *Le Neveu de Rameau* 1762-1777 (publ. en 1891), *Jacques le Fataliste* 1778 (romans dialogués)
- RESTIF DE LA BRETONNE: *Le Paysan perverti* 1775

1741-1803

- LACLOS: *Les Liaisons dangereuses* 1782
- B. DE SAINT-PIERRE: *Paul et Virginie* 1788

1740-1814

- DE SADE: *Justine* 1797

Poésie

- JEAN-BAPTISTE ROUSSEAU: Odes, Epigrammes, Poésies satiriques 1712–1741
- ABBÉ DELILLE: poésie didactique et pittoresque 1780–1809
- ANDRÉ CHÉNIER: Elégies, Bucoliques, Iambes 1785–1794 (publ. en 1819)

Salons littéraires

- Mme DU DEFFAND
- Marquise DE TENCIN
- Mme DE LESPINASSE
- Comtesse DE BEAUHARNAIS

DAS 19. JAHRHUNDERT

Empire 1804–14/15	Restauration des Bourbons 15–30	Monarchie de Juillet 30–48	2e République 1848–1851	2e Empire 1851–1870	3e République 1870–1940

Chute de Napoléon	Révolution de Juillet '30	Révolution de Février '48	Coup d'Etat de Napoléon III	Guerre franco-allemande La „Commune"

- CHATEAUBRIAND: *Génie du Christianisme* 1801 *1768–1848*
- LAMARTINE: *Méditations poétiques* 1820
- VIGNY: poésie lyrique 1822–26, théâtre; roman: 1826–35
- VICTOR HUGO: poésie (avant l'exil) 1822–51, (après l'exil) 1851–1885, théâtre (drames
  1802– historiques) 1827–43, *Cromwell* 1827, roman *Notre-Dame de Paris* 1831,
  1885 *Les Misérables* 1862, *Les travailleurs de la mer* 1866
- MUSSET: poésie lyrique 1830–52, théâtre 1830–45

Romanciers
- HONORÉ DE BALZAC: *1799–1850* *Comédie humaine* 1829–50, *La Chartreuse de Parme* 1839
- STENDHAL: *1783–1842* *Le rouge et le noir* 1830
- GUSTAVE FLAUBERT: *1821–1880* *Madame Bovary* 1857, *Education sentimentale* 1869
- JULES et EDMOND GONCOURT: *Germinie Lacerteux* 1864, *Journal* 1851–95
- EMILE ZOLA: *1840–1902* *Les Rougon- Macquart* 1871–93
- GUY DE MAUPASSANT: *Romans et nouvelles* 1879–93
- ETIENNE DE SENANCOUR: *Oberman* 1804
- BENJAMIN CONSTANT: *Adolphe* 1816
- EUGÈNE SUE: *Les Mystères de Paris* 1843
- GEORGE SAND: *Consuelo* 1842
- ALEXANDRE DUMAS: *Les trois mousquetaires* 1844
- PROSPER MÉRIMÉE: nouvelles 1829–45
- ALPHONSE DAUDET: romans 1872–97
- PIERRE LOTI: romans 1880–97
- ANATOLE FRANCE: romans et essais 1880–1914

Poètes
- CHARLES BAUDELAIRE: *Les fleurs du mal* 1840–68 *1821–1867*
- GÉRARD DE NERVAL: *Les filles du feu* 1854
- PAUL VERLAINE: *1844–1896* poésie 1866–96
- ARTHUR RIMBAUD: *1854–1891* poésie 1869–73
- STÉPHANE MALLARMÉ: poésie 1869–97
- THÉOPHILE GAUTIER: poésie 1830–52, romans 1833–63
- LECONTE DE LISLE: poésie 1852–84
- EMILE VERHAEREN: poésie 1883–1916
- MAURICE MAETERLINCK: poésie 1889–96, théâtre 1889–1909

Historiens et critiques
- MADAME DE STAËL: *De L'Allemagne* 1810 *1766–1817*
- JEAN MICHELET (historien républicain 1833–67)
- SAINTE-BEUVE (critique littéraire 1836–59)
- ERNEST RENAN (historien de la religion 1862–83)
- HIPPOLYTE TAINE (historien de la littérature 1864–93) *1828–1893*

DAS 20. JAHRHUNDERT

IIIe République	Gouv. de Vichy 1940–44	IVe République 1944–56	Ve République 56–

Affaire Dreyfus 1894–1906	Séparation de l'Eglise et de l'État 1905	Front populaire 1936	Guerre d'Algérie 1954–61	Révolte des Etudiants 1968

- ANDRÉ GIDE: *1869-1951*   *Les Nourritures terrestres 1897;*
  Les Caves du Vatican 1914;
  Les Faux-monnayeurs 1925
- PAUL VALÉRY: *1871-1945*   *La Soirée avec Monsieur Teste 1896,*
  La Jeune Parque 1917,
  Charmes 1922,
  Mon Faust 1941;
  Cahiers 1894–1945
- MARCEL PROUST: *1871-1922*   *A la Recherche du temps perdu 1913–27*

Poètes
- FRANCIS JAMMES 1898–1935
- OSCAR W. MILOSZ 1905–27
- APOLLINAIRE 1907–18
- LÉON-PAUL FARGUE 1907–47
- SAINT-JOHN PERSE 1911–75
- PIERRE REVERDY 1915–60
- JEAN COCTEAU 1917–62

Le Renouveau catholique
- PAUL CLAUDEL: *Tête d'or 1891, Cinq grandes odes 1910,*
  L'Otage 1911, Le Soulier de satin 1930
- CHARLES PÉGUY: (Ecrits sociaux et religieux)
  Cahiers de la Quinzaine 1900–15
- FRANÇOIS MAURIAC 1913–70
- JULIEN GREEN 1924–84
- GEORGES BERNANOS 1926–48   *1888- 1948*

Les Surréalistes
- ANDRÉ BRETON 1916–66
- LOUIS ARAGON 1917–82
- PAUL ELUARD 1917–52   *1895- 1952*
- MAX JACOB 1917–44
- FRANCIS PONGE 1920–77
- ROBERT DESNOS 1924–45
- HENRI MICHAUX 1927–85,   (dans l'orbite)
- RENÉ CHAR 1930–88

Romanciers
- COLETTE 1900–52
- HENRI BARBUSSE: *Le Feu 1916*
- RAYMOND RADIGUET 1923–24

- Drieu La Rochelle 1924–43
- Jean Giono 1924–70
- Antoine de Saint-Exupéry 1928–44   *1900-1944*
- Ferdinand Céline 1932–60
- Robert Brasillach 1934–45
- Henri de Montherlant 1934–36
- Louis Aragon 1936–62
- André Malraux 1937–53

Théâtre
- Jean Giraudoux: Amphitryon 1938, La guerre de Troie. 1935
- Henri de Montherlant: La Reine morte 1942, Port Royal 1954
- Jean Anouilh: Antigone 1944, L'Alouette 1953   *1910-1987*

„Existentialisme"
- Jean-Paul Sartre: La Nausée 1938, Les Mouches 1943,   *1905-1980*
                          Les chemins de la liberté 1945–49
- Simone de Beauvoir: *1908-1986*   L'Invitée 1943, Les Mandarins 1954, Le deuxième sexe 1951
- Albert Camus: L'Etranger 1942, Le Mythe de Sisyphe 1942, La Peste 1947,
                          Les Justes 1949

Théâtre de l'absurde
- Eugène Ionesco: La Cantatrice chauve 1950, Les Rhinoceros 1959 *1912-1994*
- Samuel Beckett: En attendant Godot 1952; Fin de partie 1957 *1906-1989*

Nouveau Roman
- Nathalie Sarraute
- Michel Butor: La Modification 1957
- Alain Robbe-Grillet
- Claude Simon: La Route des Flandres 1961
- Robert Pinget

Poésie contemporaine
- Yves Bonnefoy
- André du Bouchet
- Jean Follain,
- André Frénaud
- Philippe Jaccottet

Chanteurs
- Georges Brassens
- Jacques Brel
- Edith Piaf
- Jacques Prévert

Essayistes, Critiques
- Roland Barthes   *1915-1980*
- Roger Caillois
- Gérard Genette   *＊1930*
- Georges Poulet

Literatur

ALEXANDRIAN, Sarane (1989), *Histoire de la littérature érotique*. Paris: Seghers.

ALEXANDRIAN, Sarane [Éd.] (1993): *L'Érotisme au XIXe siècle. Oeuvres choisies et présentées par Alexandrian*. Paris: Lattès.

ARISTOTELES (1982): *Poetik*, Griechisch / deutsch. Übersetzt und herausgegeben von M. Fuhrmann. Stuttgart: Reclam.

AQUIEN, Michèle (1993): *La versification appliquée aux textes*. Paris: Nathan. (Nouv. éd. rev. et corr. 1995).

AUERBACH, Erich (1951): *La Cour et la Ville*. In: Erich Auerbach: *Vier Untersuchungen zur Geschichte der französischen Bildung*. Bern: Francke, S. 12–50. (Erstmals München 1933).

BAASNER, Frank / KUON, Peter (1994): *Was sollen Romanisten lesen?* Berlin: Erich Schmidt.

BAEHR, Rudolf (1970): *Einführung in die französische Verslehre*. München: Beck.

BAGOT, Françoise (1993): *Chronologie commentée de la littérature française*. Paris: Nathan

BAUMGÄRTNER, Clemens A. (1974): *Lesen. Ein Handbuch*. Hamburg: Verlag für Buchmarkt-Forschung.

DE BEAUMARCHAIS, Jean-Pierre / COUTY, Daniel (1991); *Chronologie de la littérature française*. Paris: PUF.

DE BEAUMARCHAIS, Jean Pierre / COUTY, Daniel (1994a): *Dictionnaire des œuvres littéraires de langue française* (DOL). 4 vols, Paris: Bordas.

DE BEAUMARCHAIS, Jean Pierre / COUTY, Daniel (1994b): *Dictionnaire des littératures de langue française* (DIL). 4 vols., Paris: Bordas.

BÉCOURT, Daniel (1972): *Livres condamnés, livres interdits. Régime juridique du livre*. Paris: Cercle de la librairie.

BELLEMIN-NOËL, Jean (1972): *Le Texte et l'Avant-texte*. Paris: Larousse.

BENVENISTE, Emile (1966): „La Notion de ‚rythme' dans son expression linguistique." In: Benveniste, Emile: *Problèmes de linguistique générale*. Paris: Gallimard, 327–335.

BOHN, Volker [Hrsg.] (1990): *Bildlichkeit*. Frankfurt/M.: Suhrkamp.

BOILEAU, Nicolas (1970): *L'Art poétique*, hg., eingeleitet und kommentiert von A. Buck. München: Fink.

BONDY, François / FRENZEL, Ivo / KAISER, Joachim / KOPELEW, Lew / SPIEL, Hilde [Kuratorium] (1994): *Harenbergs Lexikon der Weltliteratur*. 5 Bde. Gütersloh: Harenberg Lexikon Verlag.

BÖSCHENSTEIN, Bernhard / KÖHLER, Hartmut [Hrsg.] (1990): *Französische Dichtung*. Zweisprachig. Bd. 4: *Von Apollinaire bis heute*. München: Beck / dtv.

BOURIN, André (1968): *Dictionnaire de la littérature française contemporaine*. Paris: Larousse.

BOUTY, Michel (1991): *Dictionnaire des œuvres et des thèmes de la littérature française*. Paris: Hachette.

BRUNEL, Pierre [Éd.] (1994): *Dictionnaire des mythes littéraires*. Monaco: Éditions du Rocher.

BRUNEL, Pierre / PICHOIS, Claude / ROUSSEAU, André-Michel (1996): *Qu'est-ce que la littérature comparée*. Paris: Armand Colin.

BRUNSCHWIG, Chantal / CALVET, Louis-Jean / KLEIN, Jean-Claude (1996): *Cent ans de chanson française*. Paris: Éditions du Seuil.

CHARTIER, Roger / MARTIN, Henri-Jean [Éds.] (1983 f.): *Histoire de l'édition française*. 4 vols. Paris: Fayard.

CHARTIER, Roger (1990): *Lesewelten. Literatur und Lektüre in der frühen Neuzeit*. Frankfurt/M.: Campus.

CHEVALIER, Louis (1958): *Classes laborieuses et classes dangereuses à Paris pendant la première moitié du XIXe siècle*. Paris: Plon.

CHEVREL, Yves (1992): *L'étudiant chercheur en littérature*. Paris: Hachette.

CHEVRIER, Alain (1996): *Le sexe des rimes*. Paris: Les Belles Lettres.

CITRON, Pierre (1961): *La Poésie de Paris dans la littérature française de Rousseau à Baudelaire*. 2 vols., Paris: Éditions de Minuit.

DELFAU, Gérard / ROCHE, Anne (1977): *Histoire Littérature*. Paris: Éditions du Seuil.

DELOFFRE, Frédéric (1973): *Le Vers français*. Paris: Société d'Édition de l'Enseignement Supérieur.

DEMETZ, Peter (1959): *Marx, Engels und die Dichter*. Stuttgart: Deutsche Verlags-Anstalt.

DIDIER, Béatrice (1994): *Dictionnaire universel des littératures*. 3 vols., Paris: PUF.

DUPRIEZ, Bernard (1984): *Gradus. Les procédés littéraires*. Paris: Union générale d'Éditions 10/18.

ECO, Umberto (⁵1990): *Das offene Kunstwerk*. 5. Aufl., Frankfurt/M.: Suhrkamp.

EDELMAN, Gerald M. (1995): *Göttliche Luft, vernichtendes Feuer. Wie der Geist im Gehirn entsteht*. München: Piper.

ELWERT, Theodor (1978): *Französische Metrik*, München: Hueber.

ENGELHARDT, Klaus (1979): *Daten der französischen Literatur*. 2 Bde. München: dtv.

ENGLER, Winfried (1994): *Lexikon der französischen Literatur*. Stuttgart: Kröner.

ERLICH, Victor (1964): *Russischer Formalismus*. München: Hanser (Neuaufl. Frankfurt/M.: Fischer 1987).

FISCHER, Carolin (1997): *Gärten der Lust. Eine Geschichte erregender Lektüren*. Stuttgart – Weimar: Metzler.

FISCHER, Manfred S. (1981): *Nationale Images als Gegenstand vergleichender Literaturgeschichte: Untersuchungen zur Entstehung der komparatistischen Imagologie*. Bonn: Bouvier.

FRANCE, Peter (1995): *The New Oxford Companion to Literature in French*. Oxford: Clarendon Press.

FRENZEL, Elisabeth (⁸1992a): *Stoffe der Weltliteratur*. 8. Aufl., Stuttgart: Kröner.

FRENZEL, Elisabeth (⁴1992b): *Motive der Weltliteratur*. 4. Aufl. Stuttgart: Kröner.

GAGNIÈRE, Claude (1996): *Pour tout l'or des mots*. Paris: Laffont.

GARDES-TAMINE, Joëlle (1996): *La Rhétorique*. Paris: Armand Colin.

GAUGER, Hans-Martin (1995): *Über Sprache und Stil*. München: Beck.

GENETTE, Gérard (1994): *Die Erzählung*. München: Fink.

GILSTER, Paul (²1997): *Suchen und Finden im Internet*. 2. Aufl., München: Hanser.

GOLDMANN, Lucien (1955): *Le Dieu caché*. Paris: Gallimard (dt. *Der verborgene Gott*. Neuwied: Luchterhand 1973; Frankfurt/M.: Suhrkamp 1985).

GÖTTERT, Karl-Heinz (1991): *Einführung in die Rhetorik*. München: Fink (2. verbesserte Auflage 1994).

GRENTE, Georges [Éd.] (1951): *Dictionnaire des lettres françaises*. 6 vols., Paris: Fayard (édition revue et mise à jour 1992–1998).

GRIMM, Jürgen [Hrsg.] (³1994): *Französische Literaturgeschichte*. Dritte aktualisierte und erweiterte Auflage. Stuttgart: Metzler.

GRIMM, Jürgen / HAUSMANN, Frank-Rutger / MIETHING, Christoph (⁴1997): *Einführung in die französische Literaturwissenschaft*. 4. durchgesehene und erweiterte Aufl. Stuttgart: Metzler.

GROSSE, Ulrich / LÜGER, Heinz-Helmut (⁴1996): *Frankreich verstehen*, 4. Aufl., Darmstadt: Wissenschaftliche Buchgesellschaft.

GRUND, Uwe / HEINEN, Armin (21996): *Wie benutze ich eine Bibliothek? Basiswissen – Strategien – Hilfsmittel*. 2. Aufl., München: Fink.

GUILLEBAUD, Jean Claude (1998): *La Tyrannie du plaisir*. Paris: Éditions du Seuil.

GUIRAUD, Pierre (1993): *Dictionnaire érotique*. Paris: Payot.

HABICHT, Werner [Hrsg.] (1995): *Der Literatur-Brockhaus*. 8 Bde. Mannheim – Leipzig: B. I. – Taschenbuchverlag.

HART NIBBRIG, Christiaan L. (1983): *Warum Lesen?* Frankfurt/M.: Suhrkamp.

HAUSMANN, Frank-Rutger (1993): *„Aus dem Reich der seelischen Hungersnot". Briefe und Dokumente zur Fachgeschichte der Romanistik im Dritten Reich*. Würzburg: Königshausen & Neumann.

HAUSMANN, Frank-Rutger / MANDELSLOH, Elisabeth Gräfin / STAUB, Hans [Hrsg.] (1975): *Französische Poetiken. Teil I: Vom 16. bis zum Beginn des 19. Jahrhunderts, Teil II: Von Victor Hugo bis Paul Valéry*. Stuttgart: Reclam.

HEIST, Walter (1974): *Die Entdeckung des Arbeiters. Der Proletarier in der französischen Literatur*. München: Kindler.

HEITMANN, Klaus [Hrsg.] (1975): *Der französische Roman vom Mittelalter bis zur Gegenwart*. 2 Bde. Düsseldorf: Bagel.

HELBLING, Hanno / HINDERMANN, Federico [Hrsg.] (1990): *Französische Dichtung. Zweisprachig. Bd. 2: Von Corneille bis Nerval*. München: Beck / dtv.

HENTIG, Hartmut v. (1990): *Wir brauchen Leser – Wirklich?* Konstanz: Faude.

HINTERHÄUSER, Hans [Hrsg.] (1975): *Die französische Lyrik von Villon bis zur Gegenwart*. 2 Bde. Düsseldorf: Bagel.

HIRSCH, Eric D. jun. (1972): *Prinzipien der In-terpretation*. München: Fink.

HOCKE, Gustav René (1991): *Europäische Tage-bücher*. Frankfurt/M.: Fischer.

JANIK, Dieter [Hrsg.] (1987): *Die französische Lyrik*. Darmstadt: Wissenschaftliche Buch-gesellschaft.

JARRETY, Michel [Hrsg.] (1997): *La poésie française du Moyen Age jusqu'à nos jours*. Paris: PUF.

JARRETY, Michel (1998): *La critique littéraire française au XXe siècle*. Paris: PUF (= Que sais-je 3363).

JAUSS, Hans Robert (1970): *Literaturgeschichte als Provokation*. Frankfurt/M.: Suhrkamp.

JURT, Joseph (1995): *Das literarische Feld. Das Konzept Pierre Bourdieus in Theorie und Pra-xis*, Darmstadt: Wissenschaftliche Buchge-sellschaft.

KAISER, Reinhard (1996): *Literarische Spazier-gänge im Internet: Bücher und Bibliotheken online*. Frankfurt/M.: Eichborn.

KAYSER, Wolfgang ([20]1992): *Das sprachliche Kunstwerk*. 20. Aufl. Tübingen – Basel: Francke (1. Aufl. 1948).

KEMP, Friedhelm / KOPPENFELS, Werner v. [Hrsg.] (1990): *Französische Dichtung. Zwei-sprachig. Bd. 1: Von Villon bis Théophile de Viau*. München: Beck / dtv.

KEMP, Friedhelm / SIEPE, Hans Theo [Hrsg.] (1990): *Französische Dichtung. Zweispra-chig. Bd. 3: Von Baudelaire bis Valéry*. Mün-chen: Beck / dtv.

KIMMICH, Dorothee / RENNER, Rolf Günter / STIEGLER, Bernd [Hrsg.] (1996): *Texte zur Literaturtheorie der Gegenwart*. Stuttgart: Reclam.

KLOTZ, Volker ([13]1992): *Geschlossene und offene Form im Drama*. 13. neu durchges. Aufl. München: Hanser.

KNÖRRICH, Otto (1992): *Lexikon lyrischer For-men*. Stuttgart: Kröner.

KÖHLER, Erich (1976): *„Einige Thesen zur Litera-tursoziologie"*. In: Köhler, Erich: Vermittlun-gen. München: Fink 8–15.

KÖHLER, Erich (1985–1987): *Vorlesungen zur Geschichte der französischen Literatur*, 11 Bde. Frankfurt/M.: Kohlhammer.

KRIEG, Werner ([2]1990): *Einführung in die Biblio-thekskunde*. 2. Aufl. (besorgt von Rudolf Jung). Darmstadt: Wissenschaftliche Buch-gesellschaft.

LAFFONT, Robert R. (1994): *Le Nouveau Dic-tionnaire des Oeuvres de tous les temps et de tous les pays*. 7 vols. Paris: Laffont.

LAGARDE, André / MICHARD, Laurent (1950): *Les grands auteurs français du programme*, 6 vols. Paris: Bordas.

LAUSBERG, Heinrich ([3]1990): *Handbuch der literarischen Rhetorik. Eine Grundlegung der Literaturwissenschaft*. 3. Aufl. Stuttgart: Steiner (1. Aufl. München: Hueber 1960; 2. erw. Aufl. 1973).

LAUSBERG, Heinrich ([10]1990): *Elemente der li-terarischen Rhetorik*. 10. Aufl. München: Hueber (1. Aufl. 1963).

LEJEUNE, Philippe (1971): *L'Autobiographie en France*. Paris: Armand Colin.

LEMAÎTRE, Henri (1994): *Dictionnaire de littéra-ture française*. Paris: Bordas.

LEONHARDT, Ulrike (1990): *Mord ist ihr Beruf. Eine Geschichte des Kriminalromans*. Mün-chen: Beck.

LEPENIES, Wolf (1997): *Sainte-Beuve. Auf der Schwelle zur Moderne*. München: Hanser.

LEVI, Anthony (1994): *Guide to French Litera-ture*. 2 Bde. Chicago: St. James Press.

LYONS, Martyn (1987): *Le Triomphe du livre. Une histoire sociologique de la lecture dans la France du XIXe siècle*. Paris: Promodis.

MARQUARD, Odo / STIERLE, Karl-Heinz [Hrsg.] ([2]1996): *Identität (Kolloquium der For-schungsgruppe Poetik und Hermeneutik; 8)*. 2. Aufl. München: Fink.

MARTIN, Joël (1986): *Manuel de contrepet. Plus de 2000 contrepéteries inédites*. Paris: Albin Michel.

MAULPOIX, Jean-Michel (1998): *La poésie com-me l'amour. Essai sur la relation lyrique*. Paris: Mercure de France.

MAUZI, Robert (1960): *L'Idée du bonheur dans la littérature et la pensée françaises au XVIIIe siècle*. Paris: Armand Colin (repr. Paris: Al-bin Michel 1994).

MAZALEYRAT, Jean (1995): *Eléments de métrique française*. Paris: Armand Colin.

MAZALEYRAT, Jean / MOLINIÉ, Georges (1989): *Vocabulaire de la stylistique*. Paris: PUF.

MESCHONNIC, Henri (1982): *Critique du rythme. Anthropologie historique du langage*. La-grasse: Verdier.

MINDER, Robert (1965): *Paris in der neue-ren französischen Literatur*. Wiesbaden: Steiner.

MINOIS, Georges (1995): *Censure et culture sous l'Ancien Régime.* Paris: Fayard.

MITTERAND, Henri [Éd.] (1992): *Dictionnaire des grandes œuvres de la littérature française* (rédigé par Dominique Barbéris). Paris: Le Robert.

MORIER, Henri (⁴1989): *Dictionnaire de poétique et de rhétorique.* (4e éd. revue et augm.) Paris: PUF.

NAUMANN, Manfred [Hrsg.] (1987): *Lexikon der französischen Literatur.* Leipzig: Bibliographisches Institut.

NELLI, René (1974): *L'Érotique des troubadours.* 2 vols. Paris: Union générale d'Édition 10/18.

ORY, Pascal [Éd.] (1997): *La Censure en France à l'ère démocratique (1848–...).* Bruxelles: Éditions Complexe.

OSMAN, Nabil (1997): *Kleines Lexikon untergegangener Wörter* [im Deutschen]. München: Beck.

PETERS, Georges (1986): *Racismes et races. Histoire, science, pseudo-science et politique.* Lausanne: Éditions d'en bas.

PIA, Pascal (1971): *Dictionnaire des œuvres érotiques. Domaine français.* Paris: Pauvert.

PICARD, Michel [Éd.] (1987): *La Lecture littéraire.* Paris: Clancier-Guénaud.

PICHOIS, Claude [Éd.] (1997): *Histoire de la littérature française,* 9 vols. Paris: Garnier-Flammarion.

PINTO, Louis / SCHULTHEIS, Franz [Hrsg.] (1997): *Streifzüge durch das literarische Feld.* Konstanz: Universitäts-Verlag.

POTELET, Hélène (1990): *Mémento de littérature française.* – Collection: *Profil littérature.* Paris: Hatier.

POULAIN, Martine [Éd.] (1988): *Pour une sociologie de la lecture. Lectures et lecteurs dans la France contemporaine.* Paris: Éditions du Cercle de la Librairie.

POULAIN, Martine [Éd.] (1993): *Lire en France aujourd'hui.* Paris: Éditions du Cercle de la Librairie.

PREMINGER, Alex [Hrsg.] (1974): *Princeton Encyclopedia of Poetry and Poetics.* Princeton NJ: Princeton University Press.

QUENEAU, Raymond [Éd.] (1958): *Histoire des Littératures. Vol. 3: Littératures françaises, connexes et marginales.* Paris: Bibliothèque de la Pléiade.

RAIBLE, Wolfgang (1980): „Was sind Gattungen? Eine Antwort aus semiotischer und textlinguistischer Sicht." In: Poetica 12, 320–349.

RIEGER, Dietmar [Éd.] (1988): *La Chanson française et son histoire.* Tübingen: Narr.

ROBINE, N. (1991): „Stand und Befunde der Lese(r)forschung in Frankreich." In: *Lesen im internationalen Vergleich.* Mainz: Stiftung Lesen 183–209.

ROHOU, Jean (1993): *Etudes littéraires, Méthodes et perspectives.* Paris: Nathan.

RÖTZER, Florian [Hrsg.] (1991): *Digitaler Schein. Ästhetik der elektronischen Medien.* Frankfurt/M.: Suhrkamp.

ROUBAUD, Jacques (1988): *La Vieillesse d'Alexandre.* Paris: Ramsay.

ROUBAUD, Jacques (1998): *La Ballade et le Chant royal.* Paris: Les Belles Lettres.

SCHAEFFER, Jean-Marie (1988): *Qu'est-ce qu'un genre littéraire?* Paris: Éditions du Seuil.

SCHENDA, Rudolf (1977): *Volk ohne Buch. Studien zur Sozialgeschichte der populären Lesestoffe 1770–1910.* München: dtv.

SCHMELING, Manfred [Hrsg.] (1981): *Vergleichende Literaturwissenschaft.* Wiesbaden: Athenaion.

SCHÖNAU, Walter (1991): *Einführung in die psychoanalytische Literaturwissenschaft.* Stuttgart: Metzler.

SEIDEL, Wilhelm (1976): *Rhythmus. Eine Begriffsbestimmung.* Darmstadt: Wissenschaftliche Buchgesellschaft.

SIMONE, Franco [Hrsg.] (1972): *Dizionario critico della letteratura francese.* Turin: Edizione torinese.

THOMPSON, Stith (1958): *Motif-Index of Folk Literature.* Bloomington: Indiana Univ. Press.

TODOROV, Tzvetan (1970): *Introduction à la littérature fantastique.* Paris: Éditions du Seuil (Neuaufl. 1993; dt. *Einführung in die fantastische Literatur.* Frankfurt/M.: Fischer Taschenbuch-Verlag 1992).

TODOROV, Tzvetan (1971): *Poétique de la prose.* Paris: Éditions du Seuil (dt. *Poetik der Prosa.* Frankfurt/M.: Athenaion 1972).

WAIS, Kurt (1963): *Doppelfassungen französischer Lyrik von Villon bis Valéry.* Tübingen: Niemeyer.

WANDRUSZKA, Mario (1959): *Der Geist der französischen Sprache,* Hamburg: Rowohlt.

WEINRICH, Harald (1971): *Literatur für Leser. Essays und Aufsätze zur Literaturwissenschaft.* Stuttgart: Kohlhammer.

WELLEK, René / WARREN, Austin (1995): *Theorie der Literatur*. Weinheim: Beltz Athenäum (durchges. Neuaufl. Orig.: *Theory of Literature*. New York: Harcourt, Brace and Co. 1942).

WILLIAMS, Raymond (1977): *Marxism and literature*. Oxford: Oxford University Press.

WILPERT, Gero v. [Hrsg.] (1997): *Lexikon der Weltliteratur*. 4 Bde. München: dtv.

WRIGHT, Robert (1996): *Diesseits von Gut und Böse. Die biologischen Grundlagen unserer Ethik*. München: Limes (Orig.: *The Moral Animal*. New York: Pantheon Books 1994).

ZELLE, Carsten (1998): *Kurze Bücherkunde für Literaturwissenschaftler*. München: Fink.

Personen- und Sachregister